New York

Zeit für das Beste

Highlights – Geheimtipps – Wohlfühladressen

»Hat man einmal in New York gelebt und hier seine Zelte aufgeschlagen, ist kein anderer Ort auf der Erde mehr gut genug.«

John Steinbeck

BRUCKMANN

New York

Zeit für das Beste

Karin Hanta
Christian Heeb

BRUCKMANN

S. 2/3: Start spreadin' the news: Blick auf die Brooklyn Bridge und Manhattan
Oben: Der Wolkenkratzer des Hearst-Medien-imperiums war das erste »grüne« Hochhaus in der Stadt.
Mitte: Saxofonist am South Street Seaport
Unten: Kamele im Bronx Zoo

INHALTSVERZEICHNIS

UPTOWN

AUSSENBEZIRKE

AUSFLÜGE

REISEINFOS

Oben: In der Queensboro Bridge Tram schweben Besucher über der 59th Street.
Mitte: Sachertorte und Melange serviert ein freundlicher Kellner im Café Sabarsky.
Unten: Schokogourmandisen finden in SoHo leicht einen Abnehmer.

DIE TOP TEN

LUNCH BEI BOULEY (S. 68)

Starkoch David Bouley folgt keinen Rezepten, sondern erfindet sie. Deshalb gaben nach einer Umfrage 7000 Gourmets an, dass sie nur bei ihm ihr letztes Abendmahl einnehmen würden. In seinem Restaurant in Tribeca kommen Porcini-Flan mit Krabben sowie ein Millefeuille aus Kobe-Rindfleisch auf den Tisch. Das fünfgängige Mittagessen ist durchaus erschwinglich.

DIM SUM IN CHINATOWN (S. 78)

Wenn New York-Reisende in das geschäftige Treiben entlang der Canal Street eintauchen, sind sie im Herzen von Chinatown gelandet. In kleinen Esslokalen dampft es aus den Kesseln, und dunkelbraun gebratene Enten hängen in der Auslage. Die größte kulinarische Versuchung sind jedoch die Dim-Sum-Häppchen zu Mittag.

VILLAGE WALK (S. 90 ff.)

Die Wolkenkratzer am Times Square und die hektischen Menschenmassen gelten als Wahrzeichen von New York. Viel gemütlicher geht es jedoch downtown zu, genauer im East, West und Greenwich Village. Rund um den Washington Square hat New York Dorfcharakter. Die Straßen säumen hübsche Reihenhäuser aus dem 19. Jahrhundert.

TOP OF THE ROCK (S. 164 f.)

Vom Wolkenkratzer im Rockefeller Center bietet sich der beste Ausblick auf die Stadt. Von hier aus sieht man auch auf das Empire State Building und das Chrysler Building. Man befindet sich fast genau in der Mitte der Stadt. Das Art-déco-Gebäude des Rockefeller Center hat ebenfalls seinen Reiz.

CENTRAL PARK (S. 184 ff.)

Die New Yorker nutzen die zentral gelegene, grüne Oase für eine Vielzahl von Freizeitaktivitäten – von Joggen bis Baseballspielen, von Rollerbladen bis Picknicken. Der 315 Hektar große Park ist einwandfrei gepflegt. Im Sommer finden hier Musikkonzerte statt sowie Freilichtaufführungen von Shakespeare-Stücken.

METROPOLITAN MUSEUM (S. 192)

Das drittgrößte Museum der Welt verfügt über eine atemberaubende Sammlung von Kunstwerken. Die Annenberg Collection umfasst 50 bedeutende Werke von französischen Impressionisten und Post-Impressionisten wie Monet und Cézanne. Kinder fasziniert die beeindruckende ägyptische Sammlung mit ihrem Tempel von Dendur.

GUGGENHEIM MUSEUM (S. 198)

Wie eine Schnecke windet sich Frank Lloyd Wrights bekanntestes Gebäude um seine eigene Achse und verjüngt sich dabei von oben nach unten. Die Architektur stellt die ausgestellte moderne Kunst fast in den Schatten. Die Thannhauser Collection umfasst unter anderem 30 Meisterwerke von Pablo Picasso.

LINCOLN CENTER (S. 210)

Wie eine griechische Tempelanlage mutet das bedeutendste Kulturzentrum der Vereinigten Staaten an. Wenn die Lichter hinter der Glasfassade der Metropolitan Opera abends im warmen Glanz erstrahlen, treten Marc Chagalls riesige Tapisserien besonders gut in den Vordergrund. Im Sommer finden im Damrosch Park hinter dem Lincoln Center Midsummernight Swing-Tanzveranstaltungen statt, bei denen jeder mitmachen kann.

BROADWAY (S. 150)

Man mag Musicals mögen oder nicht, ein Besuch am Broadway gehört zu jeder New York-Reise. Wenn Millionen von Lichtern am Great White Way leuchten, kann sich keiner dem Zauber der Theaterwelt entziehen. Wer gut genug Englisch kann, sollte ein anspruchsvolles Theaterstück besuchen, in denen oft Hollywood-Stars mitspielen.

HARLEM (S. 218)

Das im Norden von Manhattan gelegene Viertel möbelte in den letzten Jahren gehörig auf. Besucher sollten hier einfach durch die Straßen wandern und die Architektur bewundern, am Sonntagvormittag in einer der vielen Kirchen eine Messe besuchen oder sich eine Portion Soul Food einverleiben.

Oben: So sehen Empire State und Chrysler Building zur Dämmerstunde aus.
Mitte: Das Brooklyn Museum ist auf amerikanische Kunst spezialisiert.
Unten: Billige Theaterkarten gibt es beim tkts-Schalter am Times Square.

New York – an Empire State of Mind

New York wird oft die Hauptstadt der ganzen Welt genannt. Seine 582 Wolkenkratzer sind zu Materie gewordener Ausdruck der führenden wirtschaftlichen und kulturellen Position, die die Metropole international einnimmt. Auch 9/11 und Hurrikan Sandy konnten der Stadt nichts anhaben. Mit 1287 Milliarden Dollar ist das Bruttosozialprodukt des Großraums New York größer als das von Österreich und der Schweiz gemeinsam. Bis zu 100 000 neue Einwanderer pro Jahr versuchen sich vom Goldkuchen eine Scheibe abzuschneiden. Manhattan, Brooklyn und Queens platzen aus allen Nähten. Trendsetter und Künstler wollen der Stadt trotz hoher Mieten nicht den Rücken kehren. Schließlich wurden hier der Abstrakte Expressionismus und die Pop Art geboren. Und der Hip Hop, dessen Superstar Jay-Z eine Hymne auf die Stadt schrieb. Wenn Alicia Keys im Refrain so richtig abhebt, bringt sie die High-Stimmung zum Ausdruck, die Reisende bei einem New York-Besuch erleben.

Als Julia Alvarez 1960 spätnachts schlaftrunken über New York schwebte, glaubte sie gestorben zu sein. Millionen von Lichtern blitzten der Zehnjährigen vom Boden entgegen. Glücklicherweise trog der Schein. Das Mädchen mit den dominikanischen Wurzeln befand sich in einem Flugzeug und nicht, wie befürchtet, in der Gesellschaft von Engeln. Das Bombardement mit neuen Eindrücken ging gleich nach der Landung weiter: Rolltreppen, Aufzüge, Wolkenkratzer schienen märchenhaft im

Im »Standard Hotel« auf der Highline blickt ein Gast auf den Hudson-Fluss.

Vergleich zu den zweistöckigen Gebäuden, die sie bis dahin gewohnt war. Und die ganze Stadt roch nach Schinkensandwich. Vornehm. So wie der Duft, der ihr immer in die Nase gestiegen war, wenn sie mit ihren Eltern in Santo Domingo zu einer feinen Gesellschaft eingeladen war. Ihre ersten Eindrücke von New York waren so stark, dass sie der späteren Schriftstellerin zum Erfolg verhalfen. Ihre Schilderungen finden sich in dem 1991 erschienenen Erfolgsroman *Wie die García Girls ihren Akzent verloren.*

Magnet für Einwanderer

Wie einst Julia Alvarez kommen noch immer jedes Jahr um die 100 000 Einwanderer nach New York. Über 20 Prozent der 19 Millionen Einwohner wurden in einem anderen Land geboren. Sie halten die Stadt in Schwung, arbeiten als Tellerwäscher, auf der Wall Street oder in der IT-Branche. Sie geben den verschiedenen »neighborhoods« ihr eigenes Gesicht oder leben bunt gemischt in ein und demselben Wohnhaus.

Innerhalb kürzester Zeit verwandeln sich die Neuankömmlinge jedoch in waschechte New Yorker. Sie sind stolz auf ihre Stadt und legen auch eine

AUTORENTIPP!

DIE VIER ANGESAGTESTEN ROOFTOP BARS

Von nirgendwo genießt man den Blick auf die New Yorker Stadtlandschaft besser als von den Dachbars.

230 Fifth. Blick auf Midtowns Gebäuderiesen. Cocktails sind erschwinglich. Tgl. 16–4 Uhr, 230 Fifth Ave./27th St., New York, NY 10037, Tel. 212 725 4300, www.230-fifth.com

Robert. New Yorks schickstes Museumsrestaurant im 9. Stock des Museum of Art and Design. Fantastischer Blick auf das Time Warner Building. Tgl. 11–2 Uhr, 2 Columbus Circle, New York, NY 10019, Tel. 212 299 7730, www.robertnyc.com

Roof Garden Café & Martini Bar. Blick über die historischen Hochhäuser auf Central Park West. Mai bis Spätherbst Mo–Do u. So 10–16.30 Uhr, Fr/Sa 10–18 Uhr, Metropolitan Museum of Art, 1000 Fifth Ave./82nd St., New York, NY 10028, Tel. 212 535 7710, www.metmuseum.org

MO Bar. Toller Blick auf den Central Park vom 35. Stock des Time-Warner-Wolkenkratzers. Di–Do 16–0 Uhr, Fr/Sa 16–1 Uhr, Mandarin Oriental Hotel, 80 Columbus Circle, New York, NY 10019, Tel. 212 805 8800, www.mandarinoriental.com

Oben: Besser als bei Starbucks: Ein guter Kaffee im Wirtshaus »Blaue Gans« in Tribeca.
Unten: Im Meat Packing District finden sich viele romantische Restaurants.

gewisse Attitüde an den Tag. Sie grinsen nicht scheinfreundlich wie die Gäste in einer amerikanischen Talkshow, sondern sind Leute, die wach hinterfragen. Und sie scheuen sich nicht, offen ihre Meinung auszusprechen. »Markante Nase« oder »hübscher Hut« schleudern sie Passanten auf der Straße entgegen. Diese Kommentare dienen hin und wieder als Sprungbrett für ein längeres Gespräch, das dann vielleicht in einem der 17 000 Restaurants der Stadt fortgesetzt wird.

Die Küche der Welt

Nirgendwo anders auf der Welt essen die Menschen so gern auswärts. Wo jedoch, das ist die Frage. Von äthiopischen bis albanischen, von afghanischen bis armenischen Lokalen findet sich hier alles. Keine Stadt der Welt hängt so sehr an den neuesten Lokalbewertungen ihrer Stadtzeitung, der *New York Times*. Ihr Chefkritiker wird wie ein Gott verehrt. Er oder sie hebt Restaurantbesitzer in den Olymp oder schickt sie in den Hades. Und das mit einem Schuldenberg in Millionenhöhe. Deshalb geht der Kritiker auch immer inkognito zum Abendessen, mit Perücke oder aufgeklebtem Bart, mit falscher Kreditkarte, mit einigen Freunden, fünfmal die Woche. Die Zeitung hat extra für diese Tests ein Jahresbudget von mehreren Hunderttausend Dollar eingerichtet. Damit sollte sich der Kritiker auch ein Bagel mit weißen Trüffeln, Goldblättern und Rieslinggelee für 1000 Dollar leisten können.

In New York traten auch die Superstar-Chefs zum ersten Mal an das Licht der Weltöffentlichkeit. Jean-Georges Vongerichten startet hier die »World Cuisine«, indem er thailändische Küche mit französischer Technik zubereitete. Nobu Matshuhisa brachte den Bewohnern der Stadt bei, was richtiges Sushi ist. David Bouley stellt Texturen und Geschmacksnoten mit frischen Zutaten auf so innovative Weise zusammen, dass man seine kulinarischen Handgriffe schon fast göttlich nennen kann.

Feste rund um die Uhr

Genug Feste zu feiern gibt es ebenfalls. So die Silvesternacht auf dem Times Square, in der das neue Jahr just zu dem Zeitpunkt beginnt, zu dem ein gigantischer Kristallball auf einer Stange hoch über den Köpfen von einer Million Menschen von oben nach unten wandert. Stars wie Mariah Carey und Beyoncé Knowles singen dann bei klirrender Kälte leicht bekleidet »Happy New Year« auf der Broadway-Bühne. Weiter geht es durchs Jahr mit dem Valentinstag, an dem sich Restaurants in einem besonders romantischen Licht zeigen. Am St. Patrick's Day, am 17. März, ziehen Hunderttausende Nachfahren irischer Einwanderer in einer nicht enden wollenden Parade über die Fifth Avenue und stoppen bei der einen oder anderen Bar, um ein Glas grünes Bier gegen den Durst zu trinken. Ende Mai geht die amerikanische Marine in New York vor Anker. Tausende Matrosen in engen weißen Hosen stolzieren während der Fleet Week durch die Stadt und bringen so manches Mädchen in gefährliches Fahrwasser. Oder so manchen Jungen. Wer im Sommer für Kulturgenuss zahlt, ist selbst schuld. Auf der Central Park Summer Stage grooven die besten Musiker aus aller Welt. Konkurrenz kommt im Prospect Park auf, wo beim Celebrate-Brooklyn-Festival jazzige und bluesige Töne durch die Alleen wehen. Und auch am Südzipfel von Manhattan wird gefeiert. Beim River-to-River-Festival wiegen sich die Tänzer der Merce Cunningham Company zu ätherischen Klängen so wie die Wogen des East und Hudson River bei leichtem Wind. Dieses Festival startete 2002, als die Ground-Zero-Wunde noch weit offen klaffte. Mithilfe der Kunst erwachte die Gegend wieder zu

Oben: Im legendären Restaurant »Tavern on the Green« im Central Park werden im Sommer auch Laternen angezündet.
Mitte: Der nackte Cowboy spielt am Times Square auf.
Unten: Zum St. Patrick's Day ziehen Kapellen über die Fifth Avenue.

Oben: Im »Standard Hotel East Village« genießen Gäste eine ungetrübte Aussicht.
Unten: Michelle Obama dient nicht nur Feministinnen als Inspirationsquelle.

neuem Leben. Zu Halloween tanzen Menschen in verrückter Verkleidung durch Greenwich Village. Es ist dann nicht leicht zu erkennen, wer Mann und wer Frau ist, but who cares? Ende November zu Thanksgiving gehört die Stadt schließlich dem großen Spielzeugkommerz. Gigantische Snoopy- und Shrek-Ballons ziehen dann vom Columbus Circle zum Kaufhaus Macy's.

Aufstieg aus dem Bankrott

New York war nicht immer ein Touristenparadies. In den Siebzigerjahren stand die Stadt vor dem Bankrott. Gewaltakte waren an der Tagesordnung. Finanzgenie Felix Rohatyn, einem Exilanten aus Wien, ist es zu verdanken, dass New York aus dem Schlamassel wieder herauskam. In den frühen Neunzigerjahren brachte die Internetrevolution jede Menge Geld in die Stadt. Viertel, in denen bislang Menschen mit niedrigerem Einkommen wohnten, wurden jetzt auch für Wohlhabendere wieder interessant. Da die Mietpreise in Manhattan ins Astronomische gestiegen waren, galt es als chic, in die historischen Reihenhäuser von Brooklyn zu ziehen. In der Zwischenzeit ist es dort genauso teuer wie in Manhattan geworden, und schlaue Grundstücksentwickler fassen jetzt Gegenden wie die einstmals gefährliche South Bronx ins Auge, um mehr Platz für die Einwohner der Stadt zu schaffen. Freilich sollte dies nicht geschehen, ohne auf die Bedürfnisse der Bevölkerung Rücksicht zu nehmen, die sich dort schon seit vielen Jahren zu Hause fühlt.

Wiederentdecktes Wasser

In den letzten zwanzig Jahren entdeckte New York auch wieder seine Flussufer. 400 Jahre lang war die Schifffahrt einer der Motoren der New Yorker Wirtschaft gewesen. 906 Kais und 100 Anlege-

Nach New York zieht es viele musikalische Talente.

stellen für Fähren zählte der *New York Sun*-Reporter Malcolm Johnson im Jahr 1948. Als jedoch Speditionsfirmen auf den Containertransport umstellten, hatte sich die Arbeit der Schauerleute erübrigt. Die gesamte Speditionsbranche verlegte ihren Standort nach New Jersey, wo mehr Platz vorhanden war, um Container zu verladen. Die Hafengegenden lagen in der Folge brach, und ihre riesige Industriearchitektur begann zu verrosten. New Yorker wandten sich vom Wasser ab und zunehmend dem Inneren der Stadt zu.

Vor circa zwanzig Jahren ging jedoch einigen Künstlern der Knopf auf. So wusste eine Gruppe von ihnen die Sicht auf den Hudson von den Piers in Tribeca zu schätzen und veranstaltete dort künstlerische Events und eröffnete ein Café. Als dann Medientycoon Michael Bloomberg im Jahr 2001 das Bürgermeisteramt übernahm, war die Revitalisierung des »sechsten Bezirks« von New York, wie der East und der Hudson River genannt werden, eines seiner Wahlversprechen. Schließlich wäre dieser »Bezirk« der größte, umfasst er doch ein Viertel der Oberfläche der Metropole. Als Bloomberg 2013 aus dem Amt schied, konnte er stolz auf seine Erfolge verweisen: Nicht nur, dass

AUTORENTIPP!

DIE SECHS BESTEN FOOD TRUCKS

Seit Anbruch der Wirtschaftskrise können sich viele Gourmet-Chefs die Lokalmieten nicht mehr leisten. Sie sattelten deshalb kurzerhand auf »Food Trucks« um, geben ihren Standort via Twitter und Facebook bekannt und lassen sich von ihren Fans auch zuzwitschern, wenn sich irgendwo ein besserer Parkplatz auftut. Der Standort der Trucks ist variabel. Einfach mit offenen Augen durch die Stadt gehen!

Rickshaw Dumpling Bar. Chinesische Klöße und Saucen vom Feinsten. www.rickshawdumplings.com

Schnitzel & Things. Auch waschechten österreichischen Kartoffelsalat gibt es hier. www.schnitzelandthings.com

Taco Bite. Für Liebhaber mexikanischer Küche. (www.tacobite.com): Wafels and Dinges. Waffeln mit Eis und Schokosauce. www.wafelsanddinges.com

Sweetery NYC. Allerlei Desserts. www.streetsweetsny.com

Cupcakestop. Amerikas liebste Süßspeise. www.cupcakestop.com

Oben: Die Blumenbeete in Manhattan sind sehr gepflegt.
Unten: Auf Holzbänken im Metropolitan Museum studieren Besucher Gemälde eingehend.

sich in den Gewässern Wolfsbarsche und vor Staten Island sogar Robben tummeln, die Stadtregierung schuf Tausende Quadratmeter von Parklandschaften am Wasserrand. Der 2,2 Quadratkilometer große Hudson River Park erstreckt sich zum Beispiel von Battery Place in der Nähe der Wall Street am Südzipfel von Manhattan bis zur 59th Street in Midtown. Im Mai erfreut sich der Great Saunter reger Teilnahme. An diesem Wandertag machen die Bewohner der Stadt eine 50 Kilometer lange Stadtumrundung von Manhattan, deren Spazierwege sich hauptsächlich am Wasser entlangschlängeln.
Der New York City Water Trail verbindet zum Beispiel 47 Kajakstationen miteinander. Smarte New Yorker ziehen eine Reihe von Fähren der U-Bahn vor, die jetzt Manhattan mit Brooklyn, Queens und Staten Island verbinden. In hippen Gegenden wie dem Brooklyner Williamsburg schossen Hochhäuser am Ufer aus dem Boden, in denen junge Reiche ihre Aussicht auf Wasser und Himmel genießen können. Und was passierte eigentlich mit dem Pier 25 in Tribeca, auf dem Bohemiens diese Wasserrenaissance ins Rollen gebracht hatten?
Die Stadtverwaltung renovierte ihn und errichtete einen funkelnagelneuen 18-Loch-Minigolfplatz mit einem Wasserfall und schüttete Sand für einen Beachvolleyplatz auf. Damit sich die betuchten Jugendlichen aus der Gegend in ihren Abercrombie & Fitch-Outfits auch körperlich ertüchtigen können. Die Künstler mussten sich mittlerweile auf die Suche nach einer neuen verlassenen Gegend machen.
Freilich bringt die Nähe zum Wasser im Zeitalter des Klimawandels auch große Gefahren mit sich. Deshalb schlug Michael Bloomberg am Ende seiner Amtsperiode einen Maßnahmenkatalog vor, der die Stadt davor beschützen soll, in einigen Jahrzehnten im Meer unterzugehen. 20 Milli-

arden Dollar sollen in diese Projekte fließen. Sie sehen Einrichtungen vor, die sogar auf die topografischen Bedingungen einzelner Straßenblocks abgestimmt sind. So sollen zum Beispiel Esplanaden, Auengebiete und Hochwassermauern errichtet werden, um die Stadt für die zukünftigen klimatischen Herausforderungen zu rüsten.

Eine sichere Stadt

Reisende, die heutzutage nach New York kommen, können sich fast überall frei bewegen. Vorbei sind die Zeiten, als man die Kriminalität in der Stadt laut *Sex & the City*-Autorin Candace Bushnell riechen konnte, weil es in manchen Gegenden so stark nach Urin roch. Besucher wandern von Manhattan über die Brooklyn Bridge und genießen im Bezirk mit der größten Bevölkerungszahl den langsameren Rhythmus. Oder sie nehmen die Gondel nach Queens und besichtigen dort bedeutende Museen wie das P.S.1, das die neueste avantgardistische Kunst zeigt, oder das Museum of the Moving Image, das sich dem amerikanischen Filmschaffen widmet.

Auch in Manhattan gibt es einige Sehenswürdigkeiten zu entdecken, die nicht jeder Reisende gleich findet: das Grab von Peter Stuyvesant zum Beispiel. Der letzte holländische Gouverneur von Neu-Amsterdam ruht auf dem Friedhof von St. Marks im East Village, wo sich seine Farm einst über 1,2 Quadratkilometer erstreckte.

Auch das silberne Engelstriptychon von Graffitikünstler Keith Haring ist eine U-Bahnreise auf die Upper West Side wert. Es steht gut verborgen in einer Kapelle in St. John the Divine, der größten, bis jetzt unvollendeten Kathedrale auf der Welt. Und bei keinem New York-Besuch sollte ein Abstecher nach Harlem fehlen, wo die Sonntagsmesse mit Pomp und Trara und großen Hüten gefeiert wird.

Oben: Im Washington Square Park treffen sich Studenten gern zum Plaudern.
Mitte: Auch Babys planschen in New Yorks Parks in den Brunnen.
Unten: »New Yorks Finest« werden die Cops von New York genannt.

Oben: Von oben sehen die Straßen von Manhattan wie Lichtgirlanden aus.
Mitte: Auf Rollbalken ließen Künstler in Harlem ihrer Fantasie freien Lauf.
Unten: Bei einer verträumten Bootsfahrt auf dem See im Central Park kommen sich Ausflügler näher.

Skyscraper City

Zu viel gibt es in New York zu bestaunen. Fahren Besucher zum ersten Mal nach Midtown, bleibt ihnen die Spucke weg, wenn sich da Hochhäuser links und rechts in die Luft recken. Einen »Nationalpark der Wolkenkratzer« nannte der Schriftsteller Kurt Vonnegut die Stadt. Tatsächlich gibt es hier 582 von ihnen. Nur Hongkong hat noch mehr. Die Stadtlandschaft überforderte selbst den von 1946 bis 1950 Regierenden Bürgermeister William O'Dwyer so sehr, dass er sich zu dem Ausspruch verleiten ließ: »Manchmal möchte ich einfach von den höchsten Höhen hinunterspringen.« Neben den unzähligen Türmen, in denen nach dem Diktat der Moderne die Form der Funktion folgt, weist Frank Gehrys IAC Building in West Chelsea schon in die Zukunft: Seine Wände sind so schräg, als ob der Wind sie jeden Moment wegblasen könnte. Hier wird demonstriert, wie mithilfe von Computern extreme Architektur realisiert werden kann. Eine Stadt der rechten Winkel bleibt New York aber dennoch. Das Straßennetz der Hauptinsel Manhattan wurde 1811 genau definiert: 281 Meter liegen jeweils zwischen den von Norden nach Süden verlaufenden Avenues, 61 Meter zwischen den von Osten nach Westen verlaufenden Straßen. Verirren kann man sich daher hier kaum, vorausgesetzt, man lässt sich vom Glamour der Stadt nicht die Sinne verklären.

Raus ins Grüne

Bewohner der Stadt können dem Trubel jedoch auch leicht entfliehen. Brooklyn und Queens sind Teil von Long Island, der elftgrößten Insel der Vereinigten Staaten. Im Sommer haben es die Bewohner also nicht weit bis zum kühlen Nass. Außer den exklusiven Hamptons können sie per Bahn und Fähre auch die Düneninsel Fire Island erreichen. Diese misst an ihrer breitesten Stelle gerade einmal 400 Meter und ist vollkommen autofrei. Perfekt also zum Spazierengehen und Radfahren. Das Hudson Valley nördlich von New York inspirierte viele Künstler im 19. Jahrhundert ob seiner sanften Hügellandschaft am mächtigen Fluss. Hier haben sich Hollywood-Stars wie Gwyneth Paltrow ein Landhaus gekauft und genießen das einfache Leben.

Wahrzeichen der Stadt

Wer zum ersten Mal nach New York kommt, wird auch einige Besonderheiten der Stadt bemerken: Die pittoresken Wassertürme auf den Dächern von Gebäuden wurden in den Achtzigerjahren des 19. Jahrhunderts errichtet, um den Druck auf die Leitungen zu regulieren. 3000 Straßenverkäufer stechen ebenfalls ins Auge. Sie tummeln sich mit ihren auf Hochglanz polierten Verkaufswagen in der ganzen Stadt. Sie kommen in den frühen Morgenstunden mit der U-Bahn nach Manhattan, um Heerscharen von hungrigen Bürobienen und Touristen mit Brezeln, Hotdogs, Schisch Kebab und Bratwürsten zu verköstigen. Und dann sind da natürlich die Taxis nicht zu übersehen: Die gelben Flitzer mit ihren schwarzen Karostreifen sind ein beliebtes Transportmittel. Viele New Yorker tragen durch ihren Verzicht auf ein eigenes Gefährt zum Umweltschutz bei. Da sie auch meist in relativ kleinen Wohnungen leben und oft die U-Bahn benutzen, verbrauchen sie nur ein Drittel der

Oben: Im Central Park lässt es sich bei warmem Wetter gut faulenzen.
Mitte: Auf der Highline genießen Besucher eine kühle Brise.
Unten: Massig Freiheit: Als Souvenir ist die »Lady Liberty« sehr beliebt.

Oben: Beständig hält die Freiheitsstatue ihre Fackel in der Hand.
Mitte: Auch Gratis-Modeberatung erhält man in New York.
Unten: Einer der besten Ausblicke bietet sich von der 230 Fifth Bar aus.

Energie, die beispielsweise Bewohner von Dallas in Texas für sich in Anspruch nehmen.
Ruth Reichl, die ehemalige Restaurantkritikerin der *New York Times*, meinte einst, dass der Rest von Amerika glaubt, dass ganz New York nach Cheesecake schmeckt. Obwohl diese Süßspeise zwar in legendären Lokalen wie »Junior's« in Brooklyn und »Lindy's« bei der Carnegie Hall fantastisch zubereitet wird, sollte jedoch der Bagel als New Yorker kulinarisches Wahrzeichen gehandelt werden. Dieses runde Brötchen mit dem Loch in der Mitte wurde im 19. Jahrhundert von osteuropäischen Juden importiert. Das Backwerk aus Weizenmehl und Hefe muss zuerst kurz gekocht werden, bevor es in den Ofen kommt. Mit Sesam oder Mohn bestreut und mit Cream-Cheese und Räucherlachs belegt, stillt es oft den Hunger für den ganzen Tag.

Henry Hudsons Hafen

Hätten sich die Ureinwohner der Stadt je gedacht, dass die auf ihren Inseln und Landzungen lebenden Menschen sich diese Kalorienbombe zuführen würden? Das Volk der Lenape lebte hauptsächlich von der Jagd und vom Fischfang sowie vom Anbau der »Drei Schwestern«: Mais, Bohnen und Kürbis. Was dem englischen Seefahrer Henry Hudson jedoch primär auffiel, als er in diesem Hafen im Auftrag der Dutch East India Company im Jahr 1609 landete, war die überreiche Biberpopulation. Sie sollte die Grundlage für den Fellhandel der holländischen Siedler darstellen, die im Jahr 1625 das Fort Neu-Amsterdam errichteten. Sie kauften den Ureinwohnern die Insel Manhattan für umgerechnet 1000 Dollar ab. Wer sich ihrem Eroberungsdrang in den Weg stellte, wurde ermordet oder mit dem Pockenvirus angesteckt. Als New Amsterdam im Jahr 1664 von den Engländern erobert wurde, tauften sie die Siedlung kurzerhand in New York um, nach dem Herzog von York, dem späteren Jakob II. Nach der

von 1775 bis 1783 währenden Amerikanischen Revolution wurde New York als wichtigstes Handelszentrum zur ersten Hauptstadt der neuen Republik auserkoren, bis Washington erbaut wurde.
Die Wirtschaft wuchs im 19. Jahrhundert ungehindert weiter, und Tausende Fabrikgebäude schossen aus dem Boden. Arbeitskraft strömte aus Europa heran, in den Vierzigerjahren des 19. Jahrhunderts aus Irland, nach dem Revolutionsjahr 1848 aus Deutschland, nach dem Amerikanischen Bürgerkrieg aus dem Süden und Ende des 19. Jahrhunderts aus Italien und Osteuropa. Nach dem Zweiten Weltkrieg gesellten sich noch Zehntausende Portorikaner dazu, gefolgt von Dominikanern und in den letzten Jahren von Immigranten aus anderen Ländern in Lateinamerika und Asien. Sie alle tragen zum Bruttosozialprodukt der Stadt bei, das mit 1287 Milliarden Dollar größer ist als jenes der Schweiz und Österreich zusammen.

Filme am laufenden Band

New York ist auch eine einzige Filmkulisse. Vertraut erscheint der Blick auf die 59th Street Bridge aus Woody Allens Klassiker *Manhattan*. Das Empire State Building kennen Reisende im Detail, da King Kong darauf herumkletterte. Der Times Square in Martin Scorseses *Taxi Driver* bleibt aufgrund seines vergammelten Aussehens im Gedächtnis hängen. Besucher werden deshalb staunen, wenn sie sehen, wie sehr diese Rotlichtgegend »disneyfiziert« wurde. Die Metropole diente auch als Vorlage für Gotham City, eine düstere Art-déco-Stadt mit unterirdischen Höhlen, aus denen Batman mit seinem schnittigen Flitzer an die Erdoberfläche düst, um hinterhältigen Schurken mit Atomwaffen den Garaus zu machen. Spiderman bediente sich seiner durch Radioaktivität entwickelten Kletterfähigkeiten, um ähnliche Aufgaben zu erfüllen. Dabei wollte der junge Peter Parker aus dem hübschen

Oben: Eine New-York-Tour gefällig?
Unten: Auf der Mulberry Street in Little Italy schmecken die Nudeln besonders gut.

Oben: Das Empire State Building leuchtet abends in allen Farben.
Unten: Im Whitney Museum gibt es interessante Ausstellungen.

Gartenviertel Forest Hills in Queens doch eigentlich nur seine Mary Jane anhimmeln!

Kreative Energie

Ist es die Monumentalität der Stadtlandschaft, die besonders viele kreative Geister hervorbringt oder in die Stadt zieht? Schließlich wurden Musikstile wie Disco, Punk und Rap in New York erfunden. Sie wurden von oft unbekannten Innovatoren geschaffen, die nicht im Rampenlicht standen, sondern in Stadtteilen wohnten, in denen die Straßen nicht mit Gold gepflastert waren. Ihre Kunst lief dem Establishment zuwider, wurde im Laufe der Zeit jedoch vom Mainstream usurpiert. So kreischte Blondie 1975 im Club CBGB ihre Punklieder ins Mikrofon, bevor sie auf Hits mit Reggae-Beat überwechselte, die sich dann 40 Millionen Mal verkauften. Denn nicht umsonst ist New York auch die Welthauptstadt der Vermarktung. Die Frage bleibt dennoch offen: Was kommt als Nächstes?
Als nächstes kam im Jahr 2013 der demokratische Bürgermeister Bill de Blasio. Seine multikulturelle Familie verkörpert den Spirit New Yorks. Seine afroamerikanische Frau Chirlane McCray ist Dichterin und setzt sich für Frauenrechte ein. Seine Kinder Dante und Chiara besuchten im angesagten Brooklyner Bezirk Park Slope eine öffentliche Schule.
Die Energie der Stadt ist auf Schritt und Tritt fühlbar. Wer hierher eine Reise macht, der kann nicht nur etwas erzählen, sondern der tankt jede Menge Selbstvertrauen, um zu Hause etwas zu verändern. Und sei es nur, sich hin und wieder einen verrückten Filzhut aus einem Secondhandladen aufzusetzen. In New York würde es ja niemanden stören. Und den Gaffern daheim zeigt man einfach die lange Nase. Und singt vielleicht beim Refrain von *Empire State of Mind* mit Alicia Keys mit: »In New York, there's nothing you can't do, the streets will make you feel brand new!«

Steckbrief New York

Lage: New York liegt im Nordosten der Vereinigten Staaten an der Flussmündung des Hudson River in den Atlantischen Ozean, einem der größten natürlichen Häfen der Welt.

Fläche: 789,4 km^2

Einwohner: 8,245 Mio. in den fünf Bezirken Manhattan, Bronx, Brooklyn, Queens und Staten Island. New York ist damit die größte Stadt in den Vereinigten Staaten. Im Großraum New York leben jedoch um die 19 Mio. Menschen. Er umfasst umliegende Gebiete in Upstate New York, auf Long Island sowie in Connecticut und New Jersey.

Bevölkerungsdichte: 2050 Menschen pro km^2

Amtssprache: Englisch. In New York werden jedoch 800 Sprachen gesprochen.

Stadtwappen:

Währung: U.S. Dollar (1USD = ca. 0,74€)

Zeitzonen: Eastern Standard Time (EST), 6 Stunden hinter der Mitteleuropäischen Zeit zurück. Die Sommerzeit beginnt in den USA seit 2007 am zweiten Sonntag im März und endet am ersten Sonntag im November.

Geografie: Die Bezirke Manhattan und Bronx sind Teil des Newark-Beckens, das sich aus metamorphem Gestein zusammensetzt, auf dem Wolkenkratzer besonders stabil gebaut werden können. Staten Island ist eine Insel, Queens und Brooklyn sind Teil der Insel Long Island.

Stadt und Verwaltung: New York City steht ein Bürgermeister (*mayor*) vor. Er oder sie verwaltet das mit 50 Mrd. Dollar dotierte Stadtregierungsbudget. Die fünf Bezirke Manhattan, Bronx, Queens, Brooklyn und Staten Island wählen außerdem ihren eigenen Bürgermeister (*borough president*), der dem Bürgermeister von New York beratend zur Seite steht.

Wirtschaft und Tourismus: Das New Yorker Wirtschaftsaufkommen ist das größte regionale in den Vereinigten Staaten. Neben London ist New York auch das wichtigste Finanzzentrum der Welt. Gemessen an der Marktkapitalisierung von notierten Unternehmen ist die New Yorker Börse die größte auf der Welt. Weitere wichtige Branchen sind das Gesundheitswesen und der Immobiliensektor. In der Kunst ist New York tonangebend. Davon profitiert auch der stark anwachsende Kreativsektor.

Geschichte im Überblick

Tausende Jahre bevor New York von europäischen Eroberern besiedelt wurde, lebte das Volk der Lenape in einem Gebiet, das die Insel Manahatta, den heutigen Bundesstaat New Jersey sowie Teile von Pennsylvania und Connecticut umfasste. Obst und Nüsse gediehen hier zuhauf. Im Atlantik wimmelte es von Fischen und Schalentieren, und Robben, Wale und Delfine zogen ihre Kreise. Da sich an der Mündung des heute Hudson genannten Flusses Süßwasser mit Salzwasser aus dem Atlantik vermischte, lebte auch eine Vielzahl von Tieren in dem Gebiet. Die Lenape handelten mit anderen Völkern an der Atlantikküste und sprachen eine Algonquin-Sprache. Sie lebten in kuppelförmigen Hütten, die mit Baumrinde bedeckt waren. Ihre Nachfahren leben heute noch in Oklahoma und New Jersey sowie in der kanadischen Provinz Ontario.

1524 Giovanni di Verrazzano entdeckt den Hafen von New York im Auftrag der französischen Krone und nennt ihn Nouvelle-Angoulême.

1609 Henry Hudson entdeckt die Insel Manahatta für die holländische Krone und berichtet dem Hof in Europa nach seiner Rückkehr von der immensen Biberpopulation in der Region. Nach ihm ist der Fluss auf der Westseite von Manhattan benannt.

1624 Holländische Siedler lassen sich am südlichen Zipfel von Manahatta nieder und errichten 1625 das Fort Neu-Amsterdam. Ein reger Handel mit Biberfellen beginnt.

1626 Angeblich verkauften die Lenape Manahatta an den holländischen Gouverneur Peter Minuit, Gouverneur von Neu-Amsterdam. Die Lenape sahen den Austausch mit Waren im Wert von heutigen 1000 Dollar jedoch nicht als eine Übergabe, sondern als eine Möglichkeit, ihr Land mit anderen zu teilen. Sie lebten mit den Holländern bis zur Mitte des 17. Jh. friedlich zusammen.

1641 kommt es zu ersten kriegerischen Auseinandersetzungen zwischen den Lenape und den Siedlern.

1664 Der holländische Gouverneur Peter Stuyvesant überlässt Neu-Amsterdam den englischen Eroberern. Die Siedlung wird in der Folge nach dem Herzog von York umbenannt, dem späteren englischen König Jakob II. (1633–1701).

Um 1700 Die Lenape werden gezwungen, ihre Gebiete zu verlassen.

15. Sept. 1776 In der Schlacht von Long Island schlägt die britische Armee die aufständischen kolonialen Truppen. Die Briten halten New York bis zur amerikanischen Unabhängigkeit im Jahr 1783.

21. Sept. 1776 1000 Gebäude auf Manhattan, d. h. ein Viertel der Stadt, brennen ab.

1792 Gründung der New Yorker Börse

1811 Im Commissioners' Plan von 1811 wird der Straßenrasterplan für Manhattan von der 14. Straße bis zu Washington

Heights im Norden festgelegt. Dieser Plan gilt bis zum heutigen Tag.

1825 Eröffnung des Erie-Kanals, der den Hudson mit den großen Seen verbindet.

1883 Eröffnung der Brooklyn Bridge

1886 Die Freiheitsstatue, ein Geschenk Frankreichs an die Vereinigten Staaten, wird auf der Liberty Island im Hafen von New York enthüllt.

1890–1954 11 Mio. Einwanderer gelangen über Ellis Island in die USA.

1898 Manhattan, Brooklyn, Queens, Bronx und Staten Island werden zur Stadt New York vereint.

1902 Der erste Wolkenkratzer, das »Flatiron Building« auf der 23. Straße, wird vollendet.

1904 Die erste U-Bahn-Linie geht in Betrieb.

1931 Abschluss der Bauarbeiten am Empire State Building und am Chrysler Building.

1952 Die Vereinten Nationen errichten ihren Hauptsitz in New York.

27. Juni 1969 Bei den Stonewall-Unruhen widersetzen sich Homosexuelle und Transgender-Personen einer Polizeirazzia. Diese Krawalle werden als Wendepunkt im Kampf für die Gleichberechtigung angesehen.

1973 Abschluss der Bauarbeiten am World Trade Center.

1981–1985 Zehntausende schwule Männer sterben an AIDS. Organisationen wie Act Up setzen sich für bessere Medikamente ein.

1982 Das Musical *Cats* beginnt seinen 20-jährigen Lauf am Broadway.

1989 Als erster Afroamerikaner wird David Dinkins zum Bürgermeister gewählt.

1993 Erster Terroranschlag auf das World Trade Center.

1994 Rudolph Giuliani wird zum Bürgermeister gewählt. Er verstärkt das Polizeiaufkommen in der Stadt und erarbeitet ein neues Geschäftskonzept für den Times Square. In der Folge eröffnen Disney & Co. auf dem »Hauptplatz von New York« Megageschäfte.

11.9.2001 Fast 3000 Menschen werden beim Anschlag auf das World Trade Center getötet.

2011 New York erlaubt die Homoehe.

29. Okt. 2012 Hurrikan Sandy fällt in New York ein und richtet Schaden in Milliardenhöhe an. 48 Menschen fallen ihm zum Opfer.

2014 Bill de Blasio wird zum 109. Bürgermeister von New York ernannt. Seine gemischtrassige Familie spiegelt die Demografie der Stadt wider.

NEW YORK HARBOR

Sehenswürdigkeit, Denkmal
Aktivität, Ausgehen, Theater
Museum, Galerie
Shopping
Restaurant, Bar, Café
Übernachtungsmöglichkeit
Kirche, Synagoge
0 250 m
N
Bay St.
Washington St.
Steuben St.
Warren St.
Hudson St.
Harborside Financial Center
Pearl St.
Christopher Columbus Drive
PATH
Montgomery St.
Exchange Pl.
York St.
Grand St.
Sussex St.
Morris St.
Essex St.
Greene St.
Privat Rd
Dudley St.
Colgate
Liberty Harbor North
Morris Canal
New Jersey
New York
Audrey Zapp Drive
Visitor Center and Museum
CRRNJ Terminal
Liberty State Park
Liberty Walk
2 Ellis Island
Liberty Island
1
Statue of Liberty National Monument
Snug Harbor, Historic Richmond Town
SothWest
Esplanade
South Cove
Museum of Jewish Heritage
R. F. Wagn Jr. Park
Fire Boat Station
Castle Clintor
Castle Williams
Road
Andes
Craig
Wheeler Av.
Hay Rd.
Clayton Rd.
Comfort
Absecon Rd.
Division
Governors Island
Gresham
Enright Rd.
Craig Rd.

Hudson Square
Ericsson Pl.
Beach St.
Moore St.
North Moore
Franklin St
Franklin
Harrison St.
Leonard St.
Broadway
Canal St.
Grand St.
Lafayette St.
Centre St.
Kenmare St.
Children's Mus. of the Arts
Broome St.
Bowery
Delancey St.
Forsyth St.
Eldridge St.
Allen St.
Orchard St.
Ludlow St.
Rivington St.
Delancey St
Essex St
Canal St
Walker St.
White St.
Church St.
West St.
Cortlandt Alley
Baxter St.
Hester St.
Mott St.
Elizabeth St.
Grand St
Sarah Delano Roosevelt Park
Chrystie St.
Essex St.
Norfolk St.
Lower East Side
North Esplanade
Chambers St.
Warren St.
West Side Highway
Washington Market Park
Greenwich St.
Duane St.
Hudson St.
Worth St.
Thomas St.
Reade St.
Murray St.
End Ave
Vesey St.
Joe Dimaggio Highway
Chambers St
Church St.
Federal Bldg.
Worth St.
Federal Court
Foley Square
Pearl St.
Mulberry St.
Bayard St.
Pell St.
Confucius Plaza
Division St.
Canal St.
Eldridge St.
Seward Park
Clinton St.
Straus Square
East Broadway
Henry St.
Murray St.
Park Pl
Barclay St.
City Hall
Brooklyn Bg. City Hall
Chambers St
Park Row
Kimlau Square
East Broadway
Market St.
Pike St.
Madison St.
Rutgers St.
La Guardia Houses
Clinton St.
Merryll Lynch Financial Center
Memorial Tower I
WTC
PATH
Pristing Horse Sq.
Park Row
Madison St.
Saint James Place
Catherine St.
Monroe St.
Cherry St.
Memorial Park
Cherry St.
Water St.
Highway
Memorial Tower II
Cortland St
St. Paul's Chapel
Fulton St
Ann St.
Beekman St.
Spruce St.
Gold St.
Franklin Sq.
Southbridge Towers
Hampton Inn New York Seaport
Elevated
Manhattan Bridge
American Stock Exchange
One Liberty Plaza
Fulton St
Maiden Lane
John St.
William St.
Rector St
Board St
Nassau St.
Pine St.
Wall St
Cedar St.
Fletcher St.
Water St.
Front St.
Washington St.
Greenwich St.
Trinity Pl.
Morris St.
Broadway
Financial District
Beaver St.
New St.
Fulton Fish Market
Pier 17 Pavilion
Brooklyn Bridge
Highway
F. D. R. Drive
Battery Place
Bowling Green
Stone St.
Broad St.
Hanover Square
Empire-Fulton Ferry State Park
John St.
Pearl St.
Jacques Torres Chocolate
River Café
Fulton Ferry Landing
Juliana's Pizza
Grimaldi's Pizzeria
Water St.
Front St.
Brooklyn Industries
Battery Park
South Ferry
State St.
Whitehall St.
Pearl St.
Water St.
Jeanette Park
Whitehall St South Ferry
South St.
Elevated
East River
Brooklyn Bridge Park
Furman St.
Jay St.
York St
Battery Maritime Bldg.
Downtown Manhattan Heliport
Staten Island Ferry Terminal
Brooklyn Heights Esplanade
Middag St.
Cranberry St.
Orange St.
Pineapple St.
Clark St.
Willow St.
Heights
Henry St.
Cadman Plaza East
High St
Adams St.
Pearl St.
Clark St
Brooklyn Heights
Columbia Heights
Expressway
Pierre Pont
Montague St.
Monroe Pl.
Tillary St.
Remsen St.
Grace Ct.
Hicks St.
Johnson St.
Adams St.
Jay St.
Brooklyn Battery Tunnel
Joralemon St.
Marriott Brooklyn Bridge
Court St
West St.
Clinton St.
Borough Hall
Queens
Furman St.
Hicks St.
Sidney Place
Aitken Pl.
Joralemon St.
Livingston St.
Jay St
Carder Rd.
Andes Rd.
Evans Rd.
Barry Rd.
State St.
Atlantic Avenue
Schermerhorn St.
New York Transit Museum
State St.
Court St.
Boerum Pl.
Brooklyn
Pacific St.
Amity St.
Congress St.
Warren St.
Baltic St.
Kane St.
Dean St.
Atlantic Avenue
Pacific St.
Hoyt St.
Smith St.
Court St.
Clinton St.
Henry St.
Hicks St.
Columbia St.
Irving St.
Dwight St.
Kimmel
Buttermilk Channel

Seite 24/25: St. Gallen ist weit weg: Ein Schweizer Ehepaar blickt fasziniert auf die Skyline von New York. **Oben:** So sieht die Freiheitsstatue vom Ritz Carlton Battery Park bei Sonnenuntergang aus.

1 Freiheitsstatue

Lady Liberty lässt grüßen

»On the boats and on the planes, they're coming to America«, besang Neil Diamond einst die Immigration seiner Großeltern in dem Film *The Jazz Singer*. »Never looking back again« ging die Strophe weiter. Wer einmal die Freiheitsstatue mit stolz erhobener Fackel sah, der vergaß die alte Heimat zwar nicht ganz, der Anblick der Skulptur beflügelte aber jeden, nach Glück und der Erfüllung des amerikanischen Traums zu streben.

Verklärte Gesichter gab es jedoch oft nur im Film. In Wahrheit fühlte sich die Überfahrt vor 100 Jahren nicht ganz wie eine Urlaubsreise an. Äußerst beengt waren die Räumlichkeiten auf den untersten Decks. Allein der Gestank und die sanitären Bedingungen brachten so manchen Passagier an den Rand der Verzweiflung. Aber wenn sich dann der 259 Quadratkilometer große New Yorker

MAL EHRLICH

BEENGTE VERHÄLTNISSE

Seit dem 9. September 2001 regiert in den USA die Paranoia. Die Sicherheitskontrollen rund um die Freiheitsstatue sind besonders streng. Besucher, die das Innere der Mammutskulptur betreten wollen, müssen mit einer 2-bis 3-stündigen Anstell- und Kontrollzeit rechnen. Auch kann der Aufstieg in die Krone bei manchen klaustrophobische Gefühle wecken. Da stellt sich die Frage, ob sich ein solches Unternehmen wirklich lohnt. Schöne Aussichten auf den Hafen und »Lady Liberty« genießt man auch von der Staten Island Ferry. Und die ist gratis!

Hafen vor den Einwanderern ausbreitete, durften sie schon mal durchatmen. Denn dort, wo der Hudson River und der East River in den Atlantik münden, endet der große Teich.

Ein Geschenk Frankreichs

»Lady Liberty« blickt den Einwanderern bereits seit 1886 ernst entgegen. Die Fackel in einer Hand, die Gesetzestafel in der anderen steht sie auf zerbrochenen Eisenketten. Das 225 Tonnen schwere Geschenk der französischen Bevölkerung an die Bürger der Vereinigten Staaten verkörpert seit Generationen den amerikanischen Traum. Dabei war die Dame mit der grünen Patina ursprünglich als Denkmal für die Sklavenbefreiung gedacht. Dem französischen Bildhauer Frédéric-Auguste Bartholdi (1834–1904) gefiel die kleine, vor Manhattan gelegene und damals noch Bedloe Island genannte Insel bei seinem USA-Besuch im Jahr 1876. Inmitten eines sternenförmigen Forts von 1811 errichtete er dort seine 46 Meter hohe Riesin aus getriebenen und genagelten Kupferplatten. Gustave Eiffel (1832–1923), Erbauer des berühmten Turms, zeichnete für das Gerüst verantwortlich, das das Monumentalwerk zusammenhält. Aufgrund dieser Technik wurde die Statue bedeutend leichter, als wenn man sie in einem Stück gegossen hätte. Die für die Errichtung der Statue erforderliche gewaltige Summe von 250 000 Dollar wurde vom französischen Volk als Zeichen der französisch-amerikanischen Verbundenheit gespendet. Und auf Betreiben des Zeitungszaren Joseph Pulitzer (1847–1911) brachte das amerikanische Volk 100 000 Dollar für den 47 Meter hohen Sockel auf. Auch ein deutsches Unternehmen hatte beim Bau der Statue seine Hand im Spiel: Die Firma Dyckerhoff aus Amöneburg lieferte den Spezialzement für den Sockel.

AUTORENTIPP!

AUSFLUG AUF LIBERTY ISLAND

Für zahlreiche Besucher aus der ganzen Welt ist die Freiheitsstatue eine Ikone. Und viele geben nicht auf, bis sie nicht auf ihrem Kopf herumgestiegen sind. Wer bis zur Krone der Freiheitsstatue gelangen will, sollte sich so früh wie möglich im Vorhinein ein Ticket über das Internet buchen. Pro Bestellung werden nur vier Tickets ausgegeben. Nur 290 Besucher werden täglich bis ganz hinauf zugelassen. Die Fährlinie »Statue Cruises« bringt Besucher vom Battery Park am südlichen Ende von Manhattan zur Freiheitsstatue. Wer mit einem Museumsbesuch im Sockel der Statue zufrieden ist, kann sich ein Pedestal/Museum-Ticket kaufen. Ausweis nicht vergessen. Kartenreservierungen empfehlen sich unbedingt an Wochenenden, Feiertagen und von Mai bis September.

Statue of Liberty. New York, NY 10004, www.statuecruises.com (Information und Ticketreservierung)

Das steinerne Antlitz fasziniert schon Generationen.

Oben: Fahnen wehen um die Wahrzeichen New Yorks genug.
Unten: Die »Staten Island Ferry« zieht an der Freiheitsstatue vorbei.

Ein Date mit der Lady

Besucher erreichen die Statue mit einer Fähre der Statue-Cruises-Linie, die zwischen dem Battery Park im Süden von Manhattan und der Freiheitsstatue hin- und herfährt. Auf dem Boot entfliehen sie der Hektik und dem Verkehr der New Yorker Straßen für eine Weile. Ein angenehmer Wind weht ihnen gleich um die Ohren. Die Statue ist eine der beliebtesten Touristenattraktionen der Vereinigten Staaten. Jährlich kommen vier Millionen Besucher auf Liberty Island, um die über 100 Jahre alte Dame zu besuchen.

Sind Besucher einmal auf der Insel angekommen, genießen sie die umwerfende Aussicht auf das Wolkenkratzermeer am Südzipfel von Manhattan und den Hafen. All jene, die ein Ticket für den Besuch des Sockels gekauft haben, erfahren im Museum mehr über die Geschichte der Statue und bewundern ihre Innenraumstruktur durch eine gläserne Decke. Von der Aussichtsplattform auf dem Sockel verschaffen sie sich einen noch besseren Überblick.

Wer jedoch über das Internet ein Ticket zur Besichtigung der Krone im Vorhinein reserviert hat, der klettert über 377 Stufen bis zur Spitze der Statue hinauf. Das dauert schon bis zu 30 Minuten. Ist man jedoch in der Krone angelangt, sieht man die Fackel von ganz nah. Und auch das Gesetzbuch in ihrer Hand, in das der 4. Juli 1776 eingemeißelt ist, der Tag, an dem die 13 amerikanischen Kolonien ihre Unabhängigkeit von der britischen Krone erklärten. Besucher sehen auch die Zacken in die Luft ragen. Die Krone von Lady Liberty trägt sieben davon. Sie versinnbildlichen alle Kontinente und Meere. Und vielleicht fällt den Besuchern auch das Gedicht von Emma Lazarus ein, das sie am Sockel gelesen haben: »Schickt die Heimatlosen, die Sturmzerzausten zu mir. Ich erhebe meine Lampe neben dem Goldenen Eingang.«

Infos und Adressen

ESSEN UND TRINKEN

SouthWestNY. In der Nähe des Battery Parks. Wirklich gute Küche aus dem amerikanischen Südwesten findet man in New York nur selten. Im SouthWestNY gibt es Krabbenküchlein wie auf der Baja California. South End Ave. 301/Albany Street, New York, NY 10280, Tel. 212 945 0528, www.southwestny.com

INFORMATION

National Park Service. Die Freiheitsstatue und die sie umgebende Insel wird vom National Park Service verwaltet. Nähere Informationen finden sich auf Englisch auf www.nps.gov/stli

All jene, die sowohl die Freiheitsstatue sowie Ellis Island in einem besuchen wollen, sollten bis spätestens 13 Uhr auf der Fähre sein. Beide Sehenswürdigkeiten sind am 25. Dezember geschlossen. Der National Park Service hat Statue Cruises

Freier Blick zum Himmel im Restaurant »SouthWestNY.«

New Yorks wohl berühmtester Anblick ist die »Lady Liberty«.

offiziell damit beauftragt, den Fährendienst zur Freiheitsstatue durchzuführen und Eintrittskarten für die Besichtigung zu verkaufen. Ihre Schiffe ankern an den Stegen vor dem Battery Park. Kauft man eine Eintrittskarte über das Internet im Voraus, erspart man sich das lange Warten in der Schlange. Auf dem E-Ticket steht dann die genaue Zeit, zu der man sich auf dem Schiff einfinden muss. Jeder Besucher erhält auch einen Audio-Guide. Fähren verkehren von Manhattan aus tgl. von 8.30–18.30 (Sommer), 9.30–17 Uhr (Winter), www.statuecruises.com

ANFAHRT ZUR FÄHRENSTATION

Mit der U-Bahn-Linie 1 (local) zur Station South Ferry oder mit den Linien 4 oder 5 (express) nach Bowling Green. Mit der Linie R zur Station Whitehall.

Neu renoviert: der Registry Room von Ellis Island

2 Ellis Island

Endstation Sehnsucht

Wenn Amerikaner heutzutage dieses Museum besuchen, werden sie oft von Gefühlen überwältigt. Schließlich sind die Vorfahren von über 100 Millionen US-Bürgern über Ellis Island eingereist. Hier wurde geurteilt, ob sie gesund genug waren, um in den USA Fuß zu fassen. In Stummfilmen sieht man sie erwartungsvoll Schlange stehen. Souvenirs aus der alten Heimat zeigen, woran die Immigranten hingen.

Reisende verbinden einen Besuch der Freiheitsstatue oft gern mit einer Besichtigung von Ellis Island, dem einstmals größten Einwanderungszentrum in den Vereinigten Staaten. 40 Prozent der US-Bevölkerung können die Wurzeln ihrer Familie bis hierher zurückverfolgen. Dafür nehmen sie die Fähre vom Battery Park am Südzipfel von Manhattan. In diesem Park steht auch das Castle Clinton. Reisende tun gut daran, kurz einen Blick zurückzuwerfen und die amerikanische Geschichte von einer geografischen Warte aus zu betrachten. Denn dieses Fort auf Manhattan diente von 1855 bis 1890 acht Millionen Einwanderern als erste Anlaufstelle in die Vereinigten Staaten. Castle Clinton kann auch besichtigt werden. Es steht zwei Blocks von dem Ort entfernt, an dem holländische Siedler im Jahr 1625 das Fort Neu-Amsterdam errichtet hatten. Das Museum gibt Aufschluss darüber, wie das Fort im Laufe seiner Geschichte genutzt wurde: zuerst als militärische Befestigungsanlage, dann als Veranstaltungshalle, schließlich als Immigrationszentrum und von 1896 bis 1941 auch als Schau-Aquarium.

Hier kamen Millionen Menschen zum ersten Mal an.

Abfertigungszentrum für die Massen

Aber wir wollen ja nach Ellis Island. Diese Insel erreichte durch ein künstliches Landgewinnungsprojekt ihre gegenwärtige Größe von 11,10 Hektar. Als ab 1890 die Immigrationsziffer enorm anstieg, beschloss die amerikanische Regierung, eine größere Abfertigungszentrale zu errichten. In der Folge wurde im Jahr 1892 das erste Gebäude auf Ellis Island in Betrieb genommen. Nachdem es aber einem Brand zum Opfer fiel, wurde 1902 eine noch größere Anlage eröffnet. Die Architekten Edward Lippincott Tilton und William A. Boring ersannen ein riesiges schlossähnliches Gebäude im Stil der französischen Renaissance. Die ziegelrote Struktur mit ihren vier Türmen ist schon von Weitem erkennbar.
Zwölf Millionen Einwanderer erreichten hier von 1892 bis 1954 amerikanischen Boden. Das 15-jährige irische Mädchen Annie Moore war die Erste, die an ihrem Geburtstag, dem 1. Januar 1892,

AUTORENTIPP!

AHNENSUCHE PER INTERNET

Wer schon von zu Hause aus erforschen will, ob vielleicht Verwandte in der Vergangenheit in die Vereinigten Staaten ausgewandert sind, kann dies per Internet auf www.ellisisland.org tun. Nachdem man sich registriert hat, kann man Familiennamen und Vornamen eingeben und, falls man fündig wird, ganze Listen durchgehen. Mitglieder der Mormonen-Kirche haben die Schiffsregister und Namen freiwillig eingescannt. Schließlich glauben die Mormonen daran, dass bereits Verstorbene ins Himmelsreich eingehen können, wenn sie nachträglich gemäß den Riten des Mormomenglaubens getauft werden. Auf der Website kann man einen Ausdruck des Einwanderungszertifikats sowie der Passagierliste auch käuflich erwerben.

AUTORENTIPP!

GOVERNORS ISLAND
Das Besichtigen kann manchmal ganz schön anstrengend werden. Wer sich in den Sommermonaten ausruhen und eine Runde Spazierengehen oder Radfahren und dabei den Ausblick auf Ellis Island und die Freiheitsstatue genießen will, sollte Governors Island besuchen. Der nordöstliche Teil dieser 70 Hektar großen Insel wurde der Öffentlichkeit im Jahr 2003 zugänglich gemacht. Der südwestliche Teil untersteht noch der Küstenwache, soll jedoch ebenfalls in eine Freizeitzone umgewandelt werden. Zurzeit wird an der Errichtung eines großen Parks gearbeitet. Wenn New Yorkern von Anfang Mai bis zum frühen Herbst der Sinn nach einem Ausflug steht, kommen sie auf einer Fähre gratis hierher.

Governors Island. New York, NY 10004, www.nps.gov/gois

Eine Jazz-Age-Party auf Governors Island

von Ellis Island nach Manhattan einreisen durfte. Sie erhielt dafür auch in einer Zeremonie mehrere goldene Dollarstücke. Insgesamt wurden 98 Prozent aller Einwanderer aufgenommen. Während von 1820 bis 1880 Deutschland mit 3,1 Millionen Menschen die größte Zahl der Einwanderer in New York stellte, suchten gegen Ende des 19. Jahrhunderts hauptsächlich ärmere Leute aus Süd- und Osteuropa in den USA eine neue Heimat.

Ein vorbildliches Museum

Eindrucksvoll bringt das in ein Museum umgewandelte Immigrationszentrum die Geschichte der Neuankömmlinge näher. Der Ausstellungsbereich Treasures from Home – Schätze von zu Hause – vereint 1000 Objekte, die die Glückssucher in ihren Koffern mitschleppten: ein weißes Brautkleid, eine Kokosnuss aus Guyana und Fotografien von Familienangehörigen, die die Emigranten oft nie wiedersahen. Während all jene, die sich eine Reise in der ersten Klasse leisten konnten, auf dem Schiff abgefertigt wurden, trabten die hungrigen, schmutzigen und zumeist ziemlich mittellosen Menschen aus den untersten Decks durch die weiß gekachelte Halle und gleich eine Treppe hinauf. Dabei beobachteten Ärzte, wie gut sie Stufen steigen konnten. Alle, die nicht so gut zu Fuß erschienen, erhielten ein Kreidezeichen auf den Rücken. Wurde bei der medizinischen Untersuchung ein Leiden festgestellt, kamen sie auf die Krankenstation und mussten manchmal wieder in ihr Ursprungsland zurückkehren. Manche versuchten daraufhin, heimlich nach Manhattan zu schwimmen – oder stürzten sich vor Verzweiflung ins Meer.

Beim Betreten des riesigen Registry Room mit seinen abgewetzten Schreibtischen ist es geradewegs so, als könnte man die Millionen Schritte

der Einwanderer hören. Ein dicht mit Stockbetten gefüllter Schlafsaal zeugt davon, dass die Verhältnisse besonders eng waren, zumal in manchen Jahren anstatt der erwarteten 500 000 Personen eine Million abgefertigt werden mussten. Unter ihnen befand sich der spätere Stummfilmstar Rudolfo Valentino, der 1913 als Achtjähriger aus Italien einreiste sowie die gesamte Trapp-Familie, die im Jahr 1938 den Nazis aus Österreich entkam und später aufgrund des berühmten Musicals *The Sound of Music* Weltruhm erlangte. Da die meisten Einwanderer nicht Englisch sprachen, standen ihnen Dolmetscher zur Verfügung.
Ein Bild erinnert daran, dass der berühmteste von ihnen Fiorello LaGuardia (1882–1947) war, ein wortgewaltiger Redner italienischen Ursprungs, der New York von 1934 bis 1945 als Bürgermeister mit New-Deal-Projekten durch die Weltwirtschaftskrise und den Zweiten Weltkrieg führte.

Endlich in den USA?

Am Ausgang des Registry Room steht auch der »kissing post«, ein Pfeiler, bei dem sich Einwanderer und Familienmitglieder, die es bereits ins Land geschafft hatten, in die Arme fielen. Immer wieder können Besucher auch den Erinnerungen von Einwanderern im Originalton lauschen. Viel Emotion kommt hoch, wenn sich alte Männer an das Hochgefühl erinnern, das sie beim ersten Anblick der Freiheitsstatue erlebten.
In den Schauräumen weisen jedoch Poster mit rassistischem Inhalt darauf hin, dass nicht alle Amerikaner die neuen Einwanderer mit offenen Armen aufnahmen. Auf einem Poster führt Uncle Sam zum Beispiel die »Ratten aus Europa« nach Amerika. Sie schwimmen mit einem Messer im Mund an Land. Das Poster versinnbildlicht, mit welchen Vorurteilen Anhänger des Nativismus

Oben: Der amerikanische Adler versprüht Kraft.
Mitte: Hier suchen unzählige Amerikaner ihre Vorfahren.
Unten: Oft wurden Einwanderer an einem Tag abgefertigt.

Menschen aus Griechenland, Italien und Osteuropa begegneten.

Bis 1901 trieb auf Ellis Island auch eine Heerschar von Betrügern ihr Unwesen. Zum großen Teil gehörten sie sogar dem Beamtenstab an. Sie verlangten Bestechungsgelder, stahlen den Neuankömmlingen ihre kärgliche Habe und tauschten ausländisches Geld zu Wucherpreisen um. Erst auf eine Verfügung von Präsident Theodore Roosevelt hin wurde ihnen das Handwerk gelegt.

Auf Ellis Island stehen Besuchern auch 41 Computer zur Verfügung, auf denen sie eine riesige Datenbank nach ihren familiären Wurzeln durchsuchen können. Im American Family Immigration History Center können sie Passagierlisten und Schiffsregister in einer Datenbank abrufen. Diese Seiten zeigen auch auf, wie viel die Einwanderer wogen und welche Farbe ihre Augen hatten. Auch wie viel Bargeld sie mit sich führten, wurde genau notiert. Schließlich kamen sie ja in die Vereinigten Staaten. Und dass die Straßen nicht gerade mit Gold gepflastert waren, mussten sie oft am eigenen Leib feststellen, wenn sie nach der Einreise harter körperlicher Arbeit nachgingen.

Oben: Wie eine Burg nimmt sich Ellis Island bei Sonnenuntergang aus.

Unten: Kitzel, kitzel: Der Freiheitsstatue sitzt der Schalk im Nacken.

Infos und Adressen

SEHENSWÜRDIGKEITEN

Castle Clinton. Erste Einwanderungszentrale in Manhattan. Tgl. 8.30 bis 17 Uhr, New York, NY 10004

Battery Park. New York, NY 10004, Tel. 212 344 7220, www.nps.gov/cacl

INFORMATION

Ellis Island. Ellis Island steht unter der Schirmherrschaft des National Park Service. Der National Park Service hat Statue Cruises offiziell damit beauftragt, den Fährendienst nach Ellis Island durchzuführen und Eintrittskarten für die Besichtigung zu verkaufen. Ihre Schiffe ankern an den Stegen vor dem Battery Park.
Ellis Island. New Jersey 07305, www.nps.gov/elis, www.statuecruises.com

ANFAHRT

Ellis Island
Mit der U-Bahn-Linie 1 (local) zur Station South Ferry oder mit den Linien 4 oder 5 (express) zu Bowling Green. Mit der Linie R zur Station Whitehall.
Fährenstation beim Battery Park

Vom Meer umspült ist die Governors Island.

Mit der U-Bahn-Linie 1 (local) zur Station South Ferry oder mit den Linien 4 oder 5 (express) nach Bowling Green. Mit der Linie R zur Station Whitehall.

Governors Island
Mit der U-Bahn-Linie 1 (local) zur Station South Ferry oder mit den Linien 4 oder 5 (express) nach Bowling Green. Mit der Linie R zur Station Whitehall. Die Gratisfähre fährt vom Battery Maritime Building bei 10 South Street neben der Staten Island Ferry ab.

Pendler kommen mit der »Staten Island Ferry« in Manhattan an.

Mit einem Spinnennetz wurde die Brooklyn Bridge schon verglichen.

3 Brooklyn Bridge
Wunderwerk der Technik

Die einst längste Hängebrücke der Welt ersann ein deutsch-amerikanisches Vater- und Sohn-Team, John und Washington Roebling. Dass das über 130 Jahre alte Verbindungsglied zwischen Manhattan und Brooklyn jedoch Wirklichkeit wurde, verdanken wir Washingtons Ehefrau Emily. Seit sie bei der Eröffnung 1883 als Erste die Brücke überquerte, genießen Spaziergänger den Ausblick auf die Skyline.

In einem warmen Goldton erstrahlen die Sandstein- und Granitpfeiler der Brooklyn Bridge bei Sonnenuntergang. Wie Eingänge zu einer riesigen Kathedrale nehmen sich die Doppelbögen zwischen den Pfeilern aus. Und dann sticht noch das Netz aus Stahlseilen ins Auge: Immer weiter verästelt es sich, um die Brücke mit seiner filigranen Kraft in der Höhe zu halten. Besucher, die auf dem hölzernen Fußweg über die Brücke von Manhattan ihren Spaziergang starten, sollten mal losgehen, ohne sich zunächst umzudrehen. Das Wow-Erlebnis stellt sich ein, wenn sie die Mitte der Brücke erreichen: Vor dem Auge breitet sich die atemberaubende Skyline von Manhattan aus. So oft hat man sie auf Fotos gesehen, aber live ist sie doch immer wieder ein Erlebnis.

Eine technische Meisterleistung

Die fast zwei Kilometer lange Brooklyn Bridge stellte bei ihrer Eröffnung im Jahr 1883 einen technischen Quantensprung dar: Für die Konstruktion der größten und längsten Hängebrücke der Welt wurden zum ersten Mal Stahlseile verwendet. Sogar insgesamt 24 000 Kilometer davon! Der deutsch-amerikanische Erbauer der Brücke, Ingenieur John August Roebling (1806–1869), hatte bereits eine Hängebrücke über die Niagarafälle und den Ohio River gebaut. Die gotischen Spitzbögen der Brückentürme empfand er den Kirchenfenstern der Divi-Blasii-Kirche seiner Heimatstadt Mühlhausen nach. Roebling starb jedoch bereits während der Vermessungsarbeiten an einer Tetanusinfektion, und auch seinem Sohn und Nachfolger Washington (1837–1926) erging es nicht besser: Er erlitt bei Arbeiten an dem Senkkastenfundament die Taucherkrankheit und war fortan an einen Rollstuhl gefesselt. Seiner Ehefrau Emily Warren Roebling (1843–1903) war es schließlich zu verdanken, dass die Brücke zu Ende gebaut wurde.

Frau Roebling als Baumeisterin

Sie hatte als Mädchen Mathematik gelernt, wurde jedoch nicht zu höheren Studien zugelassen. Das Wissen eines Zivilingenieurs eignete sie sich autodidaktisch an. Während ihr Ehemann von seiner Wohnung in Brooklyn das Voranschreiten der Konstruktion mit einem Teleskop verfolgte, erklärte seine Frau den Arbeitern am Bau seine Anweisungen.

Bei der Fertigstellung der Brücke im Jahr 1883 fuhr Emily Warren Roebling mit Präsident Chester Arthur in einer Kutsche über die Brücke. 15,5 Millionen Dollar hatte die Struktur gekostet. 27 Menschen waren während der Bauarbeiten ums Leben gekommen. John Roebling hatte für die Brücke auch ein eigenes Kabel konstruiert, das 28 Zentimeter dick war und 5400 Drähte in sich vereinte. Auch Bewegungsfugen brachte er an, damit sich das Baumaterial bei warmem Wetter ausdehnen und bei kaltem Wetter wieder zusammenziehen konnte. Wenn Besucher heute über die Brücke gehen, kommt es ihnen vor, als spazierten sie durch ein enormes Spinnennetz.

AUTORENTIPP!

PIZZA WARS

Beim fast zwei Kilometer langen Spaziergang über die Brooklyn Bridge kann man schon hungrig werden. Wer noch niemals in Brooklyn war, sollte sich nicht scheuen, diesen Stadtteil zu besuchen. Brooklyn Heights ist ein liebliches Viertel mit vielen historisch wertvollen Gebäuden sowie gemütlichen Cafés und Restaurants. Jahrzehntelang galt »Grimaldi's« gleich beim Ausgang der Brooklyn Bridge als erste Adresse für Pizza. Pasty Grimaldi verkaufte sein Lokal 1998 an Frank Ciolli. 15 Jahre später kam er jedoch aus der Pension zurück und eröffnete den nach seiner Mutter benannten Laden »Juliana's«. Seitdem ist der Pizzakrieg voll im Gang. Besucher probieren am besten ein Stück aus beiden Geschäften.

Juliana's Pizza. 19 Old Fulton Street, Brooklyn, NY 11201, Tel. 7185966700, www.julianaspizza.com
Grimaldi's Pizzeria. 1 Front Street, Brooklyn, NY 11201, Tel. 7188584300, www.grimaldis.com

Oben: Abendstund' hat Licht im Mund.
Unten: Ein heißes Eisen auf der Water Street.

Verbunden mit Brooklyn

Die Brooklyn Bridge stellte endlich eine Verbindung zwischen zwei unabhängigen Städten dar und bot auch noch genügend Raum, damit Ozeandampfer unter ihr hindurchfahren konnten. Da sich die meisten Fabriken Ende des 19. Jahrhunderts in Manhattan befanden, hatten Arbeiter eine gefährliche Fahrt auf der Fähre auf sich nehmen müssen, um zu ihrem Arbeitsplatz zu gelangen. Manhattan und Brooklyn, Queens, Bronx und Staten Island wurden 1898 schließlich zu einer Metropole vereinigt. Zogen anfangs noch Kutschen über die Brücke, so begann in den Zwanzigerjahren des letzten Jahrhunderts der Autoverkehr auf der sechsspurigen Fahrbahn unterhalb des Fußgängerwegs.
Im Jahr 2011 eröffnete auch der 340 000 Quadratmeter große Brooklyn Bridge Park. Damit wurde die vormals brachliegende Hafengegend revitalisiert. Kinder zieht es hier besonders zu dem Karussell aus dem Jahr 1992, für das Stararchitekt Jean Nouvel einen hübschen Glaspavillon geschaffen hat. Auch sechs Piers wurden renoviert – zum Herumtollen ist Platz genug.

Infos und Adressen

ESSEN UND TRINKEN

River Café. Elegantes Café mit fantastischer Aussicht auf die Skyline von Manhattan.
1 Water Street, Brooklyn, NY 11201,
Tel. 718 522 5200, www.rivercafe.com

ÜBERNACHTEN

Hampton Inn New York Seaport. Drei-Sterne-Hotel mit Gratisfrühstück und -internet.
320 Pearl Street, Manhattan, New York, NY 10038,
Tel. 212 571 4400, www.hamptoninn3.hilton.com

Marriott Brooklyn Bridge. Großes Hotel gleich bei der Brücke. Full service Spa.
333 Adams Street, Brooklyn, NY 11201,
Tel. 718 246 7000, www.marriott.com

EINKAUFEN

Brooklyn Industries. Seit Brooklyn hip geworden ist, verkaufen sich Klamotten mit dem Schriftzug des Stadtteils sehr gut. 70 Front Street, Brooklyn, NY 11201, Tel. 718 797 4240, www.brooklynindustries.com

Jacques Torres Chocolate. Göttliche Schokolade, hergestellt von einem Franzosen. Nettes Café.
66 Water Street. Brooklyn, NY 11201
Tel. 718 875 1268, www.mrchocolate.com

ANFAHRT

Von Manhattan: U-Bahn-Linien 4, 5, 6, J oder Z zu Brooklyn Bridge/City Hall/Chambers Street. Von dort einfach Richtung East River und auf die Brooklyn Bridge Promenade gehen.
Von Brooklyn: U-Bahn-Linien A, C bis High Street. Rechts auf die Pearl Street, links auf die Prospect Street bis zur Washington Street gehen, wo sich links der Eingang zur Unterführung zum Fußweg befindet.
Die Rückfahrt von der Brooklyn Bridge ist je nach Saison auch mit einem New York Water Taxi möglich. Tel. 212 742 1969, www.nywatertaxi.com

Mit dem iPad bekommt die Blondine die Aufnahme der Brooklyn Bridge perfekt hin.

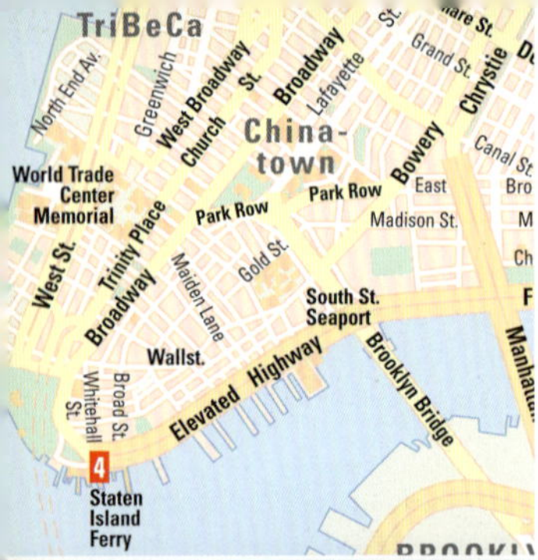

Oben: 20 Millionen Passagiere fahren pro Jahr auf der »Staten Island Ferry«.
Unten: Auch Cops müssen manchmal das Wasser überqueren.

4 Staten Island Ferry

Aussicht mit Rückenwind

Wer für eine Aussichtsfahrt nichts bezahlen will, sollte von der U-Bahn-Station Whitehall einen Ausflug auf der »Staten Island Ferry« unternehmen. 60 000 Menschen nehmen die Fähre tagtäglich zur Arbeit. Die Überfahrt zu New Yorks fünftem Bezirk dauert nur 25 Minuten, der Erholungsfaktor während eines anstrengenden Sightseeing-Tags ist jedoch enorm.

24 Stunden pro Tag und 365 Tage pro Jahr fährt die »Staten Island Ferry« zwischen Manhattan und Staten Island hin und her, zu Stoßzeiten sogar im 15-Minuten-Takt. Wer seine vom Sightseeing müden Füße erholen will, sollte sich diese wunderbare Gratisfahrt durch den New Yorker Hafen gönnen. Besucher von auswärts tun auf einheimisch und mischen sich unter die Pendler. Auf der 25-minütigen Fahrt fährt das Schiff an Ellis Island und der Freiheitsstatue vorbei. Mit einem Zoom-Objektiv können Reisende dem Antlitz von »Lady Liberty« ziemlich nahekommen. Auch die 4175 Meter lange Verranzano Narrows Bridge, die von Staten Island nach Brooklyn führt, kommt in Sichtweite. Zur Zeit ihrer Fertigstellung im Jahr 1964 war sie die längste Hängebrücke der Welt.

Mit dem Schiff durch den Hafen

Ein regelmäßiger Fährendienst von Manhattan nach Staten Island besteht bereits seit 1817. Zuerst legte der Dampfer »Nautilus« den acht Kilometer langen Weg zurück. Dampf diente bis zum Jahr 1980 als Hauptantriebskraft. Drei der Schiffe des Fährendienstes wurden von der Armee im Bürgerkrieg von 1861 bis 1865 abgezogen.

Wie viele andere Schiffe waren die Fähren zuerst weiß. Seit 1926 werden sie jedoch orange gestrichen, damit man sie im Nebel und Schnee auch sehen kann. Am 11. September 2011 transportierte die Belegschaft der »Staten Island Ferry« Zehntausende Menschen aus Manhattan ab und brachte sie auf Staten Island in Sicherheit – und das, obwohl die Fährbediensteten aufgrund des Rauchs und der in der Luft herumfliegenden Trümmer nichts sehen konnten. In den folgenden Tagen war die Fähre jedoch den Rettungsdiensten und militärischem Personal vorbehalten.

Ein Gratisvergnügen

Viele Jahre lang war eine Fahrt auf der Fähre die billigste Art, sich in New York am Wasser zu vergnügen. 200 Jahre lang kostete die Überfahrt zwischen 5 und 50 Cent. Im Jahr 1997 beschloss Bürgermeister Rudy Giuliani jedoch, Pendler und Touristen gratis fahren zu lassen – ein Geschenk an die Bewohner von Staten Island, die im Jahr 1993 in der Mehrheit für ihn gestimmt hatten (55 Prozent der Bevölkerung sind italienischen Ursprungs).

Die meisten New York-Urlauber genießen bei warmem Wetter die Aussicht vom Deck, machen jedoch sofort eine Kehrtwendung, sobald sie auf Staten Island ankommen. Das ist jedoch ein Fehler. Ein »Outdoor Wonderland« nennt die Verwaltung von Staten Island ihren Bezirk. 6300 Quadratkilometer geschützte Parkgebiete befinden sich hier. Die Einwohner von Staten Island haben mit South Beach auf der Südküste sogar einen eigenen Strand! Im historischen Städtchen Richmond besuchen Reisende die älteste Schule in den Vereinigten Staaten. Das Voorlezer House deutet mit seinem holländischen Namen darauf hin, dass darin Schüler bereits im Jahr 1695 paukten. 30 historische Gebäude können im Freilichtmuseum besichtigt werden.

Infos und Adressen

SEHENSWÜRDIGKEITEN

Mit der Metro Card kann man auch die Busse auf Staten Island benutzen. Mit dem S 40 Bus geht es zwei Meilen von der Fährenstation entfernt zum Snug Harbor Cultural Center & Botanical Garden, einem botanischen Garten und Kunstzentrum. Mit dem S74 geht es von der Fähre in 40 Minuten zu Historic Richmond Town, einem Dorfensemble von 27 Gebäuden aus der Zeit der holländischen Siedler.

Snug Harbor. Di–So 10–16 Uhr, 1000 Richmond Terrace, Staten Island, NY 10301, Tel. 718 448 2500, www.snug-harbor.org

Historic Richmond Town. Sept.–Juni Mi–So 13–17 Uhr, Juli, August Mi–Sa 10–17, So 13–17 Uhr, 441 Clarke Ave, Staten Island, NY 10306

ANFAHRT

Mit der U-Bahn-Linie R zu Station Whitehall, mit der Linie 1 nach South Ferry, mit den Linien 4 und 5 nach Bowling Green und mit den Linien J und Z zur Broad Street

Pendler haben oft ein Buch dabei.

DOWNTOWN

TRIBECA
FINANCIAL DISTRICT
LOWER MANHATTAN
CHINA-TOWN
ITALY
LOWER EAST SIDE
Joe Dimaggio Highway
Broadway
Brooklyn Bridge
Manhattan Bridge (Toll)
Franklin D. Roosevelt Drive
Elevated Highway
Brooklyn Queens Expressway
Wallabout Bay
Rockefeller Park
Battery Park
Hamilton Fish Park
Seward Park
Financier Patisserie
National September 11 Memorial & Museum
Black Hound Bar & Lounge
Museum of Jewish Heritage
The Skyscraper Museum
The National Museum of the American Indian
The Ritz-Carlton
Charging Bull
Trinity Church
Zuccotti Park
World Trade Center
Federal Reserve Bank of New York
Century 21
New York Stock Exchange
The Wall Street Inn
Financier Patisserie
Andaz Wall Street
Haru
Museum of American Finance
Federal Hall
Gild Hall
Abercrombie & Fitch
Acqua at Peck Slip
TKTS South Street Seaport
Keg No. 229
MarkJoseph Steakhouse
South Street Seaport Museum
Eurostars Wall Street
New York City Police Museum
Staten Island Ferry Terminal
Downtown Manhattan Heliport
St. Paul's Chapel
City Hall
African Burial Ground National Monument
Cosmopolitan Hotel Tribeca
Bouley Restaurant
Brushstroke
The Odeon
Blaue Gans
The Greenwich Hotel
Nobu New York
Issey Miyake
Brandy Library
Cheryl Hazan Gallery
Tribeca Grand Hotel
Pearl Paint
Museum of Chinese in America
Peking Duck House
Vegetarian Dim Sum House
Xi'an Famous Foods
Jing Fong
Joe's Shanghai
Chinatown Fair Family Fun Center
Mahayana Temple Buddhist Association
Best Western Bowery Hanbee Hotel
Italian American Museum
Mulberry Street Bar
Sohotel
Blue Moon Hotel
Museum at Eldridge Street
Project No. 8
Lower East Side Tenement Museum
The Hotel on Rivington
Essex Street Market
Back Room
wd~50
Moishe's Bakery
Chambers St
Franklin St
Canal St
Grand St
Delancey St
E Broadway
Chambers St/ Centre St
Brooklyn Bridge
City Hall
Park Pl
Fulton St
Nassau St
Wall St
Broad St
Wall St/ William St
Rector St
Bowling Green
South Ferry
Whitehall St South Ferry
York St

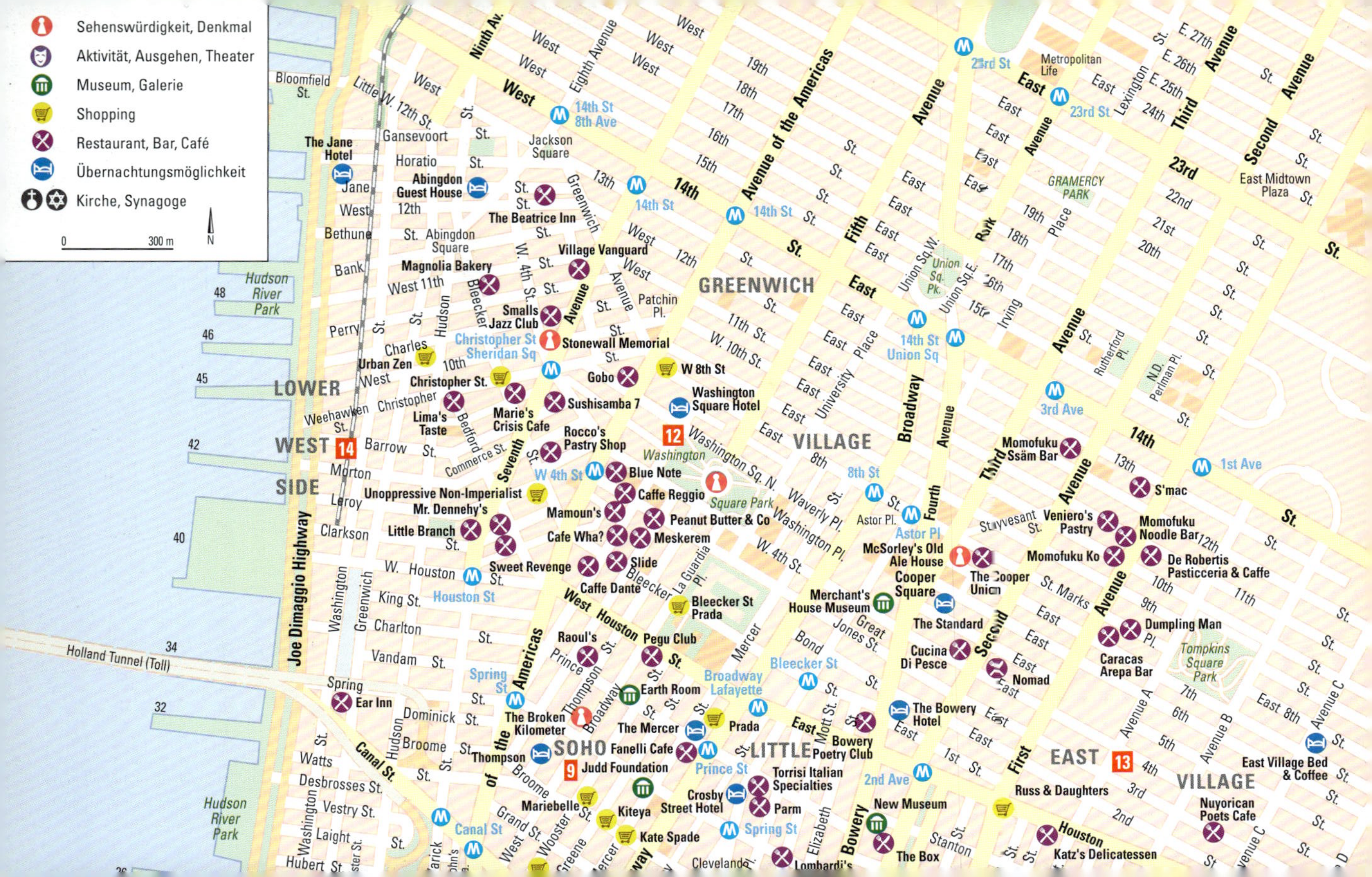

Sehenswürdigkeit, Denkmal
Aktivität, Ausgehen, Theater
Museum, Galerie
Shopping
Restaurant, Bar, Café
Übernachtungsmöglichkeit
Kirche, Synagoge
0
300 m
N
LOWER
WEST
SIDE
GREENWICH
VILLAGE
SOHO
LITTLE
EAST
VILLAGE
12
13
14
9
Hudson River Park
Joe Dimaggio Highway
Holland Tunnel (Toll)
The Jane Hotel
Abingdon Guest House
The Beatrice Inn
Village Vanguard
Magnolia Bakery
Smalls Jazz Club
Stonewall Memorial
Urban Zen
Christopher St.
Lima's Taste
Marie's Crisis Cafe
Sushisamba 7
Gobo
W 8th St
Washington Square Hotel
Rocco's Pastry Shop
Blue Note
Caffe Reggio
Unoppressive Non-Imperialist
Mr. Dennehy's
Little Branch
Mamoun's
Peanut Butter & Co
Cafe Wha?
Meskerem
Sweet Revenge
Slide
Caffe Dante
Bleecker St Prada
Raoul's
Pegu Club
Ear Inn
Earth Room
The Broken Kilometer
The Mercer
Prada
Fanelli Cafe
Thompson
Judd Foundation
Mariebelle
Kiteya
Kate Spade
Crosby Street Hotel
Torrisi Italian Specialties
Parm
Lombardi's
Bowery Poetry Club
The Bowery Hotel
New Museum
The Box
Merchant's House Museum
Cooper Square
McSorley's Old Ale House
The Cooper Union
The Standard
Cucina Di Pesce
Nomad
Momofuku Ssäm Bar
S'mac
Veniero's Pastry
Momofuku Noodle Bar
Momofuku Ko
De Robertis Pasticceria & Caffe
Dumpling Man
Caracas Arepa Bar
Tompkins Square Park
Russ & Daughters
Katz's Delicatessen
Nuyorican Poets Cafe
East Village Bed & Coffee
Metropolitan Life
Gramercy Park
East Midtown Plaza
Union Sq. Pk.
Washington Square Park
14th St 8th Ave
14th St
Christopher St Sheridan Sq
W 4th St
Houston St
Spring St
Canal St
Prince St
Broadway Lafayette
Bleecker St
2nd Ave
Astor Pl
8th St
14th St Union Sq
23rd St
3rd Ave
1st Ave
Avenue of the Americas
Fifth Avenue
Broadway
Fourth Avenue
Third Avenue
Second Avenue
First Avenue
Seventh Avenue
Eighth Avenue
Ninth Av.
Bowery
Avenue A
Avenue B
Avenue C
West Houston St.
Canal St.

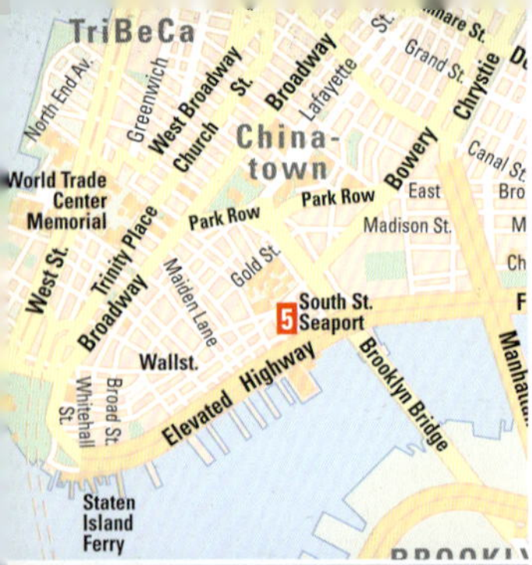

S. 44/45: Umwerfend ist der Anblick des Empire State Building, wenn man es zum ersten Mal sieht. **Oben:** Ein Wassertaxi steht im South Street Seaport bereit. **Unten:** Alte Hafenarchitektur im Financial District

5 South Street Seaport

Schiff ahoi!

Ein Hauch von Meeresluft durchzieht die städtebaulich älteste Gegend von Manhattan. Im Gegensatz zum Wolkenkratzermeer rund um die Wall Street sind die einfachen Ziegelhäuser aus dem 18. Jahrhundert nur ein oder zwei Stockwerke hoch. Nach Hurrikan Sandy möbelt die Fußgängerzone am südlichsten Teil des East River wieder auf. Eine Reihe von historischen Schiffen verleiht der Gegend ihr nautisches Flair.

Als der vermeintliche Pirat William Kidd (1645 bis 1701) an England ausgeliefert wurde, gehörte ihm ein großer Teil der New Yorker Hafengegend. Mit seiner Frau Sarah Oort lebte er einige Jahre lang als angesehener Kaufmann in der Pearl Street 119. Dann heuerte ihn die englische Krone an, um als Freibeuter gegen Piraten vorzugehen. Das tat er auch. Aufgrund einiger Fehlentscheidungen und politischer Intrigen wurde er im Jahr 1701 jedoch in New York verhaftet und nach Lon-

MAL EHRLICH

STOP & FRISK RASSISTISCH

Die New Yorker Polizei präsentiert im New York Police Museum ihre Geschichte, übertüncht dabei jedoch einiges. Es muss gesagt werden, dass die New Yorker Cops in den letzten Jahren mit ihrer »stop & frisk«-Taktik Hunderttausende hauptsächlich aus der schwarzen und Latino-Gemeinde stammende Männer grundlos auf der Straße aufhalten und durchsuchen. Glücklicherweise setzte Bürgermeister Bill de Blasio dieser Taktik 2014 ein Ende. Aufpassen heißt es noch immer.

Auf dem Kopfsteinpflaster im South Street Seaport betreiben mehrere Restaurants einen Gastgarten.

don überstellt. Dort musste er sich vor dem Parlament verantworten. Schließlich wurde er zum Tod durch den Strang verurteilt, und sein Körper wurde zur Abschreckung künftiger Piraten an der Themse in einem Eisenkäfig aufgehängt.

Nautische Fundstücke

Captain Kidds Geist wacht noch immer über die heute South Street Seaport genannte Gegend am East River. Einige Geschäfte verkaufen hier nautische Souvenirs und antiquarische Fernrohre. Die Gegend hat sich jedoch seit Captain Kidds Zeiten sehr verändert. Als der Freibeuter in der Pearl Street lebte, hatte er noch freie Sicht auf den Hafen. Dem ist heute nicht mehr so. Aufgrund von Landgewinnungsprojekten wuchs die Fläche um den alten Hafen auf der South Street an, und die Pearl Street ist jetzt drei Straßen von dem East River genannten Meeresarm entfernt. Zu Captain Kidds Zeiten stand auch noch eine Mauer der alten Befestigungsanlage ein paar

AUTORENTIPP!

FRISCHE MEERESFRÜCHTE

In der Hafengegend am South Street Seaport dürfen natürlich echte Meeresspezialitäten nicht fehlen. Im Restaurant »Acqua« in der kopfsteingepflasterten Straße Peck Slip wird italienische Kost perfekt zubereitet. Chefkoch Ivan Beacco stellt Ravioli und Spaghettoni Filetto selbst her und serviert sie mit einer Sauce aus Muscheln, Shrimps und Knoblauch. Die Seebrasse schwimmt in einer Safransauce, der Thunfisch wird mit einer Artischockentapenade übertüncht. Als Dessert steht die Schokoladensalami auf dem Programm.

Acqua Restaurant & Wine Bar.
21 Peck Slip, New York, NY 10038,
Tel. 212 349 4433,
www.acquarestaurantnyc.com

AUTORENTIPP!

WO DIE COPS ZU HAUSE SIND
Das Museum muss aufgrund von Hurrikan Sandy leider renoviert werden, sollte aber bald wieder öffnen. Wenn das der Fall ist, können Besucher mehr über die Geschichte der New Yorker Polizei erfahren. Mithilfe eines Feuerwaffensimulators können sie eine Schießerei nachvollziehen und beurteilen, ob die Schüsse gerechtfertigt waren. Krimifans finden hier den Tommy-Revolver von Al Capone. Mutige können sich auch in einer Gefängniszelle einsperren lassen, wo das Klo gleich neben dem Bett steht. Auch alle Arten von Drogen und die beim Konsum gebrauchten Utensilien sind zur Warnung ausgestellt. Das Museum ist in einem eindrucksvollen Neo-Renaissance-Palazzo angesiedelt, der einige Jahrzehnte als Hauptwache diente.

New York Police Museum. Nach der Wiedereröffnung Mo–Sa 10–17 Uhr, So 12–17 Uhr, 100 Old Slip, New York, NY 10038, Tel. 212 480 3100, www.nycpolicemuseum.org

Straßen von seinem Haus entfernt. Diese wurde im 18. Jahrhundert abgetragen, und die Straße erhielt den Namen Wall Street.
Wer heute bei den U-Bahn-Stationen Fulton Street und Broadway-Nassau aussteigt und in Richtung East River spaziert, der fängt ein bisschen von der Hafenatmosphäre des 19. Jahrhunderts ein, sind die Water Street, Pearl Street sowie South Street doch einige der ältesten Straßen New Yorks. Reisende können sich vorstellen, wie hier Matrosen ihren Kautabak auf die Straße spuckten oder einen Abstecher in die Maiden Lane machten, den Rotlichtbezirk des Hafens. Rund 200 Jahre lang war die South Street das Zentrum der amerikanischen Seefahrt. 62 Prozent aller ins Land kommenden Importe wurden hier gelöscht. In der Gegend rund um den Pier 17 ankerte einst auch ein Großteil der lokal verkehrenden Fähren. Als die Brooklyn Bridge im Jahr 1883 eröffnet wurde, ging es mit der Gegend jedoch langsam bergab. In den Sechzigerjahren des 20. Jahrhunderts sollte der historische Baubestand vollkommen abgerissen werden und einer Ansammlung von Wolkenkratzern weichen. Dank einer Bürgerinitiative konnten die historisch wertvollen Häuser und die Hafengegend jedoch gerettet werden. Als Hurrikan Sandy am 29. Oktober 2012 Teile von New York und New Jersey verwüstete, war auch der South Street Seaport betroffen. Deshalb werden Besucher hier auch einige Geschäfte und Institutionen vorfinden, die sich erst langsam wieder erholen. Dass die Gegend jedoch wieder als einer der wichtigsten Touristenmagneten auf die Füße kommen wird, daran besteht kein Zweifel.

Lagerhäuser und Schiffe

Das South Street Seaport Museum widmet sich der Geschichte der New Yorker Seefahrt seit 1967. Es hat die Schermerhorn Row bezogen, eine Ziegelhäuserzeile von der Front Street zur South Street, die im Jahr 1812 eine der größten Gebäudestrukturen in Manhattan war. Hier wurden Ein- und Ausfuhren verrechnet und die Warenbestände genau aufgezeichnet. In der Fulton Street 12 wandelte das Museum eine Reihe von Lagerhäusern aus dem frühen 19. Jahrhundert in Schauräume um. Auch eine alte Druckerei in der Water Street 209 steht unter der Schirmherrschaft des Museums. Bei Bowne & Co. steht ein Drucker mit tintengeschwärzter Schürze hinter einer Maschine aus dem Jahr 1844 und fertigt hübsch dekorierte Geburtstagsbillets und Hochzeitseinladungen von Hand an.

Im Besitz des South Street Seaport Museum befinden sich auch acht historische Schiffe aus dem späten 19. und frühen 20. Jahrhundert. Sie ankern vor dem Pier 17 und können besichtigt werden. Die eindrucksvolle Viermast-Stahlbark »Peking« stand von 1911 bis 1932 fast ausschließlich im Dienst der Hamburger Reederei Laeisz, um Nitrate aus Chile zu transportieren. Das Feuerschiff »Ambrose« diente von 1907 bis 1932 als Navigationshilfe im Hafen von New York.

Einkaufen und Bier trinken

Am Pier 17 stand bis zum Hurrikan Sandy auch ein bekanntes Einkaufszentrum, das gerade von der Howard Hughes Corporation renoviert wird. Bis im Jahr 2015 hier ein neuer Glaspalast mit Luxusgeschäften entsteht, bieten Besitzer der früher im Einkaufszentrum ansässigen Läden in der warmen Saison ihre Ware in »pop up«-Geschäften an. Auch Straßenkünstler zeigen sich hier gern: So stimmt zum Beispiel eine Blaskapelle einen Ragtime aus New Orleans an, und eine Gruppe aus Harlem liefert eine akrobatische Breakdance-Nummer. Wenn die Jungs so richtig in Fahrt kommen, wippen die Füße der Zuschauer im Takt mit.

Oben: Das alte Schiff steht im Besitz des Maritime Museums
Unten: Ein Patriot ruht sich auf einer Parkbank aus.

Oben: Wolkenkratzer und alte Hafengebäude stehen in Lower Manhattan Seite an Seite.
Unten: New York-Besucher lassen sich ein wenig Meeresluft um die Nase wehen.

Besucher gehen am South Street Seaport auch durch Straßen, die die Bezeichnung »Slip« im Namen führen – Peck Slip, Coentis Slip, Old Slip. Diese alten Marschgebiete des East River deuten darauf hin, dass man hier Schiffe einst leicht zu Wasser lassen konnte. Sie wurden jedoch auch mit Sand gefüllt und so Teil der Stadtlandschaft.
Läuft man die Pearl Street Richtung Battery Park entlang, findet sich ein weiteres Stück altes New York. In Nummer 54 findet sich die »Fraunces Tavern«. Hier werden bereits seit den Siebzigerjahren des 18. Jahrhunderts geistige Getränke ausgeschenkt. George Washington verabschiedete sich in dieser Taverne 1783 nach erfolgreichem Abschluss des Amerikanischen Unabhängigkeitskriegs von seinen Truppen. Angeblich soll das Haus das älteste, seit der Kolonialzeit bestehende in Manhattan sein. Das Gebäude wurde im Laufe der Jahrzehnte immer wieder renoviert und umfasst ein Restaurant sowie mehrere Bars. Heute finden im Restaurant Hochzeiten wie vor über 200 Jahren statt, bei denen die Braut statt des Schleiers ein Spitzenhäubchen trägt.
Die »Fraunces Tavern« ist auch Teil des American Whiskey Trails, einer vom Verband der amerikanischen Spirituosenindustrie zusammengestellten Whiskey-Tour durch die Vereinigten Staaten. Auf dieser Tour können verschiedene Arten des amerikanischen Nationalgetränks verkostet werden.
In Sachen Bier hat sich die Taverne jedoch ganz Irland verschrieben. Hier werden nur Erzeugnisse der Porterhouse Brewing Company aus Dublin ausgeschenkt. Und diesem Gerstensaft kann herkömmliches amerikanisches Bier nicht das Wasser reichen. Das Plain Porter wurde schon das beste Schwarzbier auf der Welt genannt. Dem Oyster Stout verleihen frische Austern im Lagertank eine süßliche Note. Ob dieses Bier auch Piraten wie Captain Kidd geschmeckt hätte? Ist anzunehmen. Er hätte es wahrscheinlich literweise getrunken.

Infos und Adressen

ESSEN UND TRINKEN

Mark Joseph Steakhouse. Herrliche Prime Dry Aged Porterhouse Steaks. 261 Water Street, New York, NY 10038, Tel. 212 277 0020, www.markjosephsteakhouse.com

ÜBERNACHTEN

Eurostars Wall Street Hotel. Modernes, kostengünstiges Hotel, eingerichtet in Schwarz, Weiß und Rot. 129 Front St., New York, NY 10005, Tel. 212 742 0003, www.eurostarswallstreet.com

AUSGEHEN

Keg No. 229. Diese coole Bier-Bar serviert auch »American comfort food«: fried pickles, macaroni & cheese, pigs in a blanket und buffalo chicken wings. 220 Front Street, New York, NY 10038, Tel. 212 374 WINE. www.kegno229.com

TKTS South Street Seaport. Dieser Verkaufsschalter für Broadway-Tickets verkauft Eintrittskarten am Tag der Aufführung zum halben Preis, für Nachmittagsvorstellungen am Tag davor. Welche Shows Karten zum halben Preis anbieten, finden Reisende mit der App www.tdf.org/tktsapp oder auf der Website www.tdf.org/tktslive heraus. Ecke Front Street und John Street, New York, NY 10038

EINKAUFEN

Abercrombie & Fitch. Der Teeniemagnet im Süden von Manhattan. Leider sind sie nur auf superdünne Kunden eingestellt. 199 Water St., New York, NY 10038, www.abercrombie.com

MUSEEN

South Street Seaport Museum. Museum mit nautischen Artefakten. Um den Pier 17 liegen die acht historischen Schiffe des Museums. Nach Wiedereröffnung voraussichtlich Jan.–März Fr–Mo 10–17 Uhr (Galerien), Fr–Mo 12–16 Uhr (Schiffe), April–Dez. Di–So 10–18 Uhr, Mo geschlossen, 12 Fulton St, New York, NY 10038, Tel. 212 748 8600, www.southstreetseaportmuseum.org

ANFAHRT

U-Bahn-Linien 2, 3, 4, 5, A, C, J, M oder Z zur Fulton Street.

Das Feuerschiff »Ambrose« diente jahrzehntelang als Navigationshilfe.

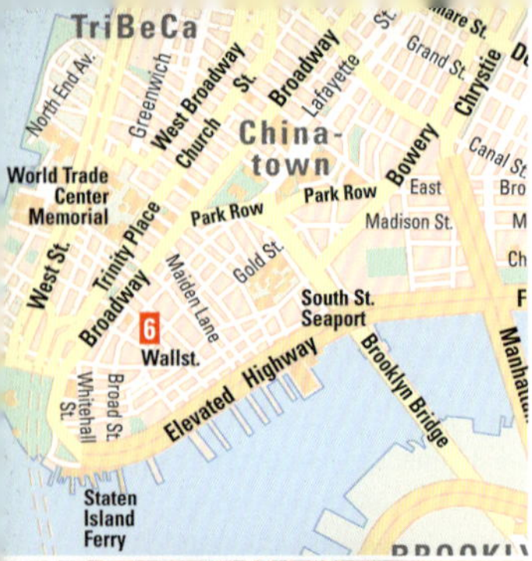

Wer ein Börsenmakler sein will, muss gestylt sein.

6 Wall Street

Wo das Geld zu Hause ist

Im Herzen des FiDi, des Financial District, finden sich historisch bedeutsame Gebäude wie die New Yorker Börse, die Zentralbank des Staates New York, der Sitz des ersten amerikanischen Kongresses und die Trinity Church. Auf den Straßen regiert jedoch der Stress. Zehntausende Finanzexperten jagen hier dem höchsten Gewinn nach.

Der Bulle ist los! Kraftvoll schnaubt er mit den Nüstern. Sein goldbraunes Fell glänzt in der Sonne. Seine strammen Beine sind zur Attacke bereit. Nur vom Fleck kommt er nicht, denn schließlich wiegt er 7000 Pfund und ist aus Bronze gefertigt. Der *charging bull* ist über die letzten drei Jahrzehnte zum inoffiziellen Wahrzeichen der Wall Street avanciert. Die Stierskulptur im Bowling Green Park am Broadway symbolisiert die Hoffnung auf einen *bull market*, eine Börsenhausse. Der Bildhauer Arturo DiModica stellte sie 1989 als Zeichen der Hoffnung illegal auf, nachdem die Wall Street im Jahr 1987 einen Börsenkrach erlebt hatte. Als die Stadtverwaltung die Statue wegschaffen wollte, kam es zu Protesten in der New Yorker Bevölkerung. Und seitdem darf der Stier ungestört in Angriffspose verharren.

Wie stehen die Aktien?

Um zur New Yorker Börse selbst zu gelangen, geht man von der Stierskulptur den Broadway zwei Straßen nach Norden und biegt dann rechts in die Wall Street ab. Die größte Börse der Welt ist zwar seit dem Terroranschlag vom 11. September 2001 für die Öffentlichkeit gesperrt, doch allein die Außenfassade von 1903 imponiert: Sechs riesige

Der Bulle der Wall Street verharrt in Angriffspose

korinthische Säulen heben, für jeden sichtbar, die Bedeutung des Aktienumschlagplatzes als wichtigsten Finanztempel der Welt hervor. Dabei hatte es mit der Börse recht einfach angefangen: Am 17. Mai 1792 unterzeichneten 24 Börsenmakler unter einer Platane vor dem Haus in der Wall Street 68 ein Abkommen, dem zufolge sie Aktien nur untereinander handeln würden. Von 1793 bis 1817 tätigten sie ihre An- und Verkäufe im heute nicht mehr existierenden »Tontine Coffee House« in der Wall Street, in dem auch mit den auf den Schiffen importierten Gütern und versklavten Menschen gehandelt wurde. Im Jahr 1817 wurde schließlich der New York Stock and Exchange Board gegründet, der Vorgänger der heutigen Börse. Und auch die Regeln änderten sich. Es konnte nicht jeder Makler werden. Neue Mitglieder konnten zum Board nur hinzugewählt werden. Maklerpositionen können bis zum heutigen Tag vermietet und verkauft werden. Im Jahr 1863 verkürzte der Verband seinen Namen schließlich zu New York Stock Exchange. Im Jahr 1943 wurden auch Frauen als Maklerinnen zugelassen, im Jahr 1977 Nicht-Amerikaner. Der Börsenwert aller an der Wall Street notierten Unternehmen belief sich im Mai 2013 auf fast 17 Trillionen Dollar.

AUTORENTIPP!

GILD HALL

Wer mit den Börsenhaien schwimmen will, sollte sich im schicken Hotel »Gild Hall« einmieten. Schon Name und Adresse deuten auf die Hoffnungen der exklusiven Klientel hin: Die »güldene Halle« ist in der Gold Street gelegen. Die Inneneinrichtung des Hotels orientiert sich am männlichen Geschmack: Kronleuchter aus Geweihen und eine Rhinozerosstatue wecken den Jagdtrieb mancher Herren. Lobby und Zimmer sind wie die Bibliothek eines englischen Gentlemans gestaltet, der in den Siebzigerjahren zu viele James-Bond-Filme gesehen hat. In der Bar fließen die *dirty martinis* in Strömen. Ihnen wird neben Wermut und Gin ein wenig Salzlauge von eingelegten Oliven beigemischt. In den Zimmern verbreiten Orchideenblüten frischen Duft.

Gild Hall. 15 Gold St./Ecke Platt St, New York, NY 10038, Tel. 212 232 7700, www.thompsonhotels.com

Oben: Ein Straßenname mit gewichtiger Bedeutung
Mitte: In der Federal Hall legte George Washington seinen Amtseid ab.
Unten: Hier tagten der erste Kongress und der Oberste Gerichtshof.

Die Geschichte des Dollars

Gleich neben der Börse können sich New York-Besucher über die amerikanische Geldhandelsgeschichte informieren. In der Wall Street 48 eröffnete 2008 im ehemaligen marmorverkleideten Hauptsitz der Bank of America das Museum of American Finance seine Pforten. Hier erfahren Besucher, wie das Finanzsystem funktioniert und auch versagt. Eine Aktie der South Sea Company aus dem Jahr 1720 beweist, dass auch Genies mit Börsengeschäften Pech haben können. Sie ist von Sir Isaac Newton gezeichnet. Newtons Aktie verlor ihren Wert, als eine Spekulationsblase Anfang des 18. Jahrhunderts platzte. Auch vor fast 300 Jahren war der Finanzmarkt nicht vor Fehlspekulationen gefeit.
In der Wall Street 26 stand die Federal Hall, New Yorks erstes, im Jahr 1700 erbautes Rathaus, das auch als das erste Kapitol des Landes diente, als New York nach dem Revolutionskrieg 1789 Hauptstadt des Landes wurde. Drei Jahre lang tagte hier der amerikanische Kongress. George Washington legte in dem Gebäude seinen Amtseid nach seiner Wahl ab. Eine Bronzestatue des ersten Präsidenten begrüßt Besucher denn auch auf der Treppe des aus dem Jahr 1842 stammenden Zollamtshauses, das die Federal Hall ersetzte. Besucher betrachten hier die Bibel, auf der George Washington seinen Amtseid ablegte. Die Gebäudefassade ist dem Athener Parthenon nachempfunden. Man spaziert

An dieser U-Bahnstation kommen Besucher der Wall Street herauf.

um eine riesige Rotunde und erfährt, dass die Kongressabgeordneten an dieser Stelle die Bill of Rights verabschiedeten, die ersten zehn Zusatzartikel zur Verfassung, die die Bürgerrechte garantieren.

Goldreserven underground

Drei Straßen weiter nördlich in der Liberty Street 33 steht die Federal Hall Reserve Bank of New York, die Zentralbank des Staates New York. In ihren Tresorräumen im Felsboden der Insel Manhattan ruht angeblich ein Viertel der Goldreserven der ganzen Welt. Und das 15 Meter unter dem Meeresspiegel. Besucher müssen eine Tour zwischen vier Monaten und einer Woche im Voraus über das Internet buchen. Sie erfahren bei ihrem Besuch, welche Rolle die New Yorker Zentralbank bei der Festlegung der Geldmarktpolitik spielt.
Zeit für einen Zwischenstopp! In der »Patisserie Financier« tanken die Finanzexperten wieder neue Energie. Die Konditorei befindet sich in der Stone Street 62, einer Straße, die schon von den holländischen Siedlern angelegt und als eine der ersten in der Stadt gepflastert wurde. Hier laben sich Broker in Maßanzügen an *Financiers*, viereckigen Mandelküchlein in Goldbarrenformat, und spülen sie mit einem geschmackvollen Café au Lait hinun-

AUTORENTIPP!

HARU SUSHI

Wer mit Aktien handelt, der muss beweglich im Geist sein. Ein mit schweren Gerichten vollgestopfter Magen denkt bekanntlich langsam. Deshalb finden sich rund um die Wall Street auch viele japanische Restaurants. Eines der besten unter ihnen ist »Haru Sushi«. Das Lokal befindet sich in einem ehemaligen Kakaoumschlagplatz, ist ganz auf Shinto-Tempel gestylt und serviert exzellente Fischgerichte. Der Küchenchef lässt sich bei seinen Kreationen auch von anderen Kulturen inspirieren und bereitet Fischtacos und Hummer-und-Mango-Ceviche mit japanischer Präzision zu. Für ein Carpaccio schneidet er ein Gelbschwanzmakrelenfilet in hauchdünne Scheiben. Sushirollen haben ausgefallene Namen wie Red Hot Mama und Kiss of Fire.

Haru. 1 Wall St. Court, New York, NY 1005, Tel. 2127856850, www.haruwallstreet.com

Oben: Jean Dubuffet gestaltete diese Skulptur auf der Chase Manhattan Plaza.
Unten: Die Trinity Church wurde im neogotischen Stil geschaffen.

ter. Neben französischen Imbissen wie *Croque Monsieur* und Quiches locken auch jede Menge Petits Fours und vielfarbige Makronen in der Auslage.

Kirchturm als Orientierungspunkt

Wer jedoch sein letztes Geld auf der Börse verloren hat, der kann in der Trinity Church an der Ecke Broadway und Wall Street Zuflucht suchen. Hier stand schon im Jahr 1698 eine erste anglikanische Kirche. Eine zur Trinity Church gehörende Kapelle aus dem Jahr 1766 steht am Broadway zwischen der Fulton und Vesey Street und ist das älteste erhaltene Kirchengebäude in Manhattan. Die erste Trinity Church fiel nämlich dem Großen Brand des Jahres 1776 zum Opfer. Nachdem sich ein Kirchenbau aus dem Jahr 1790 als nicht stabil erwies, wurde die heutige neogotische Kirche mit einem 86 Meter hohen Turm im Jahr 1846 eingeweiht. An diesem Turm orientierten sich im 19. Jahrhundert die Kapitäne im New Yorker Hafen. In der Kirche selbst finden oft klassische Konzerte statt. Die Stimmung ist besonders andachtsvoll, wenn das Licht durch die bunten Glasfenster einfällt. Auf dem Friedhof vor der Kirche ruhten Alexander Hamilton, der erste Finanzminister der USA, sowie einige Generäle der amerikanischen Revolution.
Ein paar Schritte weiter nördlich vom Friedhof befindet sich der Zucotti Park, in dem im Herbst 2011 die Proteste der Occupy Wall Street-Bewegung stattfanden. Die Demonstranten erhoben ihre Stimme gegen die Raffgier und Korruption auf der Wall Street und den verheerenden Einfluss von Wirtschaftslobbys auf die Demokratie. Und nicht einmal der Bulle am Broadway konnte sie abschrecken.

Infos und Adressen

SEHENSWÜRDIGKEITEN

Charging Bull. Bronzeskulptur im Bowling Green Park am Broadway südlich der Wall Street.

Federal Hall National Memorial. An dieser Stelle tagte der erste Kongress der USA. Gratis zu besuchen, da Teil des National Park Service. Mo–Sa 9–17 Uhr, Wall Street 26, New York, NY 10005 www.nps.gov/feha

Federal Reserve Bank of New York. Zentralbank des Bundesstaats New York mit den angeblich größten Goldreserven der Welt. Besuch nur nach vorheriger Anmeldung über das Internet möglich. 33 Liberty Street, New York, NY 10045, www.newyorkfed.org

New Yorker Börse. Seit dem 11. September 2001 für Besucher gesperrt. Wall Street 11, New York, NY 10005

St. Paul's Chapel. Das älteste Kirchengebäude in Manhattan stammt aus dem Jahr 1766. 209 Broadway., New York, NY 10007, Tel. 212 233 4164, www.trinitywallstreet.org

Das Wall Street Inn hat am Wochenende günstige Preise.

Das Jugendstilmosaik aus dem Jahr 1913 wurde im Jahr 2000 auf der Fulton Street installiert.

Trinity Church. Die traditionsreichste Episkopalkirche in New York. 74 Trinity Place, New York, NY 10001, Tel. 212 692 0800, www.trinitywallstreet.org

Zucotti Park. Zwischen dem Friedhof der Trinity Church und dem Park der Weltverbesserer steht nur ein Gebäude am Broadway. New York, NY 10006

ESSEN UND TRINKEN

Financier. Verführerische französische Patisserie mit vier Standorten im Financial District. Stone Street 62, World Financial Center 3–4, Cedar Street 35, Liberty Plaza 10, New York, NY 10005, www.financierpastries.com

ÜBERNACHTEN

Wall Street Inn. Kleines Hotel in kolonialem Stil. Für all jene, die Spitzen und Rüschen lieben. South William Street 9, New York, NY 10004, Tel. 212 747 1500, www.thewallstreetinn.com

MUSEEN

Museum of American Finance. Museum zur Geschichte des amerikanischen Geldwesens. Di–Sa 10–16 Uhr, Wall Street 48, New York, NY 10005, Tel. 212 908 4110, www.moaf.org

ANFAHRT

U-Bahn-Linien 2, 3, 4, 5 bis zur Station Wall Street

Der größte von Menschenhand geschaffene Brunnen befindet sich am World Trade Center.

7 World Trade Center

Ein Neubeginn

Mehr als ein Jahrzehnt nach dem Terroranschlag vom 11. September 2001 erwacht der Ground Zero zu neuem Leben. Nicht zwei, sondern vier neue Wolkenkratzer werden sich hier über die nächsten Jahre in die Lüfte erheben. Berühmte Architekten zeichnen dafür verantwortlich. Zwei riesige Wasserfälle in 4000 Quadratmeter großen Becken erinnern daran, dass das Leben ein niemals enden wollender Fluss ist.

Niemand kann sich der Betroffenheit und der Tränen erwehren, die unwillkürlich am Ground Zero aufsteigen. Vom Rand des National September 11 Memorial blicken Besucher in zwei riesige Becken, über die sich zwei zehn Meter hohe Wasserwände ergießen. Die Umrisse dieser Brunnen erinnern an die Zwillingstürme, die am 11. September 2001 in sich zusammenbrachen. Um die Brunnen ranken sich bronzene Tafeln, auf denen die Namen der 2983 Menschen eingemeißelt sind, die dem Anschlag in New York, im Pentagon, auf dem United Airlines-Flug 93 und der Attacke am 26. Februar 1993 zum Opfer fielen. Das Mahnmal von Michael Arad heißt auf Englisch Reflecting Absence. *Reflect* heißt einerseits »über das Fehlen reflektieren«. Das vom Wasser erzeugte Geräusch soll Besucher vom Straßenlärm ablenken und ihnen einen Platz der Andacht bieten. Gartenarchitekt Peter Walker pflanzte rund um das Denkmal 415 Bäume. Das Grün der Hoffnung sprießt wieder. Die beiden Brunnen werden durch einen Gang im Freien mit einer Estrade verbunden, auf der Besucher eine Kerze anzünden oder ein kleines Artefakt in Erinnerung an die Opfer des Terroranschlags hinterlassen können.

Am Gedenktag, dem 9. September, erhoben sich zehn Jahre lang zwei Lichtkegel in den Himmel.

Eine neue Wolkenkratzergruppe

Reflect heißt aber auch »widerspiegeln«. In den Becken wird sich tatsächlich ein hypermodernes Wolkenkratzerensemble widerspiegeln. Das One World Trade Center von David Childs ist das mit 541,30 Metern höchste Gebäude der Vereinigten Staaten. Mit seiner zentralen Turmspitze ahmt es das Empire State Building und das Chrysler Building nach. Das Two World Trade Center vom britischen Architekten Norman Foster wird aus vier scheinbar einzeln stehenden Türmen bestehen, die dann doch wie magisch miteinander verbunden sind. Sein abgeschrägtes Dach reflektiert bei gutem Wetter allmorgendlich das Sonnenlicht auf das Denkmal. Der Lichteinfall des Turms ist so konzipiert, dass Arads und Walkers Denkmal jedes Jahr am 11. September kein Schatten bedeckt. Die anderen Gebäude wurden von berühmten Architekten wie Richard Rogers und Fumihiko Maki entworfen. Frank Gehry soll ein Zentrum für darstellende Künste entwerfen. Santiago Calatrava kreierte eine Metro- und Bahnstation.

AUTORENTIPP!

DISKONTLABELS

New Yorks beliebtestes Wühl-Kaufhaus bietet Designermoden zu Preisen, die bis zu 70 Prozent reduziert sind. Unter den Horden von Käufern muss man sich schon seinen Weg bahnen, aber dann findet man auch Ralph-Lauren-Hemden, Donna-Karan-Kleider und eine Calvin-Klein-Lederjacke für weniger als 600 Dollar. Die Ware wird jeden Tag aufgefrischt. Sehr begehrt sind auch preisgünstige Kaschmirpullis, die weggehen wie die warmen Semmeln. Das Kaufhaus ist in einem Art-déco-Gebäude angesiedelt, das einen Rundumblick wert ist.

Century 21. 22 Cortlandt St, New York, NY 10007, Tel. 2122279092, www.ct21stores.com (U-Bahn-Linien N und R bis Cortlandt Street)

Rundgang 9/11 Memorial

A Eingang zum 9/11 Memorial an der Ecke Albany Street und Greenwich Street. Solange das Museum noch nicht geöffnet hat, müssen Besucher sich einen **Visitor Pass** auf http://visit.911memorial.org lösen.

B **South Reflecting Absence Pool.** Die beiden über 4000 Quadratmeter großen Brunnen liegen auf dem Areal, wo sich einst die Twin Towers befanden.

C **North Reflecting Absence Pool.**

D 700 Millionen Dollar kostete der Bau des 9/11 Museums, das sich ab 2014 sieben Stockwerke unterhalb des 9/11 Memorial Site befinden wird.

E **One World Trade Center.** Das von David Childs entworfene höchste Gebäude in der westlichen Hemisphäre erreicht eine Höhe von 1776 Fuß (541 Metern).

F **Two World Trade Center.** Norman Foster gestaltete den mit 387 Meter zweithöchsten Wolkenkratzer im World Trade Center.

G Santiago Calatrava empfand den »Transportation Hub«, die Metro- und Bahnstation, einem Vogel mit ausgebreiteten Flügeln nach.

H **Three World Trade Center.** Das von Richard Rogers gestaltete Gebäude soll 2016 seine Pforten öffnen.

I Das Four World Trade Center von Fumihiko Maki ist ein einfacher, eleganter Wolkenkratzer, der an die Twin Towers erinnert.

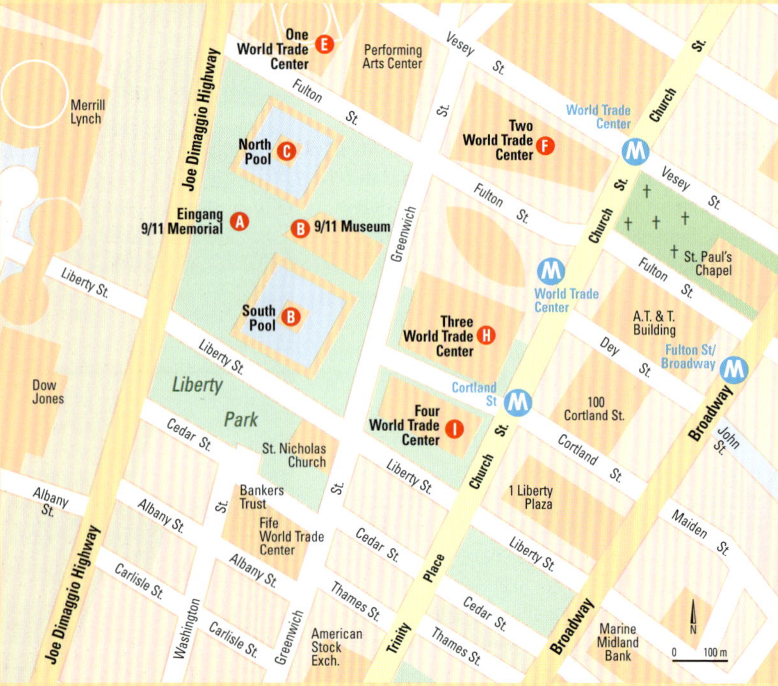

Erinnern an die Opfer

Bis zu 21 Meter unter dem Mahnmal befindet sich das 9/11 Museum mit seiner dekonstruktivistischen Eingangshalle. Hier wird das letzte Stück Stahl ausgestellt, das nach der Trümmeraufräumung am Ground Zero abtransportiert wurde. Ein wichtiger Teil des Museumsbesuchs sind auch die Interviews mit Überlebenden, die sich an die Katastrophe und die Zeit danach erinnern.
Auf dem 24 000 Quadratmeter großen Areal des Mahnmals steht auch ein chinesischer Wildbirnenbaum. Als einzige Pflanze überlebte er das Desaster. Das Team der Arthur-Ross-Gärtnerei schaffte den gebrochenen und angeschwärzten Baum in die Bronx und hegte und pflegte ihn einige Jahre lang. Im Dezember 2010 wurde er wieder in seine ursprüngliche Heimat verpflanzt.
Geht man vom One World Trade Center auf der am Hudson River gelegenen Esplanade entlang, sieht man nicht nur viele Schiffe vorbeiziehen, sondern spaziert auch durch Battery Park City, ein 37 Hektar großes Areal. Dieses Landgewinnungsprojekt entstand in den Jahren 1967 bis 1976. Biegt man am 1st Place ab, gelangt man an der Ecke Battery Place zum Skyscraper Museum, dessen Besuch sich angesichts der vertikalen Gebäuderiesen in der Gegend lohnt. In Wechselausstellungen beleuchtet es die architektonische Entwicklung der Stadt im 20. und 21. Jahrhundert. Auch die gesamte Geschichte der »Twin Towers« hat es archiviert.

Museum für jüdisches Erbe

Das Museum of Jewish Heritage liegt genau gegenüber vom Skyscraper Museum. Es wurde im Andenken an all jene eingerichtet, die im Holocaust ihres Lebens beraubt wurden. Subtil, jedoch eindrücklich vermittelt eine Fotowand mit 2000 Bildern von jüdisch-französischen Kindern die Gräuel

AUTORENTIPP!

RITZ CARLTON BATTERY PARK

Mit direkter Sicht auf die Freiheitsstatue residieren Reisende nur im »Ritz Carlton Battery Park«. Es liegt fast direkt am Südzipfel von Manhattan und bietet von seinen riesigen Fenstern eine fantastische Aussicht. In manchen Zimmern steht auch ein Teleskop bereit, damit Gäste die »Lady Liberty« ganz nah heranzoomen können. Wer sich kein Zimmer leisten will, kann die Atmosphäre auch vom »2 West Restaurant« genießen, wo am Wochenende von 11 bis 14.30 Uhr ein herrlicher Brunch angeboten wird, bei dem Gäste amerikanische Frühstücksspezialitäten wie Eggs Benedict und French Toast ausprobieren können.

Ritz Carlton Battery Park.
2 West Street, New York, NY 10004,
Tel. 212 344 0800,
www.ritzcarlton.com

Das »Ritz Carlton Battery Park« befindet sich gleich neben einer Marina.

Eine Besucherin erinnert sich am Ground Zero.

Oben: Eine Kugelskulptur beim World Trade Center
Mitte: Ein Feuerwehrmann wurde in einem Relief verewigt.
Unten: Das Museum of the American Indian befindet sich im ehemaligen Zollgebäude.

des Genozids. In luftigen Sommerkleidern und mit Schleifen in den Haaren strahlen manche Mädchen in die Kamera. Nicht auszudenken, was diesen unschuldigen Kindergesichtern später widerfuhr. Das Museum informiert jedoch auch über vielfältige jüdische Gemeinden im Laufe der Jahrhunderte.

Ein Museumsjuwel befindet sich ein paar Straßen weiter an der Ecke Battery Place und State Street. Wertvolle Artefakte von diversen indianischen Stämmen stellt das National Museum of the American Indian aus. Es befindet sich am Beginn des Broadway, jener Straße, die ursprünglich von den Ureinwohnern als Pfad quer durch Manhattan angelegt wurde. Nachfahren von amerikanischen Ureinwohnern waren auch maßgeblich an der Gestaltung des Museums beteiligt. Das Museum gibt Einblick in 12 000 Jahre indianische Geschichte und 1200 Kulturen in Nord- und Südamerika und der Karibik. Besucher sehen hier so eindrucksvolle Handarbeiten wie eine Schultertasche des Volkes der Oklahoma Delaware, die aus Tierhaut, Seidenbändern und Tausenden blauen, weißen und roten Perlen gearbeitet ist. Besonders begehrt sind die Artikel des Museumsshops. Wie viele Leute können sich schon rühmen, bunt bestickte Fellpantoffeln von den Inuit aus Alaska zu besitzen?

Infos und Adressen

ÜBERNACHTEN

Andaz Wall Street. Hyatt macht mit der Andaz-Marke auf hip. Wall Street 75, New York, NY 10005, Tel. 212 590 1234, www.newyork.wallstreet.andaz.hyatt.com

AUSGEHEN

Black Hound Bar. Jeremy Strawn mixt unbeschreibliche Cocktails, zu denen ihn Schriftsteller und Haustiere inspirierten. Unbedingt probieren: Painting as Pasttime (Tito's Vodka, Pistaziensirup, Ingwer und Limone). 301 South End Ave., New York, NY 10006, Tel. 212 945 0562, www.blackhoundbar.com

MUSEEN

Museum of Jewish Heritage. Holocaust-Geschichte und Einblick in verschiedene jüdische Gemeinden auf der ganzen Welt. So–Di, Do 10–17.45 Uhr, Mi 10–20 Uhr, Fr 10–15 Uhr, Mitte März bis Nov. 10–17 Uhr, Battery Place 36, New York, NY 10280, Tel. 646 437 4202, www.mjhnyc.org

Ahnenfotos im Museum of Jewish Heritage

Eleganter Tresen in der »Black Hound Bar«

National Museum of the American Indian. Das von Natives gestaltete Museum erfasst die Vielfältigkeit indianischer Kulturen in Nord- und Südamerika und der Karibik. Tgl. 10–17 Uhr, Do 10–20 Uhr, Alexander Hamilton U.S. Customs House. Bowling Green 1, New York, NY 10004, Tel. 212 514 3700, www.nmai.si.edu

National September 11 Memorial & Museum. Mahnmal und Museum zum 11. September 2001. Tgl. 10–18 Uhr, One Liberty Plaza, New York, NY 10006, www.911memorial.org

Skyscraper Museum. Museum zur Wolkenkratzer-Geschichte. Mi–Sa 12–18 Uhr, Battery Place 39, New York, NY 10280, Tel. 212 968 1961, www.skyscraper.org

ANFAHRT

U-Bahn-Linien A, C, J, M, Z, 2, 3, 4, 5 bis Fulton Street/Broadway-Nassau. Linie E bis World Trade Center. Linie R bis Cortland Street, Linie 1 bis Rector Street

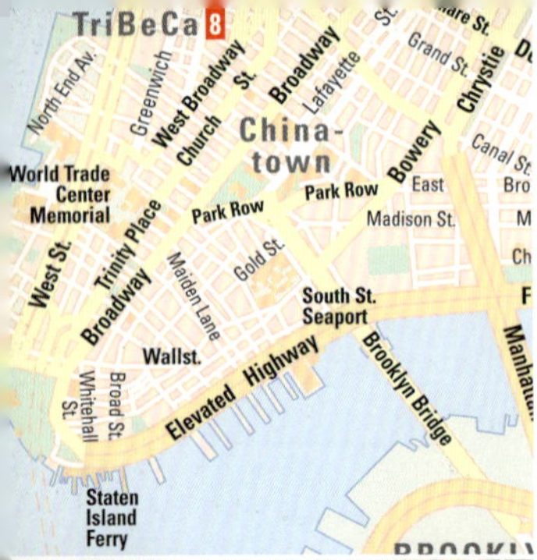

Kopfsteinpflaster befindet sich in Tribeca immer noch.

8 Tribeca

Living Next Door to De Niro

Amerikas Filmlegende brachte Anfang der Neunzigerjahre neues Leben in die Lagerhausgegend aus dem 19. Jahrhundert. Das Viertel mit den riesigen Lofts und hohen Fenstern boomt. Die Immobilienpreise sind in den letzten 20 Jahren um das Achtfache angestiegen. Deshalb sind Beyoncé und Gwyneth Paltrow auf der Hudson Street auch Nachbarinnen. Wenn große Limos auf dem Gehsteig stehen, sind sie zu Hause.

Was macht man, wenn man das gesamte künstlerische Œuvre seines Vaters erbt, das Hunderte von Zeichnungen und Malereien umfasst? Heißt man Robert De Niro, baut man einfach ein Hotel und hat somit genug Platz, das abstrakt-expressionistische Werk des gleichnamigen Seniors auszustellen. Sein »Greenwich Hotel« ließ der Filmstar auf einem Parkplatz gleich neben seinem Büro hochziehen. So musste er auch nicht mehr auf eine leere Betonfläche schauen, sondern kann sich in der Landhausatmosphäre seines »home away from home« entspannen.

Ein Filmmekka downtown

Robert De Niro ist es zu verdanken, dass Tribeca, das »Triangle below Canal Street«, zum Zentrum des kreativen Filmschaffens avancierte. Tribeca erstreckt sich von der Canal Street im Norden bis zur Murray Street im Süden. Östlich wird es vom Broadway und westlich vom Hudson River begrenzt. Riesige Lagerhäuser aus dem 19. Jahrhundert standen hier leer, nachdem die Hafen- und Textilarbeiter in andere Gegenden abgewandert waren.

Das Woolworth Building thront über Tribeca.

Künstler wie Richard Serra nutzten diese Lofts in den Achtzigerjahren, um an ihren großräumigen Projekten zu arbeiten. De Niro richtete sich hier 1989 häuslich ein. Im Martinson Coffee Building, einem ehemaligen Kaffeedepot, eröffnete er das Tribeca Film Center, ein Bürohaus für innovative Filmschaffende. Mit Restaurantimpresario Drew Nieporent eröffnete er auch eine Reihe von Lokalen: zuerst »Tribeca Grill«, in dem amerikanisch gekocht wird, dann den japanischen Gourmettempel »Nobu«, bis heute eine Spitzenadresse für frischen rohen Fisch und ausgefallene Kreationen. Als der 11. September 2001 schwer auf der Stadt lastete, ersann De Niro das heute sehr angesehene Tribeca Film Festival, für das die Tribeca Cinemas aus dem Boden gestampft wurden.

Neu macht auf Alt

Sein jüngster Streich ist das »Greenwich Hotel«. Ein moderner Glaspalast kam für Robert De Niro nicht infrage. Er selbst wuchs als Kind in Lower Manhattan auf und weiß die historische Architektur seiner Heimatstadt zu schätzen. Deshalb sieht das Hotel auch so aus, als wäre es vor 100 Jahren errichtet worden. Für den achtstöckigen Bau

AUTORENTIPP!

AFRICAN BURIAL GROUND MEMORIAL

Vor dem Amerikanischen Unabhängigkeitskrieg war New York die Stadt mit dem zweitgrößten Bevölkerungsanteil von versklavten Menschen. Eine anglikanische Kirchenregelung erlaubte ihre Bestattung im Friedhof der Trinity Church jedoch nicht. Bis zu 20 000 Opfer der Sklaverei wurden deshalb in einem Areal bestattet, das sich von der heutigen Chambers Street über den Broadway bis zum Foley Square erstreckt. Als 1991 ein neues Regierungsgebäude in diesem Gebiet errichtet werden sollte, wurden 419 Gräber entdeckt. Es ist Aktivisten zu verdanken, dass der Friedhof archäologisch aufgearbeitet wurde und ein Denkmal und Besucherzentrum errichtet wurden. Auf der 7,60 Meter hohen Skulptur von Rodney Leon und Nicole Hollant-Denis ist der Kreis der Diaspora eingezeichnet, eine Landkarte, die den Sklavenhandel und -transport zwischen Westafrika und den Vereinigten Staaten verdeutlicht. Die sterblichen Überreste der 419 Menschen wurden hier ebenfalls bestattet.

African Burial Ground. Tgl. 9–17 Uhr, 290 Broadway/Duane Street, New York, NY 10007, Tel. 212 637 2019, www.nps.gov/abgm

AUTORENTIPP!

BOULEY RESTAURANT
David Bouley ist einer der Gourmet-Pioniere in Tribeca. Als er 1985 in Drew Nieporents Restaurant »Montrachet« am Herd stand, fuhren zwar keine Taxis nach Tribeca, doch das Lokal war trotzdem ständig ausgebucht. In der Zwischenzeit hat er seine eigenen Restaurants in Tribeca eröffnet. Wer New York besucht und sich nicht das fünfgängige, relativ preisgünstige Mittagsmenü gönnt, ist selber schuld. Der publicityscheue Starkoch versteht es wie fast kein anderer, leichte Gerichte mit einer ungeheuren Geschmacksvielfalt zuzubereiten. Er nimmt dabei Anleihen aus der japanischen Küche und bereitet Zutaten mit französischer Technik zu. Gourmets dürfen sich auf Auster mit Kiwi als Geschmacksknospenöffner und Taschenkrebse sowie Steinpilze in einem Dashi-Flan freuen.

Bouley. Duane Street 163, New York, NY 10013, Tel. 212 964 2525, www.davidbouley.com

wurden nur handgeschöpfte rote Ziegel verwendet, für die Fenster des Restaurants sogar Glas vom berühmten Flatiron Building, in dem noch eingeschlossene, von Mund geformte Luftblasen zu sehen sind. In der Lobby stehen bequeme Fauteuils, die alle unterschiedlich gemustert sind. Sie könnten vom Landsitz eines englischen Lords stammen. Antike tibetische Teppiche verbreiten ein Gefühl von Wärme. Holzbalken wurden von einem alten Bauernhof abgetragen. Sie verstärken den rustikal-herrschaftlichen Charme des Hotels. Hinter der Rezeption sind bereits die ersten Kunstwerke von Robert De Niro senior zu bewundern – zügig geschwungene Aktzeichnungen, schnell auf das Papier geworfen.
Obwohl das Hotel auf der viel befahrenen Greenwich Street liegt, dringt kein Autobrummen in die 88 Zimmer. Sie sind zu 95 Prozent schalldicht. Keines von ihnen gleicht dem anderen. Auf recycelten Holzbrettern aus sibirischer Föhre stehen solide, geradlinige Antiquitäten aus ganz Europa. Seidengebundene antiquarische Literaturklassiker in den Bücherregalen laden zum Lesen ein. Ein Gedicht sind auch die Dux-Betten, die ein bequemes Schlafvergnügen bereiten. Aus den besten Zimmern blickt man auf den mit Arkaden angelegten Innenhof.

Edle Spirituosen

Tribeca strotzt nur so vor guten Bars und Restaurants. Auf Feinsinniges hat sich die »Brandy Library« in der North Moore Street spezialisiert. Nur ein paar Schritte vom früheren Apartment in Nummer 20 von John F. Kennedy jun. erzeugen dunkles Holz, Kaminfeuer und indirekte bernsteinfarbene Beleuchtung eine gemütlich-gediegene Atmosphäre. Anstatt mit Büchern füllt diese »Bibliothek« ihre Schränke jedoch mit edlen braunen Spirituosen. Kellnerinnen fahren auf Leitern die Wände ent-

lang, um einen Pierre Ferrand-Cognac aus dem Jahr 1914 oder einen Darroze-Armagnac aus dem Jahr 1945 für die Gäste zu holen. »Wir wollen die klassischen Cocktails wie Sidecar oder Brandy Alexander genauso wie vor 70 Jahren zubereiten«, erklärt Besitzer Flavien Desoblin. Zu diesem Zweck wird jeder Mitarbeiter zum Spirituosensommelier geschult. Hollywoodstar Harvey Keitel wohnt gleich über der Bar und schaut auch gern auf einen »night cap« vor dem Schlafengehen vorbei.
Ein alter Hase in Tribeca ist Kurt Guttenbrunner. Er führte in die New Yorker Kulinarik etwas ganz Exotisches ein: deutsche und österreichische Gerichte! In seiner »Blauen Gans« kommen Blunzengröstl mit frisch geriebenem Meerrettich, Räucherforelle mit Kohlrabi, Gulasch und natürlich jede Menge Würste auf den Tisch.

Hotels und Shopping

Deutscher Herkunft sind auch die Besitzer des schicken Hotels »Tribeca Grand« an der Sixth Avenue oder Avenue of the Americas, wie sie auch genannt wird. Max Stern, der Gründer der Hartz Mountain Industries, kam in den Zwanzigerjahren auf einem Überseedampfer mit 2100 Kanarienvögeln nach New York. Innerhalb von ein paar Jahrzehnten hatte er den größten Tierhandel in den Vereinigten Staaten aufgezogen. An diese Großtat erinnert heute der Goldfisch im »Tribeca Grand Hotel«. Sobald ein Gast ankommt, steht ein Glas mit dem pflegeleichten Haustier im Zimmer. Den Fisch können die Gäste bei ihrer Abreise nach Hause mitnehmen. Er erinnert sie an die minimalistisch inspirierte, jedoch komfortable Atmosphäre ihres Zimmers und das glasüberdachte Atrium, in dem sich die New Yorker Schickeria allabendlich ein Stelldichein gibt.
Amerikas Architekturstar Frank Gehry wurde ebenfalls in Tribeca aktiv. Wie um das Guggenheim

Oben: Kulinarische Genüsse im Wirtshaus »Blaue Gans«
Mitte: JFK jr. wohnte bis zu seinem Tod auch in Tribeca.
Unten: Eine romantische Minute im Künstlerviertel

Oben: Manhattan hat auch ein Leihfahrradangebot.
Unten: New Yorker sind immer auf Trab.

Museum in Bilbao winden sich Titaniumschleifen durch das Geschäft des japanischen Modedesigners Issey Miyake in der Hudson Street. Sie ergänzen damit Miyakes Modekreationen perfekt: Der Meister ist ebenfalls für seine wallenden Kleider, Röcke und Pullover bekannt. In diesem Multimillionendollargeschäft finden sich auch A-POCs, Klamotten, die nur aus einem ungeschnittenen Stück Stoff bestehen.
Cheryl Hazans Galerie in der North Moore Street erinnert an eine Zeit, als es in Tribeca noch von jungen, bildenden Künstlern nur so wimmelte.
Sie vertritt »up-and-coming talents«. Der ursprünglich aus Ungarn stammende Pál B. Stock ist einer davon. Er bedeckt Holztafeln zuallererst mit einer Schicht Bienenwachs. Nachdem sie getrocknet ist und er sie abgeschliffen hat, malt er geometrische Formen in Ölfarbe darauf, die dann fast über der Oberfläche zu schweben scheinen. Wer weiß, vielleicht kommt ja mal Kunstliebhaber Robert De Niro vorbei und begeistert sich für sein Werk? Sein Hotel bietet ja Ausstellungsfläche genug, um junge Künstler der Öffentlichkeit bekannt zu machen.

Infos und Adressen

ESSEN UND TRINKEN

Blaue Gans. New Yorks beliebtestes Wirtshaus mit wunderbaren Wurstspezialitäten. Duane St. 139, New York, NY 10013, Tel. 212 571 8880, www.kg-ny.com/blaue-gans

Brushstroke. David Bouleys japanisches Kaiseki-Restaurant hat nur abends geöffnet. Hudson Street 30, New York, NY 10013, Tel. 212 791 3771, www.davidbouley.com/brushstroke-main

Nobu. Hier geht Robert De Niro Sushi essen. Hudson St. 105, New York, NY 10013, Tel. 0212 219 0500, www.noburestaurants.com/new-york

Odeon. Diese Art-déco-Bar eröffnete als erste in der vormals abgelegenen Gegend.West Broadway 145, New York, NY 10013, Tel. 212 233 0507, www.theodeonrestaurant.com

ÜBERNACHTEN

Cosmopolitan Hotel. Hundert Jahre altes Hotel, neu renoviert, preisgünstig. 95 West Broadway, New York, NY 10007, Tel. 212 566 1900, www.cosmohotel.com

Im »Greenwich Hotel« haben Gäste viel Platz.

Werke von De Niro sen. hängen in dem Hotel.

Greenwich Hotel. Robert De Niros jüngste Spielwiese, auf »Old New York« gestylt. 377 Greenwich Street, New York, NY 10013, Tel. 212 941 8900, www.thegreenwichhotel.com.

Tribeca Grand Hotel. Die Lagerhausarchitektur des 19. Jahrhunderts wird hier neu interpretiert. 2 Avenue of the Americas, New York, NY 10013, Tel. 212 519 6600, www.tribecagrand.com

AUSGEHEN

Brandy Library. Diese Bar besinnt sich auf die amerikanische Cocktailtradition. Branntweine vom Feinsten. 25 North Moore St., New York, NY 10013, Tel. 212 226 5545

EINKAUFEN

Cheryl Hazan Gallery. Galerie für junge, aufstrebende Künstler. 35 North Moore St., New York, NY 10013, www.cherylhazan.com

Issey Miyake. Die amerikanische Vertretung des japanischen Designers. Frank Gehry übte hier für das Guggenheim Bilbao. 119 Hudson St., New York, NY 10013, www.tribecaisseymiyake.com

ANFAHRT

U-Bahn-Linien 1, 2, 3, A, C zur Chambers Street, Linie 1 zur Franklin Street

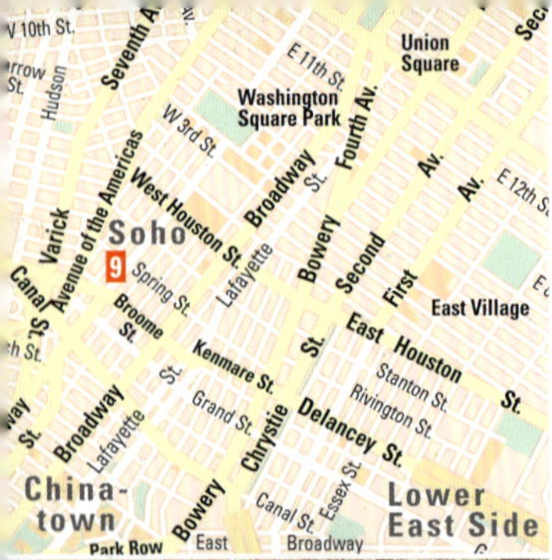

9 SoHo

Das Boutique-Viertel

Das einstige Künstlerviertel mit den imposant-luftigen Gusseisengebäuden ist heutzutage ein Einkaufsparadies. Tausende von Besuchern strömen durch die Prince und Spring Street. Neben schicken Restaurants und Luxushotels befinden sich hier Geschäfte für den erlesenen Geschmack. In Museen wie dem Earth Room und Donald Judds Wohnhaus tritt vor Augen, wie sich »Loft Living« für ein minimalistisches Kunstkonzept eignete.

Oben: Riesige Plakate regen in SoHo zum Kaufen an.
Unten: Die Designerin Morgane Le Fay betreibt auf der Wooster Street ein Geschäft.

In SoHo heißt der Leibhaftige nicht Beelzebub, sondern Moses, Robert Moses, um genauer zu sein. Der allmächtige New Yorker Städteplaner bestimmte von den Dreißiger- bis in die Sechzigerjahre die New Yorker Stadtlandschaft. Durch den Bezirk südlich der Houston Street wollte er 1962 eigentlich eine Autobahn ziehen. Fast 250 historisch wertvolle Gusseisengebäude mit großen Fensterflächen und riesigen Lofts wären diesem Projekt zum Opfer gefallen. Glücklicherweise traten Altstadtbewahrer wie Jane Jacobs auf den Plan. Sie erreichten, dass SoHo (SOuth of HOuston) 1973 unter Denkmalschutz gestellt wurde.

Wie vor hundert Jahren

Besucher, die heutzutage die Metrolinie N oder R bis zur Prince Street nehmen, werden im Cast Iron Historic District ausgespuckt. Gleich auf dem Broadway sticht mit der Nummer 561 das liebliche »Little Singer Building« ins Auge. Die Nähmaschinenfirma ließ hier 1902 von Architekt Ernest Flagg eine zwölfstöckige Fabrik errichten, deren verspielte Jugendstilfassade aus Terrakotta, Ziegel,

Einige alte Häuser in SoHo sind elfenbeinfarben gestrichen.

Stahl und Glas darüber hinwegtäuscht, dass dahinter einst schwer gearbeitet wurde. In Nummer 550 auf der gegenüberliegenden Straßenseite eröffnete Edeljuwelier Charles Tiffany im Jahr 1853 sein drittes Geschäft. Zwei Straßen weiter südlich, an der Ecke Broadway/Broome Street, wächst das mächtige Haughwout Building im venezianischen Stil in die Höhe. Als »King and Queen of Greene Street« werden die beiden Gebäude mit den Nummern 72–76 und 28–30 bezeichnet. Mit Elfenbeinfarbe wurde die Fassade des »Königs« gestrichen, dessen zum Himmel strebende Dachfenster die französische Renaissance imitieren.

Auf der Greene Street blieb das Straßenbild des späten 19. Jahrhunderts komplett erhalten. Besucher wandern hier an Straßenlampen vorbei, die wie Bischofsstäbe geformt sind. Schon bevor Jane Jacobs und ihre Mitstreiter die Gegend vor dem Abbruch gerettet hatten, zog es viele Künstler in die aufgelassenen Fabrikhallen. Sie brachten »Loft Living« in Mode. Als die Gegend in den Sechziger- und frühen Siebzigerjahren nicht einmal von der Müllabfuhr bedient wurde, organisierten sie Ausstellungen für Kenner zeitgenössischer Kunst. Renommierte Galerien wie die von Leo Castelli und Ileana Sonnabend folgten ihnen. Danach kamen die kleinen Geschäfte und dann wiederum die großen Mode- und Wohndesignfirmen.

AUTORENTIPP!

RAOUL'S RESTAURANT

Der Elsässer Serge Raoul ist ein Pionier in SoHo. Gemeinsam mit seinem Bruder Guy eröffnete er 1974 in der Prince Street ein französisches Bistro, in dem sich die Stars die Klinke in die Hand gaben. Das schummrige Lokal mit den Lederbänken, der großen hölzernen Bar und der gemusterten Aluminiumzierdecke war ursprünglich ein italienisches Restaurant. Serge und Guy begannen hier gebratene Gänseleber mit Weintraubenpüree, Austern, Entenbrust und Crème brûlée zu servieren.

»Mick Jagger stellte sich manchmal selbst in die Küche und briet sich einfach ein Steak«, erzählt Serge Raoul. Auch Andy Warhol und Robert Rauschenberg tafelten hier gern.

Das Lokal hat sich die Atmosphäre von anno dazumal erhalten. Die Wände sind mit Dutzenden Gemälden gespickt, die Künstler manchmal in Ermangelung von Bargeld hinterließen.

Raoul's Restaurant. Prince Street 180, New York, NY 10012, Tel. 212 966 3518. www.raouls.com

Rundgang SoHo

Auf einem Rundgang durch SoHo erwarten Spaziergänger hyperschicke Auslagen angesagter Modedesigner, einladende durchgestylte Restaurants und Museen für minimalistische Kunst. Bemerkenswert sind jedoch die historischen Gusseisengebäude des Viertels.

In Soho mag man es farbenfroh

Ⓐ **Little Singer Building.** Dieses Gebäude aus dem Jahr 1902 sieht aus, als hätte Jugendstilarchitekt Ernest Flagg grüne Spitze über die Balkone gelegt. Loft-Apartments kosten hier um die 10 Millionen Dollar.
Broadway 561.

Ⓑ In dem Geschäft in diesem Gebäude verkaufte Edeljuwelier Tiffany im Jahr 1853 seine Geschmeide und Lampen. Es war das dritte Geschäft von Amerikas berühmtem Glaswaren- und Schmuckerzeuger. Die Firmengeschichte begann im Jahr 1837.
Broadway 550.

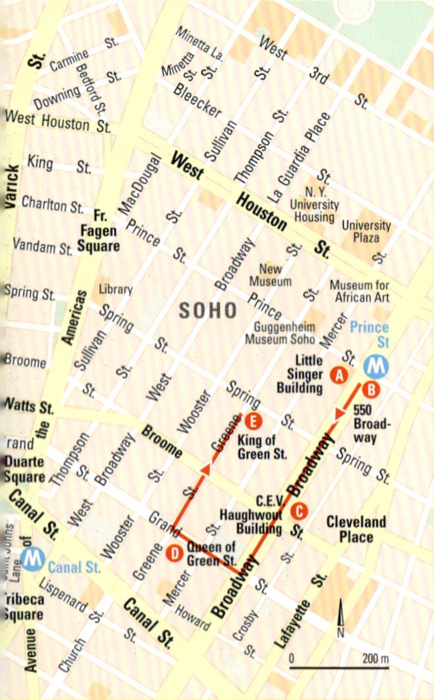

Ⓒ **E. V. Haughwout Building.** An den Palazzi in Venedig orientierte sich John P. Gaynor, als er im Jahr 1857 das 24 Meter hohe Bauwerk entwarf. Das hübsche, luftige Gebäude war ursprünglich ein Kaufhaus, in dem auch Abraham Lincolns Frau Mary Todd Lincoln das Geschirr für das Weiße Haus bestellte.
Broadway 488–492.

Ⓓ **Queen of Greene Street.** Isaac Duckworth nahm 1873 beim zweiten Empirestil und beim Barock Anleihen für dieses elegante Gebäude. Freistehende Säulen schmücken die Fassade. Selbst das Fenster zum Mansardenzimmer ist noch von Säulen umrahmt.
Greene Street 28.

Ⓔ **King of Greene Street.** Die französische Renaissance inspirierte Isaac Duckworth beim Bau dieses Gebäudes im Jahr 1873. Aber selbst an so einem eindrucksvollen Bauwerk dürfen die Feuertreppen nicht fehlen.
Greene Street 72–76.

Konzeptkunst im Loft

Der deutsche Kunstimpresario Heiner Friedrich wohnte in den Siebzigerjahren am West Broadway und betrieb auf der Mercer Street eine Galerie. Sein eigenes Wohnloft stellte er 1980 dem Landschaftskünstler Walter De Maria zur Verfügung. Dieser legte in seiner Installation *Broken Kilometer* 500 runde, auf Hochglanz polierte Messingstäbe horizontal auf den Boden, die allesamt zwei Meter lang und fünf Zentimeter breit sind. Die 500 Stäbe liegen in fünf parallelen Reihen. Der Abstand zwischen den Stäben wächst jeweils um fünf Millimeter, sodass ein Eindruck von Weite und Unendlichkeit entsteht. Kontemplative Gedanken kommen auch bei Walter De Marias zweitem Kunstwerk *Earth Room* in der Wooster Street auf. Der Künstler füllte einen Raum mit 197 Kubikmetern, sprich 140 000 Kilogramm Erde.

Ein Prototyp für »Loft Living« ist in Nummer 101 Spring Street zu bewundern. Hier wohnte in den späten Sechziger- und frühen Siebzigerjahren der minimalistisch arbeitende Künstler Donald Judd. Nach seinem Tod wurde das Haus in ein Museum umgewandelt. Gediegen simpel sind die Arvo-Aalto- und Gerrit Rietveld-Sessel. Im dritten Stock, Judds Atelier, steht eine seiner einfachen Stahlskulpturen im Raum. An den Wänden hängen Werke von Frank Stella und Claes Oldenburg. Kunstinteressierte müssen den Besuch dieses minimalistischen Kleinods vorher per Internet reservieren. Vor Ort ist das aufgrund der begrenzten Besucherzahl schwierig.

Licht spielte eine wichtige Rolle für den französischen Stararchitekten Jean Nouvel, als er das Wohnhaus Mercer Street Nummer 40 plante. Wie ein dreidimensionales Gemälde von Piet Mondrian sieht das Gebäude aus dem Jahr 2007 aus. Rote und blaue Scheiben benutzte der Architekt, um die riesigen Glasfenster zu umrahmen. Diese sind die größten ihrer Art, die je in einem Wohngebäude in den Vereinigten Staaten angebracht wurden.

Oben: Die Prince Street ist eine der Hauptstraßen von SoHo.
Mitte: In den gemütlichen Cafés lässt es sich gut lesen.
Unten: Über Feuerleitern entkamen Fabrikarbeiter einst gefährlichen Situationen.

AUTORENTIPP!

CROSBY STREET HOTEL

Tim und Kit Kemp, Besitzer der Firmdale-Hotelgruppe, begannen ihre Karriere im Londoner Soho. Jetzt bringen sie auch in den gleichnamigen New Yorker Stadtteil ihren schicken Stil. Seit mehr als zwei Jahrzehnten ist Designerin Kit Kemp für ihren »Mix & Match«-Look bekannt. In Londoner Firmdale-Hotels wie »Covent Garden Hotel« und »Charlotte Street Hotel« kombiniert sie zielsicher poppige Muster in gewagten Farben mit Antiquitäten und Möbeln, deren Formensprache vom 18. Jahrhundert bis zur Gegenwart reicht. Das »Crosby Street Hotel« wurde im Jahr 2009 eröffnet und reflektiert die Gusseisengebäude der Umgebung in seiner Architektur. Von seinen riesigen Fenstern genießen Gäste den Ausblick über die Häuserlandschaft von SoHo. Englische Tradition wird beim Nachmittagstee gepflegt, bei dem Gäste erlesene Teesorten von Harney & Sons probieren können.

Crosby Street Hotel. 79 Crosby Street, New York, NY 10012, Tel. 212 226 6400, www.crosbystreethotels.com

Auch nette Unterwäsche gibt es hier.

Ein Meer an Geschäften

Eine der besten Barfrauen der Welt ist ebenfalls in SoHo aktiv. Audrey Saunders gewann 2007 die Cocktail Spirit Awards und mischt in ihrem kolonial-asiatisch inspirierten »Pegu Club« in der West Houston Street Cocktails auf Ginbasis.
Das Geschäft der italienischen Luxusdesignerin Miuccia Prada liegt in der Prince Street. Der berühmte niederländische Architekt Rem Koolhaas brachte im riesigen Verkaufsraum eine Rampe an, die Kritiker die »größte Skateboardbahn der Welt« genannt haben. Die amerikanische Designerin Kate Spade (Geschäft in der Broome Street) gilt als erster Name in Sachen Taschen. Sie ist für ihre klassischen, jedoch auch praktischen Kreationen in gewagten Farben bekannt. Das Möbelgeschäft in der Wooster Street verkörpert den Spirit von SoHo. Die Designerin Sabrina Schilcher bietet hier handverlesenes Mobiliar im Retro-Look an. »Property«, nannte Schilcher ihren Laden, was so viel heißt wie »Besitz« oder »Liegenschaft«. Künstler, die die Lofts vor 40 Jahren bezogen, besitzen jetzt ein Vermögen.

Infos und Adressen

SEHENSWÜRDIGKEITEN

Broken Kilometer. Installation des Landschaftskünstlers Walter De Maria. Mi–So 12–18 Uhr (15–15.30 Uhr Pause). 393 West Broadway, New York, NY 10012, Tel. 212 989 5566, www.diaart.org

Donald Judd Foundation. Das ehemalige Wohnhaus des Künstlers Donald Judd. Führungen Di, Do, Fr 12, 15 und 17 Uhr, Sa 11, 13, 15 und 17 Uhr, 101 Spring St., New York, NY 10012, Tel. 212 219 2747, www.juddfoundation.org, Anmeldung unter 866 811 4111 oder newyork@juddfoundation.org

Earth Room. Bei diesem Kunstwerk von Walter De Maria ist der Name Programm. Mi–So 12–18 Uhr (15–15.30 Uhr Pause), 141 Wooster St., New York, NY 10012, Tel 212 473 8072, www.diaart.org

ESSEN UND TRINKEN

Fanelli's Café. Eine Barinstitution in SoHo. 94 Prince St., New York, NY 10012, Tel. 212 226 9412.

ÜBERNACHTEN

60 Thompson. Modernes Gebäude, tolle Dachterrasse. 60 Thompson St., New York, NY 10012, Tel. 877 431 0400,www.thompsonhotels.com

Mercer Hotel. Dieses Designhotel gehört Uma Thurmans Ex-Freund. 147 Mercer St., New York, NY 10012, Tel. 212 966 6060, www.mercerhotel.com

Sohotel. Renoviertes Hotel in historischem Ambiente. 341 Broome St., New York, NY 10013, Tel. 212 226 1482. www.thesohotel.com

AUSGEHEN

Ear Inn. Skurrile alte Bar mit vielen Antiquitäten. 326 Spring St., New York, NY 10013, Tel. 212 473 7348, www.earinn.com

Pegu Club. Die besten Cocktails von New York auf Ginbasis, Jazzmusik. 77 West Houston St., 2. Stock, New York, NY 10012, Tel. 212 473 7348, www.peguclub.com

Edelkonfitüre bei Marie Belle auf der Broome Street

EINKAUFEN

Kate Spade. Der Vorzeigeladen der amerikanischen Handtaschendesignerin. 454 Broome St., New York, NY 10012, www.katespade.com

Kiteya. Traditionelles Kunsthandwerk, Papier und Bekleidung aus Kyoto. 464 Broome St., New York, NY 10013, www.kiteyany.com

Mariebelle Sweets. Schokoladenladen und Teesalon wie im Frankreich der Belle Époque. 484 Broome St., New York, NY 10013, www.mariebelle.com

Prada. Rem Koolhaas entwarf den riesigen Verkaufsraum für den italienischen Luxusladen. 575 Broadway, New York, NY 10012, www.prada.com

Property. Coole Möbel für hochkarätige Kunden. 14 Wooster St., New York, NY 10013, www.propertyfurniture.com

ANFAHRT

Mit den U-Bahn-Linien N, R, Q zur Prince Street, mit den Linien 6, C, E zur Spring Street

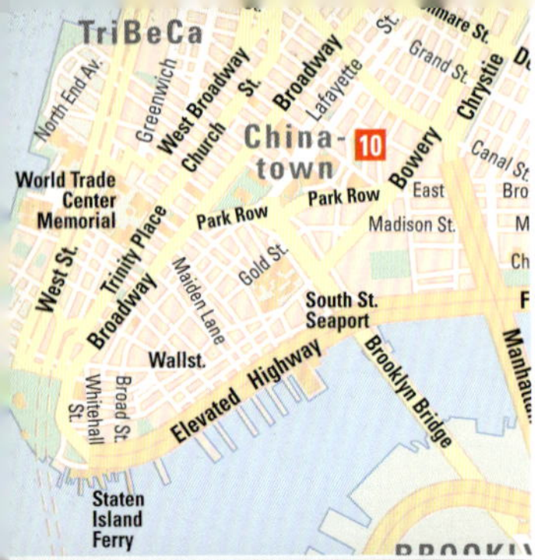

Oben: Girlanden und eine Leuchtschrift markieren die Grenze zu Little Italy.
Unten: Ein riesiges Shoppingzentrum in Chinatown

10 Chinatown & Little Italy
Dim Sum & Tagliatelle

Ein Viertel der 400 000 Einwohner New Yorks mit chinesischen Wurzeln lebt in Chinatown. Anfang des 20. Jahrhunderts umfasste der Bezirk nur sieben Straßenblocks. Jetzt sind es 40. Da viele der Bewohner von Little Italy wegzogen, hat Chinatown das Viertel fast für sich eingenommen. Ein paar legendäre Restaurants sind verblieben. Zwei junge Köche servieren eine interessante chinesisch-italienische Fusionsküche.

Einmal im Jahr lassen es die Bewohner von Chinatown so richtig krachen. Wenn sie zwischen dem 20. Januar und dem 21. Februar Neujahr feiern, schleudern sie Tausende von Knallfröschen rund um die Canal Street auf den Boden. Die Götter steigen an diesem Tag angeblich vom Himmel auf die Erde herab. Riesige bunte Drachen mit wildem Ausdruck tanzen durch die Straßen. Tschinellen und Gongs erschallen so laut, als wollten sie die

MAL EHRLICH

AUFPASSEN AM ABEND

Untertags empfiehlt sich ein Besuch von Chinatown sehr. Im Menschengewühl gehen Touristen leicht unter. Abends herrscht jedoch eine andere Stimmung. Die Läden sind geschlossen, und auf der Straße gehen nicht viele Leute herum. Da kann man schon ein bisschen ängstlich werden. Wer nächtens also Gusto auf chinesisches Essen hat, sollte seinen Hunger besser weiter nördlich im East oder West Village stillen.

Auch günstiges Gemüse gibt es hier.

Schneeflocken vertreiben. Und viele der 200 Restaurants setzen Spezialitäten auf die Speisekarte, die Glück und Wohlstand bringen sollen: Acht-Schätze-Kräutersuppe mit Schweinerippchen und klebrigen Nian-Gao-Kuchen, der dem Küchengott den Mund stopfen soll, damit er die Familie vor den anderen Göttern nicht schlechtmacht.

Samstags zum Dim Sum

Kochen und Essen hat in der größten chinesischen Siedlung außerhalb des Landes der Mitte eine große Bedeutung. Besonders am Samstag zur Mittagszeit. Auch Hunderte nicht-chinesische Besucher stellen sich dann bei Dim-Sum-Restaurants wie »Jin Fong« in der Elizabeth Street an. Eine Rolltreppe führt sie in den ersten Stock in einen riesigen Bankettsaal, in dem die Gäste an runden Zwölfertischen zusammengesetzt werden. Kellnerinnen rollen gläserne Servierwagen mit vielen kleinen Tellern und Bambuskörben zwischen den Tischen hin und her. *Dim Sum* sind kleine gedämpfte oder frittierte Häppchen, die ursprünglich in den Teehäusern auf der Seidenstraße als Wegzehrung gereicht wurden. Zum Großteil sprechen die Bedienungen kein Englisch. Das macht aber nichts,

AUTORENTIPP!

DIE BESTEN NUDELN IN CHINATOWN

Die im westlichen Teil des Landes gelegene Stadt Xi'an war einst die Hauptstadt Chinas. In der am Anfang der Seidenstraße gelegenen Stadt vermischten sich die Einflüsse aus dem arabischen Raum mit der chinesischen Küche. Ein junges Unternehmerteam aus Xi'an propagiert seit einigen Jahren die westchinesische Küche und eröffnete in New York bereits fünf Zweigstellen. Die Köche ziehen den Nudelteig mit der Hand aus und mischen 30 (!) verschiedene Gewürze in eine pikante Geheimsauce. Gäste schätzen auch das Lamm mit Kreuzkümmel, das in einem Fladenbrot serviert wird.

Xi'an Famous Foods. Bayard Street 67, New York, NY 10013, kein Tel., www.xianfoods.com

Oben: Happy Buddha in der Auslage
Mitte: Auf der Canal Street ist immer etwas los.
Unten: Auf zu Dim Sum, Ente und Fried Rice!

denn ein Fingerzeig reicht und schon landen die mit Krevetten- oder Schweinefleisch gefüllten Klößchen, Teigtäschchen und Jungzwiebelpfannkuchen auf dem Tisch. Ganz Mutige trauen sich sogar an *Fung Zao* heran, gebratene Hühnerkrallen in Sojasauce.
Chinatown in Manhattan entstand in der Mitte des 19. Jahrhunderts, als erste chinesische Einwanderer in die Stadt kamen, die zuvor am Bau der amerikanischen Eisenbahn mitgearbeitet hatten. Nach dem Zweiten Weltkrieg wuchs die chinesische Gemeinde so sprunghaft an, dass sich viele von ihnen in Wohnhäuser einmieteten, die sich traditionellerweise im Besitz der italo-amerikanischen Gemeinde befanden.

Bombardement der Sinne

Wer heute durch die Straßen von Chinatown schlendert, fühlt sich wie auf einem bunten Jahrmarkt. Lebendige Aale schlängeln sich in den Körben der Fischgeschäfte. Mechanische Papageien plappern aus Billig-Krimskramsläden. Stachelige Durian-Früchte verbreiten in den Gemüseläden ein exotisches Aroma. In den Teesalons des 20. Jahrhunderts ist Bubble Tea der Renner: Junge Leute saugen süße Tapiokaperlen mit Strohhalmen aus diesem Eistee.
Der Fußgängerverkehr auf der Canal Street kommt tagsüber dem der Fifth Avenue in Midtown gleich. Mit ihren Rufen »Handbag, Chanel, Louis Vuitton, Prada, come inside« locken die Verkäufer kaufwütige Damen in ihre Verkaufsräume. Die Luxustaschenimitate haben bei der Polizei einen schlechten Ruf. Hin und wieder kommt es auch zu Razzien. Das mindert aber die Nachfrage nicht. Ebenfalls in der Canal Street ist Pearl Paint beheimatet. Von filigranem Reispapier bis zu 14 verschiedenen Arten von Bleistiftspitzern gibt es hier alles, was ein Künstlerherz höherschlagen lässt.

Maya Lins Museumsarchitektur

Aber nicht nur Konsum und Gastronomie werden in Chinatown groß geschrieben. Das Museum of Chinese in America (MOCA) in der Center Street hat es sich zum Ziel gesetzt, die Geschichte der Gemeinde nicht in Vergessenheit geraten zu lassen. Der Historiker John Juo Wie Tchen und der Aktivist Charles Laiand begannen bereits im Jahr 1980, die älteren Bewohner des Bezirks zu interviewen. Im Jahr 2009 bezog MOCA ein von der Architektin Maya Lin entworfenes Gebäude. Lin hatte bereits 1981 als Studentin die Ausschreibung für das Vietnamkrieg-Denkmal in Washington, D.C. gewonnen. Eindrucksvoll ist ein komplett erhaltenes Geschäft aus dem frühen 20. Jahrhundert. Die Interviews und Geschichten geben Aufschluss darüber, dass chinesischstämmige Amerikaner bis zum heutigen Tage mit Rassismus zu kämpfen haben. Sonderausstellungen beleuchten zum Beispiel die Mode im florierenden Shanghai in der Zwischenkriegszeit.

Meditation und Videospiele

Eine Oase der Ruhe ist der buddhistische Mahayanna-Tempel in der Canal Street bei der Manhattan Bridge. Ein fast fünf Meter großer goldener Buddha thront in der Mitte des Saales. Ihm bringen Nonnen Äpfel, Orangen und Blumenblüten dar. Besucher können sich am Eingang ein Glücksröllchen kaufen, in dem eine kurze buddhistische Legende die Antwort auf die vom Käufer gestellte Frage gibt. Wer New York mit Videospiel-Champions im Teenager-Alter besucht, sollte einen Abstecher zum Chinatown Family Fun Center in der Mott Street machen. Jugendliche bewegen sich auf der Dance-Revolution-Maschine ungeheuer schnell. Danach zerhacken sie beim Fruit-Ninja-Spiel alles Obst, das sich ihnen digital in den Weg stellt. Teenies lassen aufgrund der Vielzahl von Spielen hier gern ihre Geburtstagsparty steigen.

AUTORENTIPP!

TORRISI ITALIAN SPECIALTIES

Kein New Yorker fährt nach Little Italy, um Spaghetti Bolognese zu essen. Das ist den Touristen vorbehalten. In Restaurants wie dem »Puglia« serviert man ihnen die Lasagne, während die Kellner ihren italienischen Charme versprühen. Zwei junge Küchenchefs haben es sich jetzt zum Ziel gesetzt, mit diesem Klischee aufzuräumen. Rich Torrisi und Mark Carbone kauften einen alten Delikatessladen auf und eröffneten im Jahr 2010 einen »tasting room«, in dem sich Gäste quer durch die kulinarische Geschichte New Yorks kosten können. Die Köche servieren hübsch angerichtete Speisen wie chinesische Cashew-Hühneraustern und *gnoccho fritto* mit geräuchertem Kabeljau, Rogen und Mohn. Ihrem italienischen Erbe widmen sie sich im benachbarten Restaurant »Parm« – aber diesmal sind auch Feinschmecker zufrieden. Reservierung unbedingt erforderlich! www.torrisinyc.com

Torrisi Italian Specialities. Mulberry Street 250, New York, NY 10012, Tel. 212 965 0955, **Parm.** Mulberry Street 248, New York, NY 10012, Tel. 212 993 7189, www.parmnyc.com

Oben: Zum San-Gennaro-Fest wird Little Italy schön geschmückt.
Mitte: Ein Pläuschchen bei einer Pizza
Unten: Im Police Building wohnte einst Richard Gere.

Erfindungsort der Pizza

Little Italy erstreckt sich heute hauptsächlich um die Mulberry Street nördlich der Canal Street. Obwohl die Nachfahren der ursprünglichen Einwanderer nach Brooklyn, Queens, New Jersey und Long Island gezogen sind, erinnert das über die Straßen gespannte rot-weiß-grüne Lametta an Zeiten, in denen hier vorwiegend Neapolitanisch gesprochen wurde. An der Theke der »Mulberry Street Bar« standen schon im Jahr 1908 echte Mafiosi. In jüngerer Zeit fanden sich hier die Film-Gangster ein: Frank Sinatra, Al Pacino und Mickey Rourke. Von »Lombardi's« in der Spring Street trat eine italienische Spezialität ihren Siegeszug in die ganze Welt an: Das kleine Lokal verkaufte als Erstes in den USA Pizza! Eine überlebensgroße Mona Lisa bietet heute in der Auslage eine »pie« an, wie Pizzas oft kurz genannt werden. Wie vor über hundert Jahren schwören die Besitzer darauf, dass die leicht angeschwärzte Unterseite der Pizza eine geräucherte Geschmacksnote verleiht. »Lombardi's« bäckt auch eine weiße Pizza, belegt mit Mozzarella, Ricotta und Romano-Käse.
Die italienisch-amerikanische Gemeinde nahm sich ein Beispiel an der chinesisch-amerikanischen Bevölkerungsgruppe und errichtete 2001 ebenfalls ein Museum. Es ist im historischen Gebäude der Banca Stabile in der Mulberry Street angesiedelt, einer ehemaligen Bank, in der vielen Immigranten gleich nach ihrer Ankunft mit mehr als nur Geldgeschäften geholfen wurde. Ausstellungen beleuchten zum Beispiel das Leben von Giuseppe Garibaldi, der 1848 einige Zeit auf Staten Island verbrachte und sogar amerikanischer Staatsbürger wurde.
Der kulinarische Einfluss der Apenninen-Halbinsel auf Amerika wird beim mehrtägigen San-Gennaro-Straßenfest im September zelebriert, bei dem die Statue des Heiligen durch die Gegend getragen wird. Nach dem Ave-Maria tönt die Tarantella-Musik aus den Lautsprechern.

Infos und Adressen

Allerlei Schnickschnack gibt es in vielen Läden.

ESSEN UND TRINKEN

Jin Fong. Riesiges Dim-Sum-Restaurant. Elizabeth Street 20, New York, NY 10013, Tel. 212 964 5256, www.jingfongny.com

Joe's Shanghai. Berühmt für seine Kloßesuppe. Pell Street 9, New York, NY 10019, Tel. 212 233 8888, www.joeshanghairestaurants.com

Lombardi's. Die erste Pizzeria der USA. Spring St. 32, New York, NY 10012, Tel. 212 941 7994, www.firstpizza.com

Mulberry Street Bar. Hier wurden viele Mafiafilme gedreht. Mulberry Street 176½, New York, NY 10013, Tel. 212 226 9345.

Peking Duck House. Die beste Adresse für Entengerichte. Mott Street 28, New York, NY 10013, Tel. 212 227 1818, www.pekingduckhousenyc.com

ÜBERNACHTEN

Best Western Bowery Hanbee Hotel. Renoviertes, günstiges Hotel. Besonders geeignet für Familien. Grand Street 231, New York, NY 10013 Tel. 212 925 1177, www.bestwestern.com

EINKAUFEN

Pearl Paint. Künstlerbedarf, Canal Street 308, New York, NY 10013, www.pearlpaint.com

AKTIVITÄTEN

Chinatown Fair Family Fun Center. Spielhalle für Video-Junkies. Mott Street 8, New York, NY 10038, www.chinatownfair.biz

MUSEEN

Italian-American Museum. Das Museum widmet sich u. a. dem Beitrag der italienischen Einwanderer zur amerikanischen Kultur und Gesellschaft. Sa 11–18 Uhr, So 12–18 Uhr, unter der Woche gegen Voranmeldung, Mulberry Street 155, New York, NY 10013, Tel. 212 965 9000, www.italianamericanmuseum.org

Mahayanna Buddhist Temple. Freier Eintritt, um die größte Buddha-Statue der Stadt zu sehen. Mahayanna Buddhist Temple. Canal Street 133, New York, NY 10013. Präsentiert 160 Jahre amerikanisch-chinesische Geschichte in innovativen Ausstellungen. Di, Mi, Fr, Sa, So 11–18 Uhr, Do 11–21 Uhr, Centre Street 215, New York, NY 10013, Tel. 212 619 4785, www.mocanyc.org

FESTE UND VERANSTALTUNGEN

Chinesisches Neujahr. Januar/Februar. Das genaue Datum steht im Internet.

Feast of San Gennaro. Größtes italo-amerikanisches Fest in New York. Genaues Datum unter www.sangennaro.org

ANFAHRT

U-Bahn-Linien A, C, E und N, R zur Canal Street, Linie 6 zur Spring Street

Frischer Fisch für den Dinnertisch

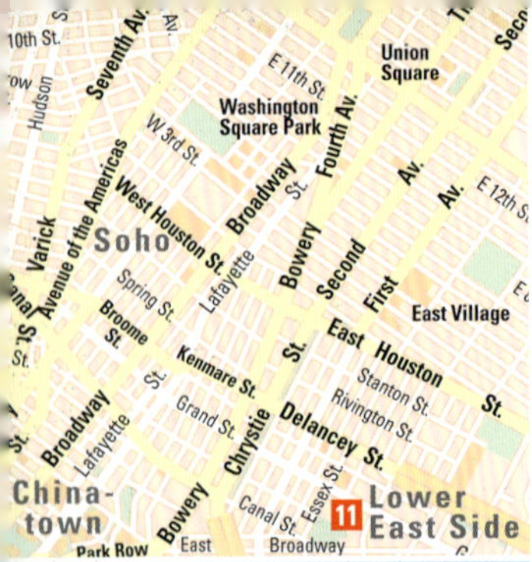

11 Lower East Side

Back to the roots!

New York ist die Stadt mit der weltweit höchsten Anzahl jüdischer Einwohner. Wenn Amerikaner mit jüdischen Wurzeln der Stadt einen Besuch abstatten, zieht es sie oft auf die Lower East Side, wo sich viele Einwanderer Ende des 19. und Anfang des 20. Jahrhunderts niederließen. Im Tenement Museum erfahren Sie mehr über die Geschichte der Immigration. Die Eldridge Street Synagogue erstrahlt jetzt wieder in neuem Glanz.

»Hat Bubbys Bubby wirklich einmal so eng mit anderen Leuten zusammenwohnen müssen?«, erkundigt sich die kleine Naomi aus Chicago über ihre Ururgroßmutter. Sie besucht mit ihren Eltern das Tenement Museum, ein Zinshaus in der Orchard Street, das von 1863 bis 1935 rund 7000 Einwanderer in 20 kleinen Wohnungen beherbergte. Von den Wänden blättern 18 Schichten Tapete ab. Naomi und die anderen der Gruppe erfahren die Geschichten verschiedener Familien, die in diesem Gebäude gewohnt haben. Die preußische Familie Gompertz z.B. zog 1872 hier ein. Vater Julius verschwand jedoch 1874 spurlos, und seine Frau Natalie brachte die vier Kinder mit Näharbeiten durch. Die Singer-Maschine im Wohnzimmer erinnert daran, dass Natalie oft bis tief in die Nacht nähen musste. Und das beim Schein der Petroleumlampe, denn Strom kam erst Anfang des 20. Jahrhunderts in die Orchard Street. Einige der Wohnungen wurden in den letzten Jahren auch renoviert. Hier treten Schauspieler in historischen Kostümen auf. Die 14-jährige »Victoria Confino« ist z. B. eine sephardische Jüdin aus Griechenland, die 1916 in die USA kam. Jeden Donnerstag gibt es eine tasting tour (s.S. 89).

Oben: Die Rosette der Eldridge-Street-Synagoge wurde der von Notre Dame nachempfunden.
Unten: Viele Besucher zieht es in den neu renovierten Tempel.

Auf der Lower East Side haben die Hipster ihre Zelte aufgeschlagen.

I'm having what she's having

Die Straßen rund um das heutige Tenement Museum barsten einst vor Menschen. Hausierer zogen mit Handkarren durch die Straßen. Kesselflicker schlugen lautstark auf Töpfe, damit Frauen ihre Hauswaren zum Reparieren brachten. Aus den Läden drang der Geruch von Essiggurken. Ein Teller davon steht auch heute noch auf jedem Tisch von »Katz's Delicatessen« in der East Houston Street, dem Paradebeispiel für ein jüdisches Delirestaurant. »Katz's« mit der riesigen roten Neonleuchtschrift ging in die Filmgeschichte ein, als Meg Ryan beim Genuss eines Pastrami-Sandwiches einen Orgasmus vortäuschte. Reuben-Sandwiches gibt es hier. Sie sind dick mit Corned Beef, Käse und Sauerkraut bestückt.
Als noch viel mehr Menschen koscher kochten als heutzutage, wurden in »Delicatessen«-Läden wie »Katz's« nur Fleisch und Wurst verkauft. Wollte man Fisch, ging man in »Appetizing Stores« wie »Russ & Daughters«, ebenfalls in der East Houston Street. Es ist das letzte seiner Art auf der Lower East Side. Im chromverbrämten Laden schmieren Verkäufer dicke Schichten Weißfischaufstrich auf New Yorks beliebtestes Gebäck, den Bagel. Diese schwerteigigen Brötchen mit dem Loch in der Mitte werden vor dem Backen gekocht und sind dann knusprig und saftig zugleich.

AUTORENTIPP!

BLUE MOON HOTEL
Ein altes Zinshaus in der Orchard Street wandelte die Settenbrino-Familie in das »Blue Moon Hotel« um. Auf die ursprünglich fünf Stockwerke setzten sie noch drei weitere drauf. Sie brachten das hölzerne Treppengeländer, die Wandtäfelung und die schweren Flügelfenster auf Hochglanz und statteten die Zimmer mit schmiedeeisernen Betten und gemütlichen Ledersofas aus. Jedes Zimmer ist nach einem Filmstar aus der Zeit benannt, als die Bilder laufen lernten. Das Marx-Brothers-Zimmer verfügt über eine große Terrasse mit Blick über ganz Lower Manhattan. An der Rezeption stehen DVDs der Klamaukbrüder zur Verfügung. Zum Frühstück werden gratis Bagels und Bialys serviert, frisch von »Kossar's Bakery« in der Grand Street.

Blue Moon Hotel. Orchard Street 100, New York, NY 10002, Tel. 212 533 9080, www.bluemoon-nyc.com

Spaziergang durch die Lower East Side

Auf der Lower East Side fühlen sich Spaziergänger in die Zeit zurückversetzt, als Ströme von Immigranten in New York Fuß fassten. In den alten Zinshäusern befinden sich jetzt schicke Wohnungen. Die Gegend ist jedoch auch im 21. Jahrhundert angekommen, wie ultramoderne Bauwerke wie das »Hotel on Rivington« beweisen.

Ⓐ **Katz's Delicatessen.** Hoch reckt sich ein Schild mit der Aufschrift »Katz's« auf der East Houston Street in die Luft. Kenner wissen, dass es zu dem 1888 eröffneten Deli gehört, das durch den Film *Harry & Sally* Berühmtheit erlangte. Besucher bestellen am besten einen Pastrami-Sandwich, für den »Sally« Meg Ryan so schwärmte. Besonders schmackhaft ist auch die Matzo Ball Soup mit Klößen aus Mazzemehl. East Houston Street 205.

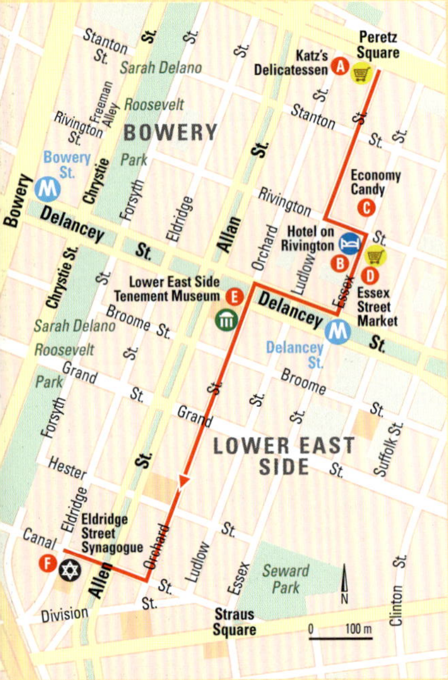

Ⓑ **Hotel on Rivington.** Dieser 20-stöckige Glas- und Aluminiumturm gilt als das Nonplusultra in Sachen Design auf der Lower East Side. Für das Penthouse muss man pro Nacht schon mehrere Tausend Dollar hinblättern, aber dafür hat man auch eine umwerfend transparente Aussicht auf Manhattan.
Rivington Street 107.

Ⓒ **Economy Candy.** Etwas Wegzehrung gefällig? Bei Economy Candy gibt es allerlei Süßwaren, von Gummischlangen bis Lakritze, von Dörraprikosen bis Halva. Dieses Geschäft erinnert an die Zeit, als viele Spezialgeschäfte auf der Lower East Side ansässig waren.
Rivington Street 108, www.economycandy.com

Ⓓ **Essex Street Market.** Ein wahres Schlaraffenland an kulinarischen Versuchungen. Kenny Shopsin brät in dem nach ihm benannten Lokal zwar herrliche Pfannkuchen mit Kürbisstücken und Zimt, ist aber als der exzentrischste Wirt von ganz New York bekannt. Wenn er mit einem Gast schlechte Erfahrungen gemacht hat, kann es schon vorkommen, dass er »I won't serve you asshole« sagt.
Essex Street 120.

Ⓔ **Tenement Museum.** Bei Führungen durch dieses Museum erfahren Besucher Interessantes über mehrere Generationen von Einwanderern aus verschiedenen Ländern.
Orchard Street 103.

Ⓕ **Eldridge Street Synagogue.** Nach Jahrzehnten der Vernachlässigung erstrahlt diese Synagoge wieder in neuem Glanz.
Eldridge Street 12.

Lobpreiset den Herren!

Als 1887 die Eldridge Street Synagogue in der gleichnamigen Straße als erstes Gebetshaus der osteuropäischen jüdischen Gemeinde ihre Pforten öffnete, drängten sich Tausende in ihren Räumen. Sie diente als Zentrale, um die Neuankömmlinge zu Verwandten zu lotsen und ihnen Arbeit und Unterkunft zu verschaffen. Edel sind ihre der Kathedrale von Notre Dame nachempfundene Rosette, die Davidsternmosaike und die Edelholzböden. Sie kündeten davon, dass viele der Nachkommen der jüdischen Einwanderer es in der Stadt weit bringen würden.

Als Simon Hammersteins Ururgroßvater Oscar 1864 aus Stettin in New York einwanderte, fegte er zuerst Böden in einer Zigarrenfabrik. Ab 1889 baute er bereits mehrere Theater, darunter auch eines am Longacre Square, dem späteren Times Square. Oscars gleichnamiger Enkel ging als einer der bedeutendsten Musical-Librettisten in die Geschichte ein. In Zusammenarbeit mit dem Komponisten Richard Rodgers lancierte er Erfolge wie *Der König und ich* am Broadway. Mit seinem Nachtklub »The Box« in der Chrystie Street schlägt Simon Hammerstein eine Brücke in die Zeit seines Ururgroßvaters. Am Freitag und Samstag ist in dem perfekt auf alt getrimmten kleinen Theater die Hölle los. Master of Ceremonies Raven O führt durch das Programm. »What's up, motherfuckers«, schreit er ins dicht gedrängte Publikum. Seinen athletischen Körper hat er in einen weißen Smoking geworfen, das Hemd ließ er jedoch daheim. Unter seiner Jacke lugt sein Waschbrettbauch hervor. Der ehemalige Cirque-du-Soleil-Performer wirbelt mit den »Hammerstein Beauties« im Cancan über die Bühne. Ihre Beine sind unglaublich lang, so wie sie nur Supermodels und Männer haben. Da Supermodels eine zu hohe Gage verlangen würden, stellte »The Box« gleich perfekt auf Frau gestylte Dragqueens an.

AUTORENTIPP!

BACK ROOM

Wer eine Zeitreise in die Zwanzigerjahre antreten will, sollte im Back Room in der Norfolk Street vorbeischauen. Mit ihrer rot-goldenen Brokattapete und schummrigem Licht macht die im Besitz von Hollywoodschauspieler Tim Robbins befindliche Bar ganz auf Jahrhundertwendebordell. In den Zwanzigerjahren war sie auch einmal ein »Speakeasy«, ein geheimer Alkoholausschank. Cocktails werden hier wie zur Zeit der Prohibition in dicken weißen Kaffeetassen serviert. Ob die Polizei diesem Trick wirklich auf den Leim ging? Um Halloween finden Kostümbälle statt, bei denen sich Frauen in Flatterkleider aus den Zwanzigerjahren kleiden. Für New York ungewöhnlich: Am Eingang wird streng kontrolliert, ob die Besucher schon über 25 sind. Die Bar will nämlich keine College-Kids, die sich nur volllaufen lassen wollen.

Back Room. Tgl. 19.30–2 Uhr, Norfolk Street 102, New York, NY 10002, Tel. 212 228 5098

Der nächste Bus kommt bestimmt.

Oben: Wie durch eine Höhle dringen Gäste in das »Hotel on Rivington«. **Unten:** Im New Museum hat die zeitgenössische Kunst ein Heim gefunden.

Neue Zeiten im alten Viertel

Dass auf der Lower East Side auch Platz für Neues ist, beweisen das hypermoderne »Hotel on Rivington« und das New Museum. Das Glasturmhotel fügt sich erstaunlich gut in die Ziegellandschaft ein. Die beste Aussicht genießen Gäste ab dem zwölften Stockwerk. Zimmer 184, ein »Unique King«, bietet sogar zwei verschiedene Stadtansichten. Einzigartig in New York: Zwei Drittel der Zimmer haben eine Privatterrasse.

Das New Museum in der Bowery sieht so aus, als hätte ein Riesenkind ein paar Kartons ungeschickt aufeinandergestapelt. Dieses scheinbare Ungleichgewicht hat jedoch Methode: Dadurch, dass jedes Stockwerk ein bisschen weiter zurückgesetzt ist, gewinnt das darunterliegende Geschoss eine Zeile von Glasdachfenstern. Das vom japanischen Architektenteam Sanaa gestaltete Museum ist der Gegenwartskunst gewidmet. Ausstellungen mit witzigen Titeln wie *Jünger als Jesus* stellen Künstler vor, die alle unter 33 sind. Noch ein paar Jahre weiter und sie landen vielleicht im Museum of Modern Art oder im Metropolitan Museum. Für ihre Kunst gekreuzigt werden sie hoffentlich nicht.

Infos und Adressen

SEHENSWÜRDIGKEITEN

Eldridge Street Synagogue. Eine der ersten von osteuropäischen Juden errichtete Synagoge in den USA. So–Do 10–17 Uhr, Fr 10–15 Uhr, einstündige Führungen zu jeder vollen Stunde, Eldridge Street 12, New York, NY 10002, Tel. 212 219 0888, www.eldridgestreet.org

ESSEN UND TRINKEN

Katz's Delicatessen. Harry und Sally speisten hier. East Houston Street 205, New York, NY 10002, Tel. 212 245 2246, www.katzsdelicatessen.com

WD-50. Wirkstätte von Kreativkoch Wylie Dufresne. Clinton St. 50, New York, NY 10002, Tel. 212 477 2900, www.wd-50.com

ÜBERNACHTEN

Hotel on Rivington. Hypermoderner Glaspalast mit schönen Aussichten. Rivington Street 107, New York, NY 10002, Tel. 212 475 2600, www.hotelonrivington.com

AUSGEHEN

The Box. Das schrägste Kabarett von New York. Tgl. ab 23 Uhr, Chrystie Street 189, New York, NY 10002, Tel. 212 982 9301,www.theboxnyc.com

Blick auf das Empire State Building vom Hotel on Rivington

Was wäre ein Friseur ohne seinen Hund?

EINKAUFEN

Essex Street Market. Bürgermeister LaGuardia ließ 1940 diesen Markt bauen, um Straßenhandel zu unterbinden. Amerikanischer Brunch bei »Shopsin's General Store« (Mo–Sa), sehr originell. Essex Street 120, New York, NY 10002, www.essexstreetmarket.com

Project No. 8. Kleines Geschäft mit Klamotten der coolsten Avantgarde-Designer. Mo geschlossen, 138 Division St., New York, NY 10002.

Russ & Daughters. Jüdisches Fischgeschäft. East Houston Street 179, New York, NY 10002, Tel. 212 475 4880, www.russanddaughters.com

MUSEEN

New Museum. Zeitgenössische Kunst aus der ganzen Welt. Mi, Fr, Sa 11–18 Uhr, Do 11–21 Uhr, Bowery 235, New York, NY 10002, Tel. 212 219 1222, www.newmuseum.org

Tenement Museum. 7000 Menschen aus 20 Ländern wohnten im Laufe von 70 Jahren in diesem Gebäude. Tgl. 90-minütige Führungen von 10.15–17 Uhr, Fr 10–15 Uhr nach Voranmeldung, Orchard Street 108, New York, NY 10002, Tel. 212 982 8420, www.tenement.org

ANFAHRT

U-Bahn-Linie F zur 2 Avenue, East Broadway oder Delancy/Essex Street, Linien B, D zur Grand Street

Der Washington Arch ist dem Triumphbogen in Paris nachempfunden.

12 Washington Square

Das Herz von Greenwich Village

Rund um den Triumphbogen zu Ehren des ersten amerikanischen Präsidenten dehnt sich das einstige Künstlerviertel aus. In seinen verwinkelten Straßen schrieb einst Allen Ginsberg seine Beat-Gedichte und Bob Dylan seine Folk-Songs. In seinen fast 200 Jahre alten Gebäuden hat sich die New York University eingenistet. Ihre Studenten hängen im Washington Square Park auch heute noch revolutionären Ideen nach.

Als im Jahr 1822 eine Gelbfieberepidemie über New York hereinbrach, flüchteten viele der Bewohner des Stadtzentrums um die Wall Street in die ländliche Gegend weiter nördlich, die englische Siedler Anfang des 18. Jahrhunderts Greenwich Village genannt hatten. Hier bauten sie sich hübsche einstöckige Einfamilienhäuser rund um einen Exerzierplatz, der 1850 in einen Park umgewandelt wurde. Angesichts der militärischen Geschichte des Platzes wurde hier drei Jahre nach der 100-Jahr-Feier der Vereidigung George Washingtons zum ersten amerikanischen Präsidenten 1892 ein Triumphbogen errichtet. Beaux-Arts-Architekt Stanford White (1853–1906) empfand den 23 Meter hohen Triumphbogen dem Pariser Vorbild auf den Champs-Élysées nach. Zwei Marmorfiguren von George Washington – einmal als Soldat, dann als Staatsmann – blicken ernst auf den Anfang der Fifth Avenue. Regelmäßige Parkbesucher finden sich heutzutage hier zu einem Schach- oder Bocciaspiel ein. Oder sie lassen ihren Hunden in einem eigens abgegrenzten Bereich freien Lauf. Im nordwestlichen Teil des Parks kann Spaziergängern auch schaurig werden. Hier steht eine Ulme, an der Häftlinge angeblich aufgehängt wurden.

Ein Hauch von Grün in der Großstadt tut wohl.

Campus der New York University

Wenn es nicht zu kalt ist, bevölkern Studenten der New York University den Park. In seiner Mitte steht ein riesiger Brunnen, in dem kleine Kinder im Sommer gern planschen. Studenten des Musikprogramms legen vor dem Bogen ein paar heiße Jazz-Nummern hin. Ein Publikum finden sie immer. An der Nordseite des Parks gibt es noch schöne Reihenhäuser aus dem frühen 19. Jahrhundert. Wie viele andere Gebäude im Greenwich Village befinden sie sich heute im Besitz der New York University. In einem von ihnen siedelte der amerikanische Schriftsteller Henry James (1843–1916) die Handlung seines Romans *Washington Square* an, in dem die reiche Erbin Catherine Sloper von einem Mitgiftjäger umworben wird. Auf der Südseite des Parks zeichnete Stanford White auch für die 1893 errichtete Judson Memorial Church verantwortlich. Hier ließ er den romanischen Stil wiederaufleben. Der 50 Meter hohe Campanile der Kirche würde auch vorzüglich in die toskanische Landschaft passen. Die baptistischen Pastoren der Kirche setzten sich auch immer für progressive Ideen ein. So stand die Kirche Obdachlosen offen, und die Geistlichen entwickelten in den Fünfzigerjahren das erste Drogenberatungsprogramm im

AUTORENTIPP!

SLIDE

Dieses kleine Restaurant fängt den Spirit von Greenwich Village sehr gut ein. Nachdem es im März 2013 seine Türen öffnete, wurde sein Garten mit Wasserfall und Fischteich vom *New York Magazine* zum nettesten in Greenwich Village gewählt. Küchenchef Madison Cowan nahm am TV-Wettbewerb Iron Chef teil und brutzelt Hamburger vom edlen Kobe-Rind heraus. Das »Slide« ist nach Sliders benannt, Miniburgern mit Schweinebauchstücken, Monterey-Jack-Käse und gebratenen Kohlsprossen. Auch ausgefallene Milkshakes werden hier zubereitet. In den Sweet Home Alabama kommen Pekannusseis, kandierte Whiskey-Pekannüsse sowie Schlagsahne. Nicht von schlechten Eltern ist der Pisco Punch, ein Cocktail aus Macchu Pisco, Ananas und Angostura.

Slide Restaurant. Mo geschlossen, Di–So 16–1 Uhr, Bleeker Street 174, New York, NY 10012, Tel. 212 777 9077, www.sliderestaurant.com

In der warmen Jahreszeit dinieren New Yorker gern »al fresco«.

Oben: Begnadete Musiker spielen am Washington Square oft gratis. **Unten:** Bei guter Musik schwingen Zuseher gern das Tanzbein.

Village. Auch verhalfen sie schwangeren Frauen zu einer Abtreibung, als dies in den Vereinigten Staaten noch verboten war. Die Kirche und die zu ihr gehörigen Gebäude dienten auch Künstlern der Avantgarde als Ausstellungsraum. Claes Oldenburg (*1929), Jim Dine (*1935) und Robert Rauschenberg (1925-2008) zeigten hier 1957 zum ersten Mal ihre Werke, die zum Teil die Pop Art vorwegnahmen.

Das Flair der Boheme

Vielleicht war es der Einfluss der Kirche, der nonkonformistische Künstler und Philosophen von den Zwanziger- bis in die Siebzigerjahre des 20. Jahrhunderts ins Village ziehen ließ. In kleinen Lokalen wie dem »Caffè Dante« und dem »Caffè Reggio« auf der Macdougal Street schmiedeten Beat-Poeten wie Jack Kerouac und Allen Ginsberg ihre gefühlsgeladenen Verse. Ab 1950 führte die aus Österreich emigrierte, feministische Literaturwissenschaftlerin Eva Kollisch das jetzt leider nicht mehr bestehende »Caffè Rienzi« im Kollektiv. Dort kam auch Bob Dylan zum Abwaschen dran.

Im Greenwich Village herrschte im Gegensatz zum Rest der Vereinigten Staaten auch keine Rassentrennung. Schwarze und weiße Musiker gaben am Ende der Vierzigerjahre in Jazzclubs wie »Village Gate« und dem Café »Society« ihr Bestes. Ella Fitzgerald und Charlie Parker beboppten vor sich hin, während Les Paul und Mary Ford ihre musikalische Akrobatik mit Spannung verfolgten. Wer heute durch die Gassen rund um den Washington Square Park bummelt, kann sich hier noch immer verirren – in den Kellerlokalen, in die ein äthiopisches Restaurant mit erschwinglichen Preisen für die Studentenbevölkerung oder ein Falafelladen eingezogen sind oder in Musikclubs wie »Café Wha«, in dem die Hausband Brazooka Sambaklänge mit Jazz mischt.

Infos und Adressen

SEHENSWÜRDIGKEITEN

Judson Memorial Church. Kirche für Non-Konformisten. Washington Square Park, New York, NY 10012.

Washington Square Park. Um den Triumphbogen gab es schon Demonstrationen für das Frauenwahlrecht und gegen den Vietnamkrieg.

ESSEN UND TRINKEN

Caffè Reggio. Macdougal Street 119, New York, NY 10012, www.cafereggio.com

Caffè Dante. Macdougal Street 79–81, New York, NY 10012, www.caffe-dante.com

Seit fast 100 Jahren servieren beide Cafés Espresso und Cappuccino bis in die frühen Morgenstunden.

Mamoun's Falafel. Authentisches levantinisches Stehcafé. Macdougal Street 119, New York, NY 10012, www.mamouns.com

Meskerem. Einfaches äthiopisches Restaurant mit pikant-geschmackvollen Spezialitäten. Macdougal Street 124, New York, NY 10012, Tel. 212 777 8111.

Peanut Butter & Co. Sandwich Shop. Erdnussbutter ist in Amerika eine Religion. In den Elvis Sandwich kommen Bananen und Speck. Sullivan Street 240, New York, NY 10012, Tel. 212 677 3995, www.ilovepeanutbutter.com/sandwichshop

Sitzgelegenheiten am Washington Square

Wasserspiele im Washington Square Park

ÜBERNACHTEN

Washington Square Hotel. 100 Jahre altes Hotel im Art-déco-Stil. Waverly Place 103, New York, NY 10011, Tel. 212 777 9515, washingtonsquarehotel.com

AUSGEHEN

Blue Note. Legendärer Jazzclub. W 3rd Street 131, New York 10012, Tel. 212 475 8592, www.bluenote.net

Café Wha? Dieser Nachtclub gehörte dem Onkel von David Lee Roth. Van Halen gab hier schon mal ein Überraschungskonzert. Macdougal Street 115, New York, NY 10012, Tel. 212 254 3706, www.cafewha.com

GALERIEN

Grey Art Gallery. Das Kunstmuseum der New York University hat ein hochqualitatives Ausstellungsprogramm und zeigt z. B. Fotografie aus Kuba und von Diane Arbus. Di, Do, Fr 11–18 Uhr, Mi 11–20 Uhr, Sa 11–17 Uhr, Washington Square 100, New York, NY 10003, www.nyu.edu/greyart

ANFAHRT

U-Bahn-Linien A, B, C, D, E, F, M zur West 4th Street, Linien N, R zu 8th Street NYU

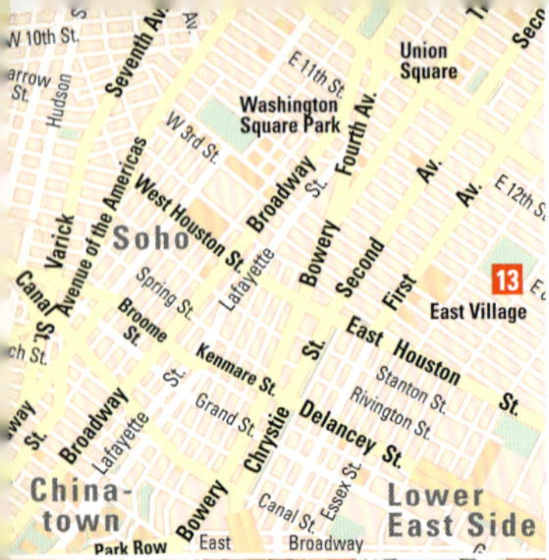

Oben: So hübsch ließen Besitzer einst ihre Häuser verzieren.
Unten: Künstler verschönerten die Fassade mit einer surrealistischen Wandmalerei.

13 East Village
Unter Bohemiens

Was der Montmartre für Paris Ende des 19. Jahrhunderts bedeutete, war das East Village für New York im ausgehenden 20. Jahrhundert: Tausende Kreative in einer billigen Wohngegend, die auf die bürgerliche Moral pfiffen. Hundert Jahre nachdem Giacomo Puccini mit seiner Oper *La Bohème* über das Leben im Montmartre einen Welterfolg feierte, adaptierte der New Yorker Komponist Jonathan Larson den Stoff 1996 für das Rockmusical *Rent*.

Die im Musical *Rent* dargestellten Bohemiens lebten in den fünfstöckigen, rot geziegelten Zinskasernen des East Village und sangen sich auf der Feuerleiter fast die Seele aus dem Leib. Larsons Mimi litt nicht an Tuberkulose, sondern an AIDS. Traurigerweise imitierte das echte Leben das Musical: Einen Tag nachdem Jonathan Larson der renommierten *New York Times* ein Interview gegeben hatte, verstarb er an einem Herzaneurysma. Seine Rockoper spielte am Broadway 280 Millionen Dollar ein.

Der Charme des Gammelns

Der Musicaltitel *Rent* kommt nicht von ungefähr. Ein Immobilienhai hat das Wohngebäude der Bohemiens gekauft und jagt jetzt seiner Miete hinterher. In den Neunzigerjahren wurde es nämlich zusehends chic, in die Gegend östlich vom Washington Square zu ziehen. Die Apartmentpreise vom Broadway bis zur Avenue C zwischen der East Houston und der 14th Street schnellten rasant in die Höhe. Heute zahlt man selbst für eine Einzimmerwohnung mehrere Tausend Dollar Miete.

Am St. Mark's Place befinden sich viele Studentenlokale.

Dennoch hat sich das East Village seinen künstlerischen Charme erhalten. Im Bowery Poetry Club und im Nyuorican Poets Café reimen wortgewaltige Rastas mit langen Dreadlocks »tyranny« auf »virignity« und »liberty«. Performancekünstler treten auch in der Kirche St. Mark's in the Bowery auf. Sie wurde 1799 an jener Stelle gebaut, an der Peter Stuyvesant, der letzte Gouverneur von New Amsterdam, einen Bauernhof betrieb. Stuyvesant liegt auf dem kleinen Friedhof von St. Mark's begraben. Ein riesiger Skandal spielte sich im Jahr 1969 ab: Von dieser freidenkerischen episkopalen Kirche wurde die erste Rock-'n'-Roll-Messe live im amerikanischen Fernsehen übertragen. Auch heute nährt der Pastor noch die Subkultur: Neben Tanz- und Poetry-Events werden Vorträge beispielsweise auch über 9/11-Verschwörungstheorien gehalten.

Geburtsort des Punk

Als der Musikclub »CBGB« 2006 seine Türen schloss, trauerten Punkrocker auf der ganzen Welt. Ihr Musikstil wurde in diesem Kellerlokal 1974 geboren, als die Ramones in wildem Tempo ihre Texte ins

AUTORENTIPP!

COOPER UNION

Am südwestlichen Rand des Astor Place thront ein riesiges Backsteingebäude im Neo-Renaissancestil. Die Cooper Union-Universität öffnete 1859 ihre Tore. Der Großindustrielle und Erfinder Peter Cooper wollte mit dieser technischen Hochschule Jugendlichen aus der Arbeiterklasse Zugang zu einer Ausbildung in technischen Fächern, Architektur und bildenden Künsten verschaffen. Viele Jahre lang war die Universität gratis. Seit 2013 müssen all jene, die es sich leisten können, jedoch 20 000 Dollar pro Jahr an Studiengebühren zahlen. Wohl auch deshalb, weil die Universität 2009 ein brandneues Gebäude von Architekt Thom Mayne am Cooper Square 41 errichten ließ. Dem Gebäude wurde ein Platinum-LEED-Zertifikat verliehen, da man den Licht- und Wärmeeinfall mit Paneelen auf seiner Außenwand regulieren kann.

Cooper Union. 41 Cooper Square, New York, NY 10003, www.cooperunion.edu

Oben: Ruhepause auf der Feuertreppe
Unten: Wer große Burger will, ist hier richtig.

Mikrofon schrien. Junge Leute mit bunten Igelfrisuren, die bereits die Enkel der Ramones sein könnten, laufen heutzutage am St. Mark's Place herum und shoppen in den ausgeflippten Läden. Auf der inoffiziellen Hauptstraße des East Village und in ihren Seitenstraßen finden sie viele kleine kreative Lokale, deren Gerichte sich auch Punks leisten können. »Dumpling Man« Lucas Lin knetet jeden Tag Teig für chinesische Klöße und füllt sie mit Krevetten und Kokosmilch. Maribel Araujo backt in ihrer »Caracas Arepa Bar« saftige Brötchen aus Maismehl und löffelt jede Menge schwarze Bohnen, Hackfleisch und weißen venezolanischen Käse darauf. In ihrem freundlichen, hellen Lokal »s'mac« hat sich Sarita Ekya auf »American comfort food« eingeschossen: Sie bereitet *macaroni & cheese* zu, eine Leibspeise von Kindern im Vorschulalter, jedoch verfeinert mit Manchego-Käse und Shiitake-Pilzen.

Triumph des »Momofuku«

Der ungekrönte König der Food-Szene im East Village heißt David Chang. Der junge Küchenchef wurde in den letzten Jahren mit fünf James Beard Awards ausgezeichnet, dem Oscar in der Gastronomie. In seiner »Momofuku Noodle Bar« zaubert Chang eine köstliche japanische Ramensuppe mit scharfem koreanischem Kimchi-Krautsalat und Schweineschulterstücken in Windeseile. Die Brühe ist ein Traum, kommen doch jeden Tag 70 Pfund Hühnerbeine, geröstete Schweineknochen, Schweinshaxen und Speck hinein. Zu seinem kleinen Imperium gehören jetzt auch die »Momofuku Ssäm Bar«, in der er asiatische Burritos zubereitet. Einen Tisch im »Momofuku Ko« zu reservieren ist fast so schwer wie eine Audienz beim Papst zu erhalten. Nur zwölf erlesene Gäste setzen sich allabendlich an die Holztheke des Gourmettempels. Für 125 Dollar genießen sie acht Gänge, darunter Lasagne mit

Weinbergschnecken, Porcini-Pilzen, Spargel, Ricottaschaum und getrockneten Brokkoliblättern. Dem East Village haben auch verschiedene Einwandererwellen ihren kulinarischen Stempel aufgedrückt. »Moishe's Bakery« auf der Second Avenue backt riesige Bagels, festteigige Brötchen, die vorzugsweise mit Cream Cheese bestrichen werden. Bei den italienischen Konditoreien »Veniero's« auf der 11th Street und bei »De Roberti's« auf der First Avenue sieht es so aus, als würde gleich der Pate reinkommen und sich einen kleinen Mokka mit Mandelbiscotti bestellen. Zeitgenössische Migranten wie der Algerier Mehenni Zebentout konnten sich im East Village ebenfalls etablieren. Vor fast 20 Jahren begann er als Hilfskraft im Restaurant »Frutti di Mare«. Mit viel Fleiß hat er sich zum Besitzer des Fischrestaurants »Cucina di Pesce« hochgearbeitet. Sein zweites Restaurant Nomad ist ein gastronomischer Traum aus 1001 Nacht.

Der Geist von Miss Havisham

In eine vergangene Zeit entführt auch das Merchant's House Museum auf der East 4th Street. Hier lebte von 1835 bis 1933 die wohlhabende Tredwell-Familie. Das letzte Mitglied der Familie, Gertrud Tredwell, beließ das Haus bis zu ihrem Tod unverändert, und so blieb es uns auch erhalten. Gertrud soll auch heute noch in ihrem Haus herumspuken. Besucher bewundern ihre Seidentafettakleider mit Puffärmeln und stellen sich vor, wie sie in einem der Mahagonibetten ihren letzten Atemzug tat.

Das trendig-romantische »Bowery Hotel« versucht die Geister aus Gertruds Zeit zu beschwören. Sein Logo-Maskottchen, der Bowery Boy, trägt eine knallrote, doppelreihige Jacke und einen Zylinder wie Daniel Day Lewis in dem Scorsese-Film *Gangs of New York*. Derartig livriert öffnet auch ein »Doorman« die Tür zum Fünfsternehaus. Obwohl

AUTORENTIPP!

EAST VILLAGE BED & COFFEE

Vor 20 Jahren spielte sich noch ein Großteil des Drogenhandels in der »Alphabet City« – den Avenues A, B und C – ab. Jetzt ist auch diese Gegend ein begehrtes Wohnviertel für Yuppies und Hipsters. Anne Edris zog vor fast 30 Jahren in die Gegend, und als sich auch Touristen in die Gegend wagten, verwandelte sie ihr Haus in eine kleine Pension. Anne nannte sie »East Village Bed & Coffee«, da sie kein Frühstück zubereitet. Ihre Gäste können dies jedoch in zwei Küchen selbst tun. Sie vermietet zehn Zimmer, die alle individuell gestaltet sind. Gäste können zwischen einem afghanisch und einem mexikanisch angehauchten Zimmer oder einem Zen-Raum wählen. Die Badezimmer teilt man mit anderen Gästen. Auch ein kleiner Garten schließt an das Haus an. Die Pension erlangte auch schon Filmruhm: Audrey Tatou »lebte« in dem Film *Happy End* hier.

East Village Bed & Coffee.
Avenue C 110, New York, NY 10009,
www.bedandcoffee.com,
anne@bedandcoffee.com

Im East Village sind auch einige Edelhotels zu Hause.

Oben: Die Aussicht von einer Suite im »Standard East Village Hotel« ist umwerfend.
Unten: Das alte Hochhaus des Elektrizitätswerks Con Edison

für das Hotel ein neues Gebäude errichtet wurde, ist es innen auf alt gestylt. Komfortable Lederlehnsessel verbreiten »old world charm«, wie man das in den USA nennt. Alle Zimmer haben Fenster, die vom Boden bis zur Decke reichen. Besonders Kluge nehmen sich ein Eckzimmer, von dem aus sie verschiedene Seiten von Manhattan überblicken.

Unterhosen im Wind

Im Gegensatz dazu kündigt das »Standard East Hotel« an, dass architektonisch neue Zeiten im East Village angebrochen sind. Der Weg dahin war nicht leicht: Drei Mietshäuser wollte der ursprüngliche Besitzer Klaus Ortlieb für den Hotelbau abreißen lassen. In einem der drei weigerten sich zwei Bewohnerinnen jedoch auszuziehen. Aufgrund der mieterfreundlichen Gesetze mussten sie das auch nicht tun. Der findige Architekt Carlos Zapata schloss ihr Haus einfach an seinen Neubau an. Wenn die Damen es jetzt betreten, werden sie vom Concierge begrüßt. Von hier aus geht es in den Glas- und Aluminiumpalast. 145 eher kleinere Zimmer befinden sich hier. Von den Zimmern in den obersten Stockwerken kann man sogar die beleuchteten Brücken von Lower Manhattan sehen. Andere wiederum geben den Blick frei auf das East Village, wie es leibt und lebt: Unterhosen flattern hier auf Wäscheleinen im Wind, so als würden die Bohemiens aus *Rent* gleich über die Straße wohnen.

Infos und Adressen

SEHENSWÜRDIGKEITEN

St. Mark's Church in the Bowery. Progressive, multikulturelle Kirche. E. 10th Street 131, New York, NY 10003, www.stmarksbowery.org

ESSEN UND TRINKEN

Caracas Arepa Bar. Venezolanische Küche wie bei abuela. E. 7th St. 93 ½, New York, NY 10003, www.caracasarepabar.com

Cucina di Pesce. Preisgünstiges Fischrestaurant. E. 4th St. 87, New York, NY 10003, Tel. 212 260 6800, www.cucinadipesce.com

De Roberti's Pasticceria. Italienische Leckereien. First Ave. 176, New York, NY 10009, www.derobertiscafe.com

Dumpling Man. Chinesische Klöße. St. Marks Place 100, New York, NY 10009, www.dumplingman.com

Little India. Eine Reihe von indischen Restaurants auf der Sixth Street zwischen First und Second Avenue. New York, NY 10003

Momofuku Noodle Bar. Traumhafte asiatische Suppen: First Ave. 171, New York, NY 10003, für alle anderen Restaurants in David Changs Imperium: www.momofuku.com

s'mac. Mac & Cheese vom Feinsten. E. 12th St. 345, New York, NY 10003, www.smacnyc.com

Veniero's. Amerikas älteste italienische Bäckerei. East 11th St. 342, New York, NY 10009, www.venierospastry.com

Im McSorley's Old Ale House riecht es nach Bier.

ÜBERNACHTEN

Bowery Hotel. Komfortables Fünf-Sterne-Hotel mit »old world charm«. Bowery 335, New York, NY 10012, Tel. 212 505 9100, www.theboweryhotel.com

Standard East Hotel. Die Zimmer bieten eine grandiose Aussicht auf Lower Manhattan und das East Village. Cooper Square 25, New York, NY 10003, Tel. 212 475 5700, www.standardhotels.com/eastvillage

Seit dem 19. Jh. unangetastet: Das Merchant House Museum.

AUSGEHEN

Bowery Poetry Club. Bietet bekannten Künstlern und denen, die es werden wollen, eine Bühne. Bowery 308, New York, NY 10012, www.bowerypoetry.com

McSorley's Old Ale House. Einer der ältesten Pubs der Stadt. Sehr stimmig! E. 7th St. 15, New York, NY 10003

Nuyorican Poets Café. Zwei Cafés mit Live-Poesie-Events. E. 3rd St. 236, New York, NY 10009, www.nuyorican.org

MUSEEN

Merchant's House Museum. New Yorks einziges, aus dem 19. Jh. stammendes und vollständig erhaltenes Wohnhaus einer Kaufmannsfamilie. Mo, Do–So 12 bis 17 Uhr, E. 4th Street 29, New York, NY 10003, Tel. 212 777 1089, www.merchantshouse.org

ANFAHRT

U-Bahn-Linie 6 zum Astor Place

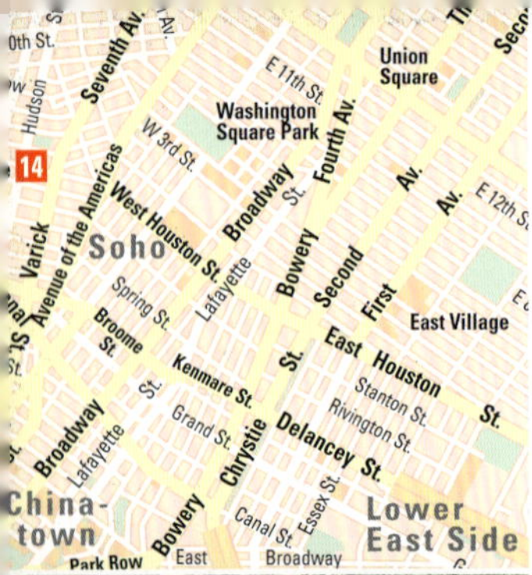

Oben: Brownstone-Häuser gibt es in New York genug.
Unten: Ruhepause im Village

14 West Village
Wo New York zum Dorf wird

Viele hübsche Reihenhäuser aus dem frühen 19. Jahrhundert. Eines davon diente der Hauptfigur der Serie *Sex & the City* als Wohnstätte. Auf der Bleeker Street reihen sich Tätowierläden an exklusive Herrenausstatter. Die Regenbogenfahne weht auf der Christopher Street im Wind. Sie liegt unweit des Sheridan Square, wo sich 1969 die erste Bürgerrechtsbewegung für Schwule formierte.

In der Serie *Sex and the City* schrieb 66 Perry Street Fernsehgeschichte. Auf der Treppe zum schokoladenbraunen viktorianischen Reihenhaus saß die Schauspielerin Sarah Jessica Parker und dachte als Carrie Bradshaw laut darüber nach, wieso ihr der Mann fürs Leben immer durch die Finger gleitet. Wenn der Schmerz gar zu arg wurde, schlenderte sie zur »Magnolia Bakery« und versüßte sich den Alltag mit einem *cupcake*, einem Biskuitküchlein, fingerdick mit rosa Buttercreme beschmiert. Die »Magnolia Bakery« auf der Bleeker Street ist heute zu einem Touristenmagnet geworden. Kaum ein Tourbus, der hier nicht stehen bleibt, zum Leidweisen der Bewohner des In-Viertels. Das Cupcake-Konzept ist von hier aus sogar bis nach Dubai exportiert worden.

Sarah Jessica Parker wohnt im wirklichen Leben nur ein paar Straßen vom Drehort entfernt, und zwar in der Charles Street. Sie fühlt sich hier wohl, weil die ruhigen Straßen des West Village wie die einer englischen Kleinstadt anmuten. Nirgendwo sonst in New York spüren Besucher so stark, dass das 19. Jahrhundert noch fortbesteht. Sie bewundern die liebevoll angelegten Gärtchen der Backsteinhäuser und vermissen keine Wolkenkratzer.

Marlo Scott serviert zu ihren Cupcakes das passende Getränk.

Übers Kopfsteinpflaster

Im 19. Jahrhundert ließen sich betuchte New Yorker hübsche »Brownstones« errichten, Reihenhäuser mit kunstvoll verzierten Schmiedeeisengittern und geschwungenen Portalen. Als Mitte des 19. Jahrhunderts jedoch eine Heerschar von Einwanderern in den Lagerhäusern am Hudson zu arbeiten begann, trieb es die Crème de la crème noch weiter nach Norden. In die romantischen Gässchen zog es um 1900 schließlich viele Künstler. Im Laufe der Jahre wankten Gertrud Stein und Marlon Brando spätnachts auf dem Kopfsteinpflaster von den Bars und Cafés nach Hause.
Das »Abingdon Guest House« in der Eighth Avenue entstand durch den Zusammenschluss von zwei alten Reihenhäusern. Ziegelwände in den meisten Zimmern legen Zeugnis davon ab, dass die Häuser kurz nach der amerikanischen Revolution erbaut wurden. Einige der neun Zimmer sind noch mit einem offenen Kamin bestückt, in dem im Winter das Feuer wohlig knistert. Brautpaare in ihren Flitterwochen bestellen das Gartenzimmer mit Terrasse schon lange Zeit im Voraus.
Wer heute neu ins West Village ziehen will, muss hohe Preise in Kauf nehmen. Der Theaterproduzent

AUTORENTIPP!

MR. DENNEHY'S

Zu »Mr. Dennehy's«, einem irischen Pub auf der Carmine Street, gehen nur Einheimische. Hier bejubeln eingefleischte Fußballfans Samstagabend die schönsten Tore aus den europäischen Ligen, die ja im amerikanischen Fernsehen nicht live übertragen werden. Küchenchef Julio serviert hier ein Mörderchili mit geräucherten Ancho-Schoten und Monterey Jack-Käse. Da Amerika den Grünkohl als DAS Biogemüse für sich entdeckt hat, darf ein *kale salad* mit Zitrus-Knoblauch-Vinaigrette nicht fehlen. Ganz saftig sind auch die Burger. Zum Sonntagsbrunch steht ein King Size Irish Breakfast auf dem Programm.

Mr. Dennehy's. Carmine Street 63, New York, NY 10014, Tel. 212 414 1223, www.mrdennehys.com

Oben: Jeff Kent genießt den ultimativen Luxus in Manhattan: viel Platz.
Mitte: George Segal schuf die Stone Wall Skulptur.
Unten: In der italienischen Bäckerei im West Village kann man sich viele Kohlenhydrate einverleiben.

Jeff Kent erwarb seinen Brownstone glücklicherweise schon in den frühen Achtzigerjahren. Er genießt den wahren New Yorker Luxus: viel Platz. Über vier lichterfüllte Stockwerke zieht sich sein Lebensbereich hin. In seinem riesigen Dachgarten duftet im Sommer der Oleander. Wenn er sich ein Steak auf den Grill wirft, genießt er dabei einen freien Blick auf das gesamte Empire State Building. »Ich wohne so gern im West Village, weil Leute hier nicht anonym nebeneinander dahinvegetieren«, beschreibt er sein Lebensgefühl.

Ein schickes Dorf

Das »Village« ist hier wirklich noch ein Dorf. Nachbarn kennen einander. Jeff plaudert gern mit dem ukrainischen Uhrmacher und Schuster Mikhail auf der Carmine Street und schaut beim preisgünstigen Buchladen Unoppressive Non-Imperialist Bargain Books vorbei, ob die neueste Che-Guevara-Biografie schon erschienen ist. Beim italienischen Konditor Rocco in der Bleeker Street um die Ecke kauft er sich einen *lobster tail*, eine hummerschwanzartige Blätterteigpastete mit Ricotta-Sahne-Creme.
Jeff Kent ist jemand, den man gern bei illustren Partys dabeihat. Wenn Donna Karan in ihrem Geschäft »Urban Zen« auf der Greenwich Street zu einer wohltätigen Veranstaltung lädt, dann steht er auf der Gästeliste. Für alternative Heilpraktiken und indigene Kulturen bietet die Modedesignerin abseits von ihrem Imperium hier ein Forum. Alle Kleidungsstücke tragen einen Anstrich von leger-exotisch. Kunstgegenstände kommen direkt vom Amazonas oder aus Tibet.
Donna Karan erhält sich ihre schlanke Figur, indem sie sich vor allem von rohen Lebensmitteln ernährt. Im West Village bereiten einige Restaurants Speisen nach ihren Bedürfnissen zu: In »Lima's Taste« auf der Christopher Street genießen Gäste auf neo-

Das Caliente Cab auf der Seventh Avenue ist eine Institution.

barockem Mobiliar Ceviche, rohen Fischsalat aus Peru. Krabben, Hummer, Lachs und Thunfisch werden nur in Limettensaft mariniert und mit Korianderblättern und Pfeffer verfeinert. »Sushisamba« auf der Seventh Avenue bringt japanische und brasilianische Fischdelikatessen auf einen Teller. Neben Ceviche servieren die Kellnerinnen in dem fröhlich-farbigen Ambiente auch Sashimi und Moqueca, Garnelen in Palmenöl und Kokosmilch. Nach zehn Uhr abends verwandelt sich das Restaurant in einen hippen Treffpunkt. DJs spinnen hier House Music und Favela Funk.

Jazz & Schwule

An der Stelle, an der die Christopher Street die Seventh Avenue kreuzt, liegt der Sheridan Square. Hier formierte sich im Juni 1969 eine erste Bürgerrechtsbewegung von Lesben und Schwulen, nachdem die Polizei unverhältnismäßig gegen Besucher der Bar »Stonewall Inn« vorgegangen war. Heute erinnern vier weiße Figuren des Bildhauers George Segal an die Bemühungen der Demonstranten, gleichgeschlechtliche Liebe auch gesetzlich zu gestatten.
Abends beginnt das West Village richtig zu leben. Aus den Jazzclubs »Village Vanguard« in der Seventh

AUTORENTIPP!

SWEET REVENGE
Marlo Scott führte die Cupcake-Idee ein wenig weiter. In ihrem Lokal auf der trendigen Carmine Street stimmt sie Getränke auf die kleinen Törtchen mit Vanille-Buttercreme oder Valrhona-Ganache ab, mal ein Glas Prosecco, Malbec oder einen Monaco-Biercocktail mit Pellegrino, Limette und Grenadine. Auch salzige Cupcake-Versionen mit spanischer Chorizo-Wurst und Manchego-Käse werden hier gebacken. Serviert werden die Törtchen nicht im Silberpapier, sondern in einem rustikalen Backpapier, das hervorragend zum Bistro-Dekor passt, für das Baz Luhrmanns Film *Moulin Rouge* die Inspiration lieferte. Marlo wurde auf einen Schlag bekannt, als sie ihre Cupcake- und Spirituosen-Kombinationen in der Martha Stewart-Show vorstellte. Eine halbe Stunde nach Ausstrahlung der Sendung war das Bistro, das auch einen hervorragenden Brunch serviert, voll.

Sweet Revenge. Carmine Street 62,
New York, NY 10014,
Tel. 212 242 2240,
www.sweetrevengenyc.com

Oben: Gelbe Taxis flitzen zu jeder Tages- und Nachtzeit durch die Gegend.
Mitte: In den Sing-along-Bars geht die Post ab.
Unten: Ready for your close-up?

Avenue und »Small's« auf der West 10th Street dringen Bebop- und Free-Jazz-Töne. Größen wie Miles Davis und Charlie Parker traten einst im »Village Vanguard« auf. Heutzutage begeben sich hier innovative Gruppen wie Gene Pritsker's Sound Liberation auf eine Gratwanderung zwischen Hip-Hop und Jazz und führen dieses Musikgenre in eine neue Richtung. Musikstudenten aus hervorragenden Musikkonservatorien wie Julliard und der Manhattan School of Music geben sich bei »Small's« auf der West 10th Street bis in die frühen Morgenstunden ein Stelldichein. Für nur 20 Dollar können Besucher so viel Jazz lauschen, bis ihnen die Ohren klingeln. Am Wochenende finden hier auch Workshops mit bekannten Musikern statt.

Happy Sing-along

Wie in den großen Musiktheatern am Broadway tönt es aus den Kellerbars »Marie's Crisis« und »Duplex«. In diesen Sing-along-Lokalen versammeln sich allabendlich Männer jeden Alters, um ihre Stimmbänder zum Schwingen zu bringen. Sanford, Carries »gay husband« aus *Sex and the City*, würde sich hier wohlfühlen. *Tits & Ass* aus dem Musical *Chorus Line* haut der Pianist in der Mitte des Lokals als Erstes in die Tasten. 70 Hobbysänger und professionelle Künstler mit Bühnenerfahrung schürzen die Lippen und trällern, was das Zeug hält. Sie schauen sich dramatisch in die Augen, als würde das Phantom der Oper seine Christine zum ersten Mal erblicken. »To live the impossible dream« aus *Der Mann von La Mancha* erschallt es aus ihren Mündern. Der unmögliche Traum verwandelt sich langsam in Wirklichkeit. In immer mehr Bundesstaaten wird die Lebenspartnerschaft von gleichgeschlechtlichen Paaren gesetzlich anerkannt. Und in den Flirt-Etablissements »Marie's Crisis« und »Duplex« finden einige Sänger heute Abend vielleicht auch ihren »Mister Big«.

Infos und Adressen

SEHENSWÜRDIGKEITEN

Stonewall Memorial. George Segals Schwulen-Denkmal. Sheridan Square/Seventh Avenue, New York, NY 10014

ESSEN & TRINKEN

Gobo. Paradies für Veganer. Sixth Ave. 401, New York, NY 10014, Tel. 212 255 3902, www.goborestaurant.com

Lima's Taste. Peruanische Spezialitäten. Christopher St. 122, New York, NY 10014, Tel. 212 242 0010

Magnolia Bakery. *Sex & the City* Cupcakes. Bleeker St. 401, New York, NY 10020, Tel. 212 462 2572

Sushisamba. Brasilianisch-japanisches Fusionslokal mit Nachtclub. Seventh Ave. 87, New York, NY 10014, Tel. 212 691 7885

ÜBERNACHTEN

Abingdon Guest House. Neunzimmerhaus mit historischem Flair. Eighth Ave. 21, New York, NY 10014, Tel. 212 243 5384, www.abingdonguest-house.com

The Jane. Zimmer gestaltet und eingerichtet wie Schiffskabinen, preisgünstig. Jane St. 113, New York, NY 10014, Tel. 212 924 6700, www.thejanenyc.com

Auch Elvis-Souvenirs befinden sich in NYC.

Die berühmten Cupcakes der »Magnolia Bakery«

AUSGEHEN

Beatrice Inn. In diesem Nachtclub verbrachte Heath Ledger einen seiner letzten Abende. W. 12th St. 285, New York, NY 10014

Marie's Crisis. Sing-along-Kabarettbars. Grove St. 59; Duplex, 61 Christopher St., New York, NY 10014

Small's. Preisgünstiger Jazz bis in die frühen Morgenstunden. Tgl. 16–4 Uhr, W 10th Street 183, New York, NY 10014, www.smallsjazzclub.com

Village Vanguard. Jazz-Sets um 20.30 und um 22.30 Uhr. Seventh Avenue 178, New York, NY 10014, Tel. 212 255 4037, www.villagevanguard.com

EINKAUFEN

Urban Zen. Donna Karans Privatinitiative zur Verbesserung der Welt: Kleidung, Möbel, Kunst. Greenwich St. 705, New York, NY 10014, www.urbanzen.com

ANFAHRT

U-Bahn-Linien A, B, C, D, E, F, M zur West 4th Street, Linie 1 zur Christopher Street und zur Houston Street

DAVID SANCHEZ
NANA REPUBLIC

ABOVE 14TH STREET

CHELSEA
LOWER
WEST SIDE
West Side Express Highway
Twelfth Avenue
(Joe Dimaggio Highway)
Eleventh Avenue
Tenth Avenue
Ninth Avenue
Eighth Avenue
Seventh Avenue
Avenue of the Americas
Fifth
West 33rd
West 31th St.
West 30th St.
West 29th St.
West 28th St.
West 27th St.
West 26th St.
West 25th St.
West 24th St.
West 23rd St.
West 22nd St.
West 21st St.
West 20th St.
West 19th St.
West 18th St.
West 17th St.
West 16th St.
West 15th St.
West 14th St.
West 13th St.
West 12th St.
West 11th St.
West 12th Street
Little West 12th Street
Gansevoort Street
Bloomfield St.
Horatio St.
Jane St.
Bethune St.
Bank St.
Perry St.
Charles La.
Charles St.
West 10th St.
Christopher St.
Weehawken St.
Grove Street
Bedford St.
Barrow
Washington Street
Greenwich St.
Hudson St.
Bleecker St.
West 4th St.
Waverly Pl.
Greenwich Avenue
Washington Place
Waverly Place
Patchin Pl.
Milligan Pl.
East 10th St.
West 9th St.
West 8th St.
Mc.Dougal St.
Mc. Dougal Al.
General Post Office
US Parcel Post Building
Chelsea Park
Chelsea Waterside Park
Spirit Cruises
Fire Boat Station
62
61
60
59
57
54
53
The Eagle
Hôtel Americano
Marquee Club
Barbara Gladstone
Matthew Marks
High Line Park
Tía Pol
Larry Gagosian
Empire Diner
David Zwirner
18
23rd St
The New York City Rocky Horror Picture Show
GEM Hotel Chelsea
Barracuda
El Quijote
Chelsea Savoy Hotel
Highline Ballroom
Joyce Theater
Chelsea Market
Maritime Hotel
15
Jeffrey
Hogs & Heifers Saloon
Carlos Miele
The Standard
Gansevoort
Cielo Little
Jackson Square
8th Av 14th St
18th St
Rubin Museum of Art
14th St
6th Ave 14th St
Marine Museum
Abingdon Square
Mulry Square
Mc. Carthy Square
Village Square
9th St
Sheridan Square
Christopher St Sheridan Sq

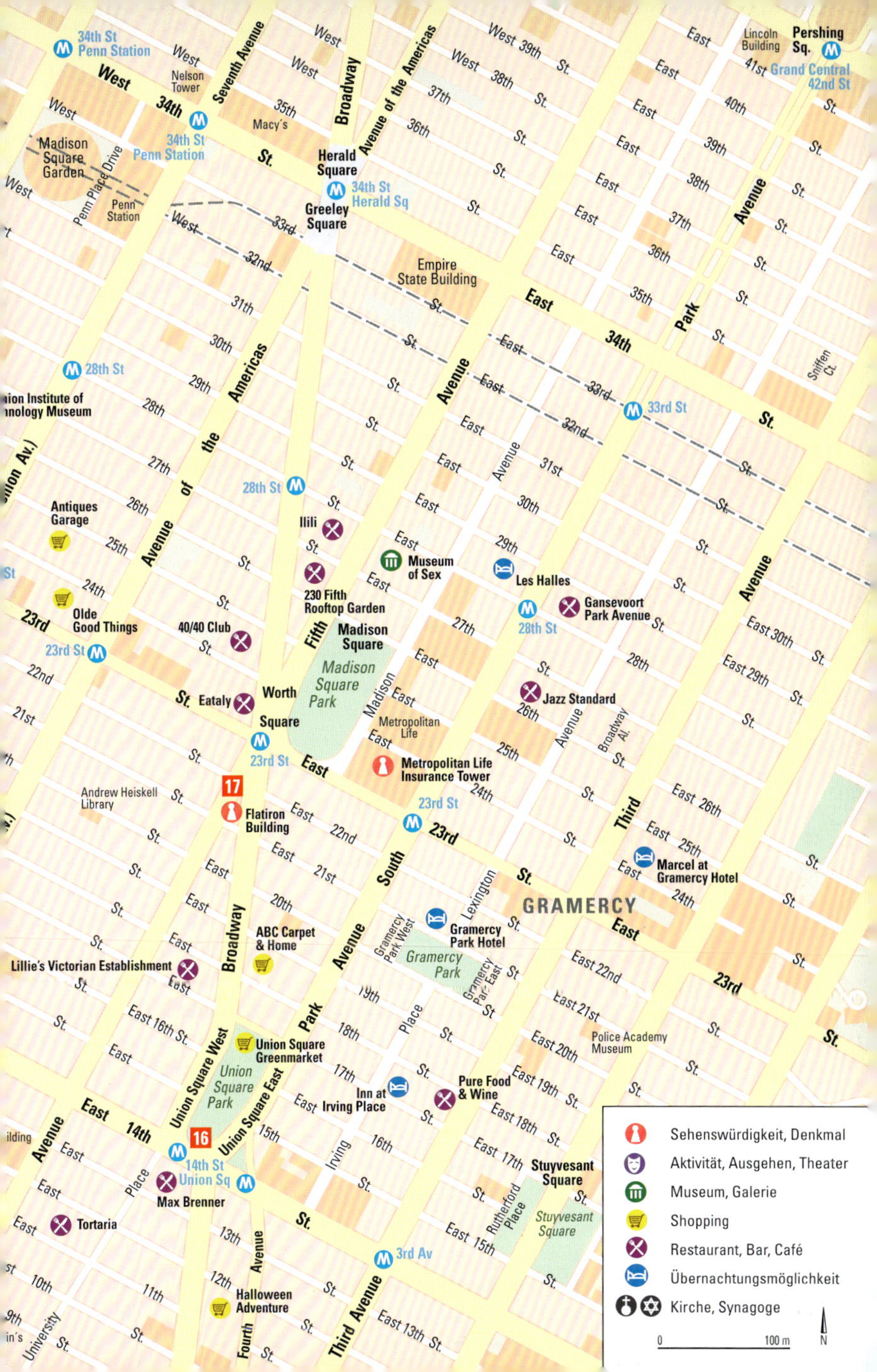
34th St Penn Station
West 34th St.
Nelson Tower
Seventh Avenue
Macy's
Broadway
Avenue of the Americas
Herald Square
34th St Herald Sq
Greeley Square
Madison Square Garden
Penn Place Drive
Penn Station
Empire State Building
Lincoln Building
Pershing Sq.
Grand Central 42nd St
Park Avenue
East 34th St.
Sniffen Ct.
33rd St
28th St
Fashion Institute of Technology Museum
Fifth Avenue
Madison Avenue
Lexington Avenue
Third Avenue
Broadway Al.
Antiques Garage
Olde Good Things
40/40 Club
Ilili
230 Fifth Rooftop Garden
Museum of Sex
Les Halles
Gansevoort Park Avenue
Jazz Standard
Madison Square
Madison Square Park
Worth Square
Eataly
23rd St
Metropolitan Life
Metropolitan Life Insurance Tower
Andrew Heiskell Library
17
Flatiron Building
Marcel at Gramercy Hotel
GRAMERCY
Gramercy Park Hotel
Gramercy Park West
Gramercy Park
Gramercy Park East
Park Avenue South
ABC Carpet & Home
Lillie's Victorian Establishment
Police Academy Museum
Union Square Greenmarket
Union Square Park
Union Square West
Union Square East
Inn at Irving Place
Pure Food & Wine
Irving Place
East 14th St.
16
14th St Union Sq
Max Brenner
Tortaria
Stuyvesant Square
Rutherford Place
3rd Av
Halloween Adventure
Fourth Avenue
University Place
Sehenswürdigkeit, Denkmal
Aktivität, Ausgehen, Theater
Museum, Galerie
Shopping
Restaurant, Bar, Café
Übernachtungsmöglichkeit
Kirche, Synagoge
0
100 m
N

S. 107/108: Im Geschäft der »Banana Republic« im Meatpacking District gibt es dufte Klamotten. **Oben:** Nachteulen schwärmen abends im Meatpacking District aus. **Unten:** Unter den 10000 Büstenhaltern befindet sich auch einer von Julia Roberts.

5 Meatpacking District
Ausgehviertel Nummer eins

Der ehemalige Schlachthausbezirk hat sich in den letzten zwei Jahrzehnten zu einer angesagten Ausgehmeile entwickelt. Die S&M-Clubs sind den ultimativen DJ-Line-Ups gewichen. Untertags zieht es auch immer mehr Familien hierher. Auf der Highline, einer stillgelegten Bahntrasse, ist ein »Garten im Himmel« entstanden, von dem Spaziergänger einen wunderbaren Ausblick auf die Skyline und den Hudson River genießen.

»There goes the neighborhood« ist ein Ausspruch, den Amerikaner immer dann in den Mund nehmen, wenn in einen bestimmten Bezirk schlechter verdienende Menschen zuziehen. Im Falle des Meatpacking District, New Yorks immer kleiner werdendem Schlachthausbezirk rund um die Gansevoort Street, verhielt es sich umgekehrt. »There goes the neighborhood«, seufzte Bistrobesitzer Florent Morellet, als er aufgrund eines exorbitanten Mietpreisanstiegs 2008 aus seinem Viertel vertrieben wurde. Dabei war er der Erste, der den Meatpacking District chic machte. Sein Lokal galt in den Achtziger- und Neunzigerjahren als Geheimtipp.

Büstenhalter über der Bar

Die Bar »Hogs & Heifers«, (übersetzt etwa: »Saubären und Kuhtrampel«) auf der Washington Street erinnert an die Zeit, als eine Taxifahrt in den Meatpacking District noch den Anstrich von Abenteuer hatte. Kesse Kellnerinnen springen auf die Theke und legen einen beschwingten amerikanischen Schuhplattler hin. Hinter ihnen hängen über 10 000 Büstenhalter von der Wand, darunter auch

Die wohl bekannteste Ecke an der 14th Street und der Gansevoort Street.

zwei von Julia Roberts und Drew Barrymore. Jeden Abend werden weibliche Besucher über Lautsprecher dazu verdonnert, auf dem Tresen ihre besten Tanzschritte zu zeigen. Wer danach nicht seinen BH auf die Stange an der Wand wirbelt, wird als Mauerblümchen beschimpft.

Der Meatpacking District zieht abends eine vergnügungssüchtige Klientel an. Riesige Restaurants und Nachtclubs haben sich in ehemaligen Kühlhallen angesiedelt. Im »Cielo« gibt seit 2003 an den meisten Abenden Techno den Ton an. Mittwoch ist das jedoch anders. Da steht DJ Louie Vega auf dem Programm. Der Neffe von Salsa-Legende Hector Lavoe mixt lateinamerikanische Rhythmen mit Jazz und Hip-Hop.

In einer ehemaligen Keksfabrik auf der Ninth Avenue haben sich viele Gourmetgeschäfte und kleine Restaurants im Chelsea Market angesiedelt. In der Bar »Suzette« wenden Köche hauchdünne Crêpes auf der Herdplatte.

Schiff ahoi im Hotel

Auf der gegenüberliegenden Straßenseite entführt das »Maritime Hotel« dann gleich auf die hohe See.

AUTORENTIPP!

DIANE VON FÜRSTENBERG

Die ursprünglich aus Belgien stammende Modedesignerin Diane von Fürstenberg hat im Meatpacking District ihr Hauptgeschäft in einem dreistöckigen Haus auf der Washington Street angesiedelt. Sie begann zu Zeiten des »Studio 54« Modegeschichte zu schreiben. Michelle Obama trug ihr legendäres Wickelkleid auf dem Weihnachtsfoto des Weißen Hauses im Jahr 2009. Diesen Dress finden Kundinnen hier in allen Farben und Variationen. Auch DvF-Handtaschen und Schmuckstücke locken hier in den Regalen. Die Modezarin wohnt im Übrigen in einem Penthouse auf dem Dach des Gebäudes. Sie und ihr Mann, der Medienmogul Barry Diller, haben bis jetzt 35 Millionen Dollar für den Ausbau des Parks auf der High Line gespendet.

Diane von Fürstenberg. Washington Street 874, New York, NY 10014, Tel. 646 486 4800, www.dvf.com

Oben: Ein altes Lagerhaus wurde auf chic gestylt.
Unten: Ausgesuchte Accessoires werden an jeder Ecke feilgeboten.

Das Hotel ist in einem der ungewöhnlichsten Gebäude in ganz Manhattan angesiedelt. Der ehemalige Sitz der Matrosengewerkschaft hat riesige Bullaugen als Fenster und ist auch sonst ganz auf Ozeandampfer gestylt. Die Zimmer sind mit dunklen Teakholzpaneelen verkleidet und die Betten ganz im Seemannsstil mit weißem Leinen und marineblauen Decken überzogen.
Der Meatpacking District ist auch ein Modemekka. Rund um die 14. Straße und die Ninth Avenue haben Designer wie Comme des Garçons ihre Filialen eröffnet. An die Strände von Rio erinnern die Kreationen von Carlos Miele. In seinem »Flagship Store« auf der 14th Street flanieren zierliche Mädchen in knappen Beach-Dresses herum. Mieles Badeanzüge bestehen aus raffiniertem Netzwerk.

Der neueste Hotspot

Im Juni 2009 erhielt der Meatpacking District seine eigene grüne Oase. Die High Line am Hudson verkauft sich als »Park im Himmel«. Er entstand auf einer brach liegenden Eisenbahntrasse, auf der über Jahrzehnte Unkraut wuchs. Der Park verläuft bis zur 20. Straße und soll noch bis zur 34. weitergeführt werden. Die Gartenarchitekten ließen sich von der über viele Jahre entstandenen Vegetation der Bahntrasse inspirieren. Sumachbüsche und Perückenbäume sowie 210 andere Pflanzenarten gedeihen hier gut. Auch das Whitney Museum soll am unteren Ende des Parks 2015 eine neue Zweigstelle erhalten. Hotelier André Balazs eröffnete das »Standard Hotel«, dessen Fassade fast ganz aus Glas besteht. Auf 18 Stockwerken und in 337 Zimmern genießen Gäste eine ungetrübte Aussicht auf Stadt und Fluss. Wenn sie vergessen, die Stoffvorhänge vor ihre zimmerhohen Fenster zu ziehen, geben sie Leuten außerhalb des Hotels Einblick in ihre Intimsphäre.

Infos und Adressen

Im Chelsea Market kann man sich durch die Gourmetszene kosten.

SEHENSWÜRDIGKEITEN

High Line Park. Manhattans neue Parkattraktion befindet sich auf einer stillgelegten Eisenbahntrasse. Sie beginnt an der Ecke Gansevoort Street und Washington Street (www.thehighline.com).

ESSEN UND TRINKEN

Chelsea Market. In der ehemaligen Keksfabrik haben sich viele Gourmetgeschäfte und Restaurants angesiedelt. Ninth Ave. 75, New York, NY 10011, www.chelseamarket.com

ÜBERNACHTEN

Hotel Gansevoort. Neuer Hotelbau. Personal mit Attitüde. Ninth Ave. 18, New York, NY 10014, Tel. 212 206 6700, www.hotelgansevoort.com

Maritime Hotel. Dieses schicke Hotel ist ganz auf Ozeandampfer gestylt. W. 16th St. 363, New York, NY 10011, Tel. 212 242 4300, www.themaritimehotel.com

The Standard. Glaspalast genau über dem High Line Park. Herrliche Aussichten auf Fluss und Stadt. Washington St. 848, New York, NY 10014, Tel. 212 645 4646, www.standardhotels.com

EINKAUFEN

Carlos Miele. Tropische Mode aus Brasilien. W. 14th St. 408, New York, NY 10014, www.carlosmiele.com.br

Jeffrey. Geschäft für Schuhfetischistinnen. Jeden Tag eine andere Auswahl an Edelmarken. W 14th Street 449, New York, NY 10014, www.jeffreynewyork.com

AUSGEHEN

Cielo. Der ganz auf Raumschiff gestylte Club spielt auch spacigen Dub. Little W. 12th St. 18, New York, NY 10014, Tel. 212 645 5700, www.cieloclub.com

Highline Ballroom. In diesem Nachtclub wird von Hip-Hop bis Pop, von Indie bis Ska alles gespielt. W 16th Street 431, New York, NY 10011, Tel. 212 414 5994, www.highlineballroom.com

Hogs & Heifers Saloon. Cowgirls tanzen auf dem Tresen. Washington St. 859, New York, NY 10014, Tel. 212 929 0655, www.hogsandheifers.com

ANFAHRT

U-Bahn-Linien A, C, E, L bis 14th Street

Nautisch inspiriert ist das »Maritime Hotel«.

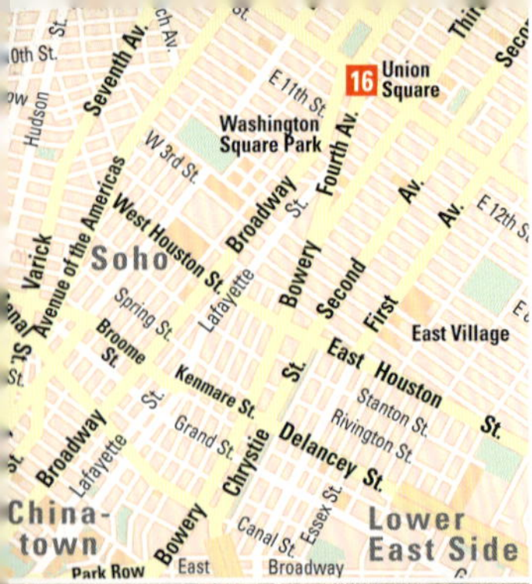

16 Union Square

Frisches Obst braucht die Stadt

Küchenchefs mit Restaurants zwischen der 14. und der 23. Straße ergattern am Union Square Bio-Obst und Gemüse aus den Neuenglandstaaten. Am neu renovierten Platz spielen Kinder, während ihre Mütter shoppen. Im Restaurant »Pure Food & Wine« wird folglich nur Gourmet-Rohkost serviert. Ob das Rubin Museum of Art auch einmal Gemüse als Kultobjekt in der Kunst des Himalaja vorstellt?

Oben: Sobald es warm wird, spielen die Straßenmusikanten auf. **Unten:** Kleine Kürbisse dienen als Halloweendekoration.

Mahatma Gandhi setzt mit einem zufriedenen Lächeln zu einem Schritt über den Rasen des Union Square Park an. Es sind nicht allein die Kerzenlichtdemonstrationen gegen die kriegerischen Auseinandersetzungen auf der ganzen Welt, die sein Herz erwärmen. Könnte er seine bronzenen Beine wirklich bewegen, würde er schnurstracks in New Yorks vegetarisches Nirwana gelangen. Am oberen Ende des begrünten Union Square verbreitet der Greenmarket einen Hauch von Frische. Am Montag, Mittwoch, Freitag und Samstag bringen Biobauern aus Upstate New York, Connecticut, Pennsylvania und Vermont ihre Ernte hierher: tiefrote Tomaten aus Tunkhannock, Rote Bete aus Poughkeepsie und aromatisch duftende Äpfel aus Addison.

Taufrisches Obst und Gemüse

Der Union Square erstreckt sich von Süden nach Norden von der 14. bis zur 17. Straße und wird im Osten und Westen von der 4th (Park) Avenue und dem Broadway begrenzt. Hier veranstalteten Gewerkschaften, *labor unions*, im ausgehenden 19. Jahrhundert am amerikanischen Tag der Arbeit,

Bewusste New Yorker essen gern Biogemüse.

dem ersten Montag im September, ihre Paraden. Der Park wurde 1997 unter Denkmalschutz gestellt und einer Renovierung unterzogen. Hübsche Blumenbeete ranken sich nicht nur um Mahatma Gandhis Statue, sondern auch um Ebenbilder von George Washington und Abraham Lincoln. Kinder tollen auf Spielplätzen herum, und in das renaissanceartige Gebäude für Platzkonzerte ist ein Restaurant gezogen.

Am südlichen Ende des Platzes prangt die riesige Skulptur *Metronome* auf dem Gebäude Union Square One. Die Künstler Kristin Jones und Andrew Ginzel wollten damit sowohl die Energie New Yorks und die Beständigkeit als auch die Vergänglichkeit der Zeit zum Ausdruck bringen. Sie brachten deshalb auf der Fassade unterhalb der Skulptur einen riesigen Urgesteinfelsen an. Zu jeder vollen Mittagsstunde dringt Dampf aus einem Loch in der Mitte der Skulptur. Zeit wird sowohl digital als auch mit einem Zeiger dargestellt. Manchen Kritikern missfiel die Skulptur. Herbert Muschamp von der *New York Times* beschrieb sie als eine simple Schachtel mit einem Loch in der Mitte.

Viele Küchenchefs in der Gegend bedienen sich des taufrischen Angebots am Union Square. Sarma Melngailis, die Besitzerin des Rohkostrestaurants

AUTORENTIPP!

HALLOWEEN ADVENTURE

Da Halloween in unseren Breiten auch immer populärer wird, kann man sich in diesem riesigen Geschäft mit Kostümen eindecken, die in Europa Aufsehen erregen werden. Besucher können sich als Baby verkleiden, dass nicht erwachsen werden will und noch immer auf dem Buckel seiner Mutter sitzt. Oder sie besorgen sich einen *Butt Blaster,* der jedem Furz Zündkraft verleiht. Damen können einen Tag lang vorgeben, Marie Antoinette im sexy-Minidress oder eine Charleston Queen aus den Zwanzigerjahren zu sein. Natürlich stehen Hunderte Monsterkostüme ebenfalls zur Auswahl bereit – mit ausrinnendem Auge oder ohne.

Halloween Adventure.
4th Avenue 104, New York,
NY 10003, Tel. 212 673 4546,
www.newyorkcostumes.com

Aufputz für die Halloween-Party

Oben: Auch Straßenkünstler stellen am Union Square ihre Bilder aus. **Unten:** Die alten Fassaden sind gut in Schuss gehalten.

»Pure Food & Wine« übertrifft sogar Mahatma Gandhi in ihrer Vorstellung von Vegetarismus. Bei »Pure« kommen nur Obst, Gemüse und Nüsse auf den Tisch, sowohl in ungekochter als auch in getrockneter Form. Keine Speise wird über 42 Grad erwärmt. Laut Rohkostphilosophie werden ansonsten wichtige Enzyme zerstört. Die hauseigene Version von Sushi besteht daher aus eingeweichten Pinienkernen und fein gehackter Jicama. Als »Fisch« fungieren eingelegte Shiitake-Pilze. In einem der schönsten Restaurantgärten der Stadt bestellen die Gäste auch gern eine geschmacklich raffinierte »Lasagne« aus Zebratomaten und Zucchini, mit einer Sauce aus in Öl eingelegten und mit frischen Kräutern verfeinerten Tomaten und Basilikum-Pistazien-Pesto.

Ein Stück 19. Jahrhundert

»Pure Food & Wine« liegt in der Irving Place, einer kleinen Straße mit vielen hübschen alten Gebäuden östlich des Union Square. Sie wurde nach Washington Irving (1783–1859) benannt, der mit *Rip van Winkle* das Genre der amerikanischen Kurzgeschichte begründete. »The Inn at Irving Place« könnte einer der *short stories* des Dichters entsprungen sein. Kein Schild deutet darauf hin, dass zwei Reihenhäuser aus dem Jahr 1834 in ein exklusives Bed & Breakfast umgewandelt wurden. Hinter Spitzenvorhängen entspannen sich Gäste auf wülstigen Samtsofas und in Badewannen mit Krallenfüßen. Die geräumigste Suite ist nach Madame Olenska benannt, der Hauptfigur in Edith Whartons Roman *Zeit der Unschuld*. Hier können Gäste Freunde in ihrem eigenen, mit Antiquitäten bestückten Wohnzimmer standesgemäß viktorianisch empfangen. Wer jedoch »nur« mit einem »single room« vorliebnehmen muss, trifft sich mit Besuchern in Lady Mendel's Tea Salon im Erdgeschoss. Dort wird Tee wie in feinen Londoner

Mahatma Gandhis bronzene Figur setzt zum Spaziergang an.

Hotels serviert, mit Scones und *clotted cream*. Der wohl exklusivste Park in ganz New York am nördlichen Ende der Irving Place wurde ebenfalls englischen Vorbildern nachempfunden. Zum Gramercy Park haben nur jene Zutritt, die in den Gebäuden um den Platz wohnen. Auch Gäste von Ian Schragers noblem »Gramercy Park Hotel« erhalten einen goldenen Schlüssel. Blickt man über die hohen schmiedeeisernen Gitter, fühlt man, wie die über 100 Jahre alten Bäume, die die Gegend mit Sauerstoff erfüllen. Im Park sitzen einige wenige »Erlauchte« gesittet auf einer Bank und lesen ein Buch. Der Benutzerverband hat Joggen und das Errichten eines Kinderspielplatzes verboten. Wer von einem gut gesinnten Bewohner der Gegend in den Park hineingelassen wird, sei gewarnt: Den Augen der gestrengen Wächterin entgeht nichts, und schnell müssen ungebetene Gäste das Weite suchen.

Die Dachterrasse des vier Straßen weiter östlich gelegenen »Marcel at Gramercy Hotel« bietet eine schöne Aussicht auf die Gegend. In der warmen Saison wird hier gratis von 18 bis 19 Uhr Wein und Käse für Hausgäste serviert. Obwohl preisgünstig, macht das Hotel in Sachen Ambiente und Service keine Abstriche. Mit seinen poppigen Zebrakissen und Knautschlacksofas spricht es ein junges und jung gebliebenes Publikum an. Das Hotel bietet auch spezielle Romantik-Pauschalangebote an.

AUTORENTIPP!

TORTARIA

Eine alte mexikanische Bodega stand Vorbild für Tortaria am University Place. An den Wänden stehen antike Stellagen, die mit bunt verpackten mexikanischen Lebensmitteln bestückt sind. Tortas (in Brötchen verpackte, warme Sandwiches) und Tacitos werden hinter einer Theke verkauft. Gäste können diese mitnehmen oder sich an einen der rustikalen Holztische setzen und sie sofort verzehren. Im Gegensatz zu anderen Imbissläden fließt in der »Tortaria« jedoch der Tequila in Strömen. In der hinteren Hälfte des Lokals schenkt ein Barkeeper Margaritas aus, die mit frischem Obst wie Grapefruit, Ananas und Orangen zubereitet wurden. Studenten gefällt das Ambiente. Tortas und Tequilaspezialitäten verkaufen sich so von Mittag bis in die späten Abendstunden.

Tortaria. University Place 94.
Tel. 212 776 1830,
www.tortaria-nyc.com

Mexikanische Sandwiches sind die Spezialität der »Tortaria«.

Oben: Im »Jazz Standard« spielen die besten Musiker auf.
Unten: Eine Grazie beflügelt die Musiker beim Improvisieren.

Wo Buddha wohnt

Das Rubin Museum of Art in der 17. Straße entführt in ätherischere Höhen, in die faszinierende Welt des Himalaja. Darunter befinden sich auch Skulpturen weiblicher Buddhas. In ständig wechselnden Ausstellungen beleuchtet das Museum die Vielfalt der Region, die sowohl Teile von Indien, Tibet, Nepal als auch von Bhutan und Pakistan umfasst. 130 Objekte aus der Sammlung des Museums wurden verwendet, um ein Schreinzimmer für buddhistische Riten nachzugestalten. Die Farben Rot, Braun und Gold dominieren das kunstvoll geschnitzte Mobiliar und die Textilien. Alle zwei Jahre wird der Raum umgestaltet, um den vier tibetischen religiösen Traditionen Ausdruck zu verleihen. Ein Museum muss heutzutage jedoch mehr können als nur Objekte ausstellen. Jeden Freitagabend um 18 Uhr legen DJs in der »K2 Lounge« coole Platten auf, und zur Happy Hour bekommen Gäste zwei Cocktails zum Preis von einem. Um 19 Uhr bringen dann beim Harlem-in-the-Himalayas-Programm Jazzkünstler ihre Instrumente in Ein- oder Mehrklang. Um 21.30 Uhr geht es bei der Film-Reihe *Cabaret Cinema* mit Filmen aus aller Welt weiter, wo Zuschauer mit Schauspielern wie Alan Cumming und Liv Ullmann diskutieren können.

Infos und Adressen

Das Peanutbutter Crunchy Dessert bei Max Brenner

ESSEN UND TRINKEN

15 East. Himmlisches japanisches Kaiseki- und Omasake-Restaurant. East 15th St. 15, New York, NY 10003, Tel. 212 647 0015, www.15eastrestaurant.com

Max Brenner. In diesem Schokoladenladen wird die braune Bohne in vielen Formen zelebriert. Broadway 841, New York, NY 10003, Tel. 646 467 8803. www.maxbrenner.com

Pure Food & Wine. Rohkostrestaurant auf Haute-Cuisine-Niveau. Irving Place 54, New York, NY 10003, Tel. 212 477 7151.

ÜBERNACHTEN

Gramercy Park Hotel. Hotel mit exklusivem Gartenzugang. Lexington Ave. 2, New York, NY 10010, Tel. 212 920 3300, www.gramercyparkhotel.com

Inn at Irving Place. Formvollendetes viktorianisches Hotel mit der englischen Teestube Lady Mendel's. Irving Place 56, New York, NY 10003, Tel. 212 533 4600, www.innatirving.com

Marcel at Gramercy Hotel. Schickes, preisgünstiges Hotel mit fantastischer Dachterrasse. E. 24th St. 201, New York, NY 10010, Tel. 212 696 3800, www.themarcelatgramercy.com

EINKAUFEN

The Strand. New Yorks größter Secondhand-Buchladen. 18 Meilen Bücher. Broadway 828/East 12th Street, New York, NY 10003, Tel. 212 473 1452, www.strandbooks.com

Union Square Greenmarket. Biomarkt. Um die Weihnachtszeit findet hier auch ein Jahrmarkt statt. Mo, Mi, Fr, Sa 8–18 Uhr, New York, NY 10017, www.grownyc.org/greenmarket

MUSEEN

Rubin Museum of Art. Kunst aus der Himalaja-Region mit interessantem Rahmenprogramm. Sa/So 11–18 Uhr, Mo, Do 11–17 Uhr, Mi 11–19 Uhr, Fr 11–22 Uhr. W. 17th St. 150, New York, NY 10022, Tel. 212 620 5000, www.rmanyc.com

ANFAHRT

U-Bahn-Linien L, N, Q, R, 4, 5, 6 bis 14 St.–Union Square

Blumenliebhaber am Union Square Market

So eine Gebäudeform gibt es nur selten.

17 Flatiron District
Ein Bügeleisen am Broadway

Ein dreieckiger Wolkenkratzer, eine Supermarkt- und Restaurant-Ode an Italien, ein Einkaufstempel mit verspielten Designersachen und ein nur dem Sex gewidmetes Museum finden New York-Reisende rund um den Madison Square. Und wer bis frühmorgens durchmachen will, schaut noch auf einen Sprung bei »40/40« vorbei. Dort treffen sich Rapper von Weltklasse. Schließlich ist Jay-Z hier der Boss.

Genau an der Stelle, wo sich Fifth Avenue und Broadway kreuzen, steht das dreieckige Flatiron Building. Da eine Seite dieses eindrucksvollen Wolkenkratzers an seinem spitzesten Ende nur zwei Meter breit ist, verglichen es Beobachter bei seiner Fertigstellung im Jahr 1902 sofort mit einem Bügeleisen, *flatiron*. Daniel Burnham, ein Architekt aus Chicago, teilte die Terrakottafassade wie eine klassische griechische Säule horizontal in drei Teile ein. Heute residiert die deutsche Verlagsgruppe Holtzbrinck unter ihrem amerikanischen Namen Macmillan in den Räumlichkeiten. Die spitzwinkeligen Zimmer sind am begehrtesten.

Die einstige Ladys' Mile

Spaziert man rund um den Madison Square, auf dem das Flatiron Building steht, kommt man an vielen imposanten Hochhäusern aus der zweiten Hälfte des 19. Jahrhunderts vorbei. Damals war die Gegend auch als »Ladys' Mile« bekannt. Reiche Damen kamen in ihren Kutschen angefahren und flanierten an den riesigen Auslagen von Edelgeschäften wie Tiffany's & Co. entlang. In einem dieser alten Gebäude neben dem Flatiron Building

In der Bar »230 Fifth« liegt Gästen New York zu Füßen.

hat ein »Circus Maximus« für Liebhaber feinen Essens seine Tore geöffnet. Bei »Eataly« führen drei New Yorker Starköche Regie: Mario Batali sowie Lidia und Joe Bastianich übernahmen Oscar Farinettis Konzept eines vertikal integrierten Slow-Food-Supermarkts und siedelten hier auch sieben Restaurants an. Wer sich an Gelato, Burrata-Käse und Gragnano-Pasta laben will, kann dies hier tun.
Am Broadway Nummer 888 verkaufte das elitäre Einrichtungshaus W & J Sloane einst Mobiliar an illustre Kunden und lieferte es in das Weiße Haus. In den Achtzigerjahren des 20. Jahrhunderts ließ sich in seinem achtstöckigen Gebäude ABC Carpet & Home nieder, der weltweit größte Teppichhändler. Der über 30 000 Quadratmeter große Einkaufspalast wird oft als Disneyland für Erwachsene bezeichnet. Im untersten Stockwerk haben Designer raffinierte Zimmervignetten arrangiert. Überall glitzert und glänzt es. Seidene Zierdecken liegen locker auf Himmelbetten, kristallene Bilderrahmen funkeln auf antiken Schreibtischen.

Metropolitan Life

Eine grüne Oase ist der Madison Square Park zwischen der 23. und 27. Straße und Madison und

AUTORENTIPP!

40/40 CLUB
Hip-Hop-Mogul Jay-Z eröffnete im Jahr 2003 den Club »40/40«, der auch als Sportbar fungiert. Viel Glas und Leder in gedämpften Farben dominieren das Ambiente. Video-Schirme zeigen Musikclips des Besitzers, seiner Frau Beyoncé und anderer Rapper und sorgen für die akustische Untermalung. Um die Bar rankt sich ein erleuchteter bernsteinfarbener Tresen. In der Mitte der Bar reckt sich ein sechs Meter hoher Champagnerturm in die Höhe. Über die gesamte Bar und ihre VIP-Bereiche sind Fernseher verteilt, auf denen die Besucher Football- und Baseballspiele verfolgen können. In den Gängen hängen Sportmemorabilien wie z. B. der Boxhandschuh, den Muhammad Ali 1974 im Kampf gegen Joe Frazier verwendete.

40/40 Club. West 25th Street 6, New York, NY 10010, Tel. 212 832 4040, www.the4040club.com

Oben: Am Madison Square ist man dem Empire State Building schon nah.
Mitte: Der Park vor dem Flatiron Building ist schön gepflegt.
Unten: Frische Fische bei »Eataly«

Fifth Avenue. Zwischen Statuen von ernst blickenden amerikanischen Kriegshelden machen es sich Besucher bei Danny Meyers Shake Shack gemütlich. In diesem Snack-Stand wird angeblich der beste Hamburger von ganz New York gebrutzelt. Restaurantimpresario Danny Meyer besitzt mehrere Lokale rund um den Platz. Sein Haute-Cuisine-Tempel »Eleven Madison Park« hat sich auf innovative französische Küche spezialisiert. Er ist in einem Art-déco-Gebäude der Metropolitan-Life-Versicherung untergebracht. Ein paar Häuser weiter südlich davon ragt der über 100 Jahre alte Wolkenkratzer der Firma in die Höhe. Der »Met Life Tower«, wie er gemeinhin genannt wird, wurde dem venezianischen Campanile von San Marco nachempfunden.
Wer im Flatiron District eine kulinarische Weltreise antreten will, braucht nicht lange zu suchen: Im libanesischen »ilili« in der Fifth Avenue interpretiert Philippe Massoud die Küche seines Heimatlandes neu. In seinem kaleidoskopähnlichen Lokal mit den vielen Spiegeln serviert er Kebab aus Enten-Magret und Granatapfel-Margaritas. In der Park Avenue zaubert Gastronomie-Großmaul und Fernsehkoch Anthony Bourdain französischen Pot au Feu und Steak Frites in seiner Brasserie »Les Halles« aus den Töpfen. Gemüsemetzger schälen und hacken riesige Sellerieknollen, fassonieren Artischocken und frittieren Chichido-Chilis. Vorbeischlendernde Besucher können eine Kostprobe dieser exotischen Speisen knabbern. In hauseigenen Kursen können Käufer ihre Kochkünste außerdem verbessern.
Auch kulturell ist zwischen Union Square und Madison Square viel los. Im pikanten Museum of Sex erfahren Besucher, welche kuriosen Maschinen zur Luststeigerung beim amerikanischen Patentamt eingereicht wurden. Das Museum setzt sich auch mit der Internet-Pornografie kritisch auseinander.

Infos und Adressen

Dieses Museum findet viele Anhänger.

SEHENSWÜRDIGKEITEN

Metropolitan Life Insurance Tower. Der Turm in der One Madison Avenue war von 1909 bis 1913 das weltweit höchste Gebäude.
Madison Ave. 1, New York, NY 10166.

ESSEN UND TRINKEN

Eataly. Italienischer Food-Palast. Einfach reingehen und erleben. Fifth Avenue 200, New York, NY 10010, www.eataly.com

ilili. Nouveau-libanesische Küche. Fifth Ave. 236, New York, NY 10001, Tel. 212 683 2929, www.ililinyc.com

Les Halles. Brasserie von Fernsehkoch und Autor Anthony Bourdain. Park Ave. South 411, New York, NY 10016, Tel. 212 679 4111, www.leshalles.net

ÜBERNACHTEN

Gansevoort Park Avenue. Eine der schicksten Adressen der Stadt. Park Avenue South 420, New York, NY 10016, Tel. 212 317 2900, www.gansevoorthotelgroup.com

EINKAUFEN

ABC Carpet & Home. Auch Meryl Streep und Keith Richards haben hier schon Teppiche gekauft. Broadway 888, New York, NY 10003, www.abchome.com

AUSGEHEN

230 Fifth Rooftop Garden. Eine der besten Bars mit Blick auf Midtowns Gebäuderiesen.
Tgl. 16–4 Uhr, Fifth Ave. 230/26th St., New York, NY 10001, Tel. 631 725 4929, www.230-fifth.com

Jazz Standard. Jeden Montag tritt hier die Mingus Big Band auf. Ein Musikerlebnis! Tgl. geöffnet, E. 27th St. 116, New York, NY 10016, Tel. 212 576 2232, www.jazzstandard.com

MUSEEN

Museum of Sex. Alles, was Sie schon immer über Sex wissen wollten. Do–So 10–20 Uhr, Fr/Sa 10–21 Uhr, Fifth Ave 233, New York, NY 10016, Tel. 212 689 6337, www.museumofsex.com

INFORMATION

Flatiron Building. Das bügeleisenförmige Gebäude von 1902 ist einer der ersten Wolkenkratzer Amerikas. Kreuzung Broadway/Fifth Avenue/ 23rd Street, New York, NY 10010.

ANFAHRT

U-Bahn-Linien 6, N, R, W zur 23rd Street

Nur der Cocktail fehlt noch am Madison Square.

18 Chelsea

New Yorks neues Kunstmekka

Im Viertel auf der Westseite zwischen der 18. und 28. Straße tummelt sich die Kunstwelt. Wo einst Mechaniker mit den Lötkolben herumhantierten, stellen jetzt angesagte »artists« ihre Installationen aus. Richtig chic macht die Gegend jedoch die LGBT-Gemeinde, die die hübschen Reihenhäuser in der Nähe des Hudson aufmöbelte. Jede Menge Restaurants und Bars folgten dem Trend.

Freitag um Mitternacht im Chelsea Clearview Cinema: Ein riesiger, roter sinnlicher Mund singt. »Science Fiction, Double Feature« tönt es aber nicht nur von der Leinwand, sondern im gesamten Kino. Wenn Frank 'n Furter lasziv an seinen Strapsen zieht und Janet »touch-a, touch-a, touch me« stöhnt, brodelt es im Raum. Eingefleischte Fans der *Rocky Horror Picture Show* werfen Reis und Klopapier in die Luft und bejubeln die tanzenden Schauspieler auf und vor der Leinwand. Bei der Nummer *Time Warp* hüpfen alle in die Luft und verrenken ihre Becken in alle Richtungen. Eines ist klar: Bei der jeden Freitag und Samstag stattfindenden Vorstellung mit »live cast« tropft der Schweiß und zirkulieren die Hormone.

Manchmal hüllt sich das Empire State Building in die Farben der amerikanischen Fahne.

Wo die Regenbogenfahne weht

Chelsea, der Teil von Manhattan zwischen der 14th Street im Süden, der Fifth Avenue im Osten, der 30th Street im Norden und dem Hudson River im Westen, ist seit Jahrzehnten die liberalste Gegend im ohnehin liberalen New York. Bereits in den späten Sechzigerjahren gingen hier homosexuelle Paare Händchen haltend durch die Straßen.

Kunst im öffentlichen Raum von Chelsea

Sie möbelten die hübschen Ziegelbauten aus dem 19. Jahrhundert auf, die bis dahin vorwiegend von einkommensschwächeren Bürgern bewohnt wurden. Bars wie »Barracuda« und »The Eagle« etablierten sich als Treffpunkte der LGBT-Community (Lesbian-, Gay-, Bisexual and Trans-Community). Nach und nach verwandelte sich das Viertel in eine der schicksten Wohngegenden. Heutzutage vergnügen sich sowohl Homosexuelle als auch Heteros im »Marquee-Club«, in dem alles so glitzert wie in Las Vegas.
Fast 130 Jahre war das »Chelsea Hotel« auf der 23. Straße zwischen der 7th und der 8th Avenue eine Legende. Berühmte Persönlichkeiten gingen hier ein und aus, und ihre Lebensphilosophie stand ganz im Einklang mit dem gammeligen Flair des Hauses. Dichter wie Mark Twain, Dylan Thomas und William S. Burroughs mieteten sich in diesem zwölfstöckigen Gebäude mit den opulent verzierten Gitterbalkonen auch auf Jahre ein. Dylan Thomas starb hier 1953 nach einem Alkoholexzess. Beat-Poet Jack Kerouac tippte in diesem Hotel 1951 auf einer 40 Meter langen Rolle Papier den ersten Entwurf von *On the Road* (»Unterwegs«). Von einer derartigen künstlerischen Aura fühlten sich in den Sechzigerjahren Musiker wie Bob Dylan und Leonhard Cohen angezogen. Traurige Schlagzeilen machte das Hotel, als Nancy Spungen 1978

AUTORENTIPP!

HÔTEL AMERICANO
Wenn Künstler, die nicht in New York wohnen, eine Ausstellung in Chelsea haben, versuchen sie, im Hôtel Americano unterzukommen. Im Jahr 2011 eröffnete die mexikanische Grupo Habita ihr erstes Designhotel nördlich der Grenze. Architekt Enrique Norten schuf einen zehnstöckigen, minimalistischen Turm aus Glas und Beton mit einer vorgehängten Metallgitterfassade, der ein wenig an die Lagerhäuser erinnert, die früher hier in der Gegend standen. In den 56 Zimmern stehen Betten auf einer erhöhten Plattform. Gäste können es sich auf Sitzsäcken oder am Dachpool gemütlich machen. An die Fünfzigerjahre erinnern das Restaurant im Erdgeschoss und der herrliche Garten. Hier serviert Küchenchef Joseph Buenconsejo inspirierte lateinamerikanische Küche.

Hôtel Americano.
West 27th Street 518, New York, NY 10001, Tel. 212 216 0000, www.hotel-americano.com

Oben: Das »Chelsea Hotel« diente vielen Literaten als Bleibe.
Unten: Bleibt nur zu hoffen, dass es bald wieder aufgesperrt wird.

im Beisein ihres Freundes, des Sex-Pistols-Mitglieds Sid Vicious, erstochen aufgefunden wurde. Wer heute daran vorbeigeht, kann an Schildern bei der Eingangstüre lesen, welche Berühmtheiten sich in diesem Hotel aufgehalten haben. Derzeit schmiedet ein neuer Besitzer Pläne, dieses Kulthotel wieder zu eröffnen.
Wenn Kurzzeit- und Langzeitgästen das Lümmeln in der Lobby zu viel wurde, gingen sie gern in das spanische Restaurant »El Quijote«, das seit 1930 unmittelbar an das »Chelsea Hotel« anschließt und wie dieses unter Denkmalschutz steht. Vor pittoresken Wandmalereien von Stierkämpfen und Ritterrüstungen laben sich Genießer der iberischen Küche an Paella, die in riesigen Töpfen serviert wird.

Ein Fest der Sinneseindrücke

In den letzten 15 Jahren hat sich West Chelsea als Epizentrum der modernen Kunst etabliert. Wo einst zwischen der 10. und der 11. Avenue Lötfunken aus Autowerkstätten sprühten, bieten berühmte Galeristen wie Matthew Marks, Larry Gagosian, David Zwirner, Susan Sheehan und Barbara Gladstone Kunstwerke in Millionenhöhe an. Besonders an Samstagen drängen sich viele Besucher zwischen der 18. und der 28. Straße, denn der Kunstgenuss ist hier billiger als in diversen Museen. In 400 Galerien begutachten sie das Werk zeitgenössischer Künstler, ohne dafür einen Cent zahlen zu müssen. Die Gegend entdeckt hatte die Dia Art Foundation, die in den Achtzigerjahren als Erste darauf gekommen war, Industriegebäude für großräumige Kunstprojekte zu nutzen. In der Zwischenzeit ist sie jedoch mit ihrer Sammlung moderner und zeitgenössischer Kunst in eine ehemalige Keksfabrik in Beacon am Hudson umgezogen.
Streift man durch die Galerien, die oft in mehrstöckigen Gebäuden angesiedelt sind, so findet

Auch die Köche in Chelsea sind *cute*.

man die ganze Bandbreite des gegenwärtigen Schaffens: Wenn Fotokünstler Ashkan Sahihi seine cum-shot-Serie zeigt, schockt er viele Besucher. Die Gesichter seiner Subjekte sind mit menschlichem Sperma bedeckt. Der Künstler nennt diese Serie seine Konterattacke gegen die immer weiter um sich greifende Pornografisierung unserer Welt. Geht man in die Julie Saul Gallery, begegnet man zum Beispiel Maira Kalmans lyrischem Werk. Die bekannte Kinderbuchautorin und Illustratorin des renommierten Magazins *New Yorker* verarbeitet in dem Buch *The Principles of Uncertainty* in bunten, märchenhaften Bildern die Trauer um ihren Mann, den Künstler Tibor Kalman. Mit ihrem Blick für alltägliche Wunder - ausgefallene Hüte, Kunststücke von Kindern - und witzig-tiefgründigen Sprüchen nährt sie ihren Willen zur Lebensfreude.

Aber nicht nur für geistige und seelische Nahrung wird in Chelsea gesorgt. Auch den körperlichen Hunger stillen jede Menge talentierte Köche. Todd Mitgang brachte sich kulinarische Fertigkeiten bei, indem er Kochsendungen im Fernsehen ansah.

AUTORENTIPP!

FIT MUSEUM

Die Modeuniversität Fashion Institute of Technology liegt direkt in Chelsea und saugt daher die künstlerischen Einflüsse der Gegend auf. Vor ein paar Jahren eröffnete sie auch ein Museum, das mit seinen 50 000 Sammlungsobjekten 250 Jahre Modegeschichte beleuchtet. Die schönsten Stücke von Balenciaga, Dior und Chanel finden sich hier. In ständig wechselnden Ausstellungen wird zum Beispiel auf den in den letzten Jahren stattfindenden Schuhwahn eingegangen, aber auch darauf, welchen Einfluss die »queer community« auf die Mode hat. Das Museum stellt seine Sammlung Interessierten auch online zur Verfügung.

Fashion Institute of Technology Museum. Di–Fr 12–20 Uhr, Sa 10–17 Uhr, 7th Ave./27th St., New York, NY 10001
Tel. 212 217 4558, www.fitnyc.edu

Bis die Galerie öffnet, gönnen sich Besucher einen Cappuccino.

Oben: Ein Art-déco-Traum: Der »Empire Diner« auf der 10th Avenue und der 22nd Street.
Mitte: Passt das alte Coca-Cola-Schild in den Koffer?
Unten: Ray's Pizza auf der 9th Avenue bäckt hauchdünne Schnitten.

Seine ersten Kenntnisse verfeinerte er im French Culinary Institute. Nachdem er sich in der Restaurantszene der Stadt hochgearbeitet hatte, brachte er die Küche von New Orleans nach New York zurück, die in den Achtzigerjahren sehr populär gewesen war. In »Bo's Restaurant« frittiert er Alligatorensteaks ganz knusprig. Wem nicht nach Reptilien zumute ist, der kann Austern mit Pfeffergelee und grünen Tomaten und würzigen Goldbarsch mit Okra und Krabbensauce bestellen.

Workout am Fluss

In Chelsea wurde auch das Flussufer aufgemöbelt. Gleich am West Side Highway stehen drei renovierte Piers. An einem von ihnen sollte im Jahr 1912 eigentlich die »Titanic« ankommen. Sie wurden in den letzten Jahren renoviert und beherbergen ein Fernsehstudio, in dem Serien wie *NYPD Blue* gedreht werden, sowie Manhattans einzige Lokalbrauerei. Am Pier 62 ist ein großer Sportkomplex eingezogen. Hier können Gäste eislaufen, Golf spielen und klettern. Falls ihnen das viele Zufußgehen in New York nicht reicht.
Chelsea ist auch ein Mekka für Antiquitätenliebhaber. Olde Good Things in der 24. Straße Ecke Seventh Avenue hat sich auf den Ankauf von Kristalllüstern aus internationalen Hotels spezialisiert. In der Antiques Garage in der 25. Straße bieten über 100 Verkäufer ihre Ware an, darunter Pillenschachtelhüte à la Jacqueline Kennedy und Ross-Perot-Wahlkampfnadeln. An Samstagen bringt ein Shuttlebus Besucher der Antiques Garage zum großen Flohmarkt in Hell's Kitchen in der 39. Straße zwischen 10. und 11. Avenue. Dieser fand ursprünglich in Chelsea statt. Nachdem die Gegend aber zu teuer wurde, musste er umsiedeln. Amanda Freitag möbelte den alten Eisenbahnwaggon »Chelsea Diner« auf der 10th Avenue (22nd Street) auf und serviert herrliche Pfannkuchen.

Infos und Adressen

ESSEN UND TRINKEN

Bo's Restaurant. Ganz auf New Orleans gestylt. West 24th St. 6. New York, NY 10010. Tel. 212 234 2373, www.bosrestaurant.com

El Quijote. Dieses spanische Restaurant steht unter Denkmalschutz. W 23rd St. 226, New York, NY 10011, Tel. 212 929 1855, www.elquijoterestaurant.com

Tía Pol. New Yorks beste Tapas. Schinkenkroketten und Chorizo-Wurst mit Schokolade. Tenth Ave 205, New York, NY 10011, Tel. 212 675 8805, www.tiapol.com

ÜBERNACHTEN

Chelsea Savoy Hotel. Einfaches, sauberes Hotel mit günstigen Preisen. W. 23rd St. 204, New York, NY 10011, Tel. 212 929 9353, www.chelseasavoynyc.com

GEM Hotel Chelsea. Neues Hotel mit Ikea-Look. W. 22nd St. 300, New York, NY 10011, Tel. 212 675 1911, www.thegemhotel.com

EINKAUFEN

Antiques Garage. Über 100 Verkaufsstände. Sa/So 9–17 Uhr, W. 25th St. 112, New York, NY 10001, www.hellskitchenfleamarket.com

Olde Good Things. Antike Lüster und Badewannen. Tgl. geöffnet, W. 24th St. 124, New York, NY 10011, www.ogtstore.com

AUSGEHEN

Barracuda. Gemütliche Gay-Bar. Cabaret und Drag Chows. W. 22nd St. 275, New York, NY 10011

Marquee Club. Discospaß für Heteros und Homosexuelle.10th Ave. 289, New York, NY 10001, Tel. 646 473 0202, www.marqueeny.com

The Eagle. Lederbar. Pool-Tables und sonst noch jede Menge Action. W. 28th St. 554, www.eaglenyc.com

VERANSTALTUNGEN

The New York City Rocky Horror Picture Show. Kinofilm mit Liveshow jeden Freitag und Samstag um Mitternacht. Chelsea Clearview Cinemas, 23rd Street/8th Avenue, New York, NY 10011, www.nycrhps.org

AKTIVITÄTEN

Chelsea Piers. Großes Sportareal zum Golfen, Klettern, Eislaufen und vieles mehr. West Side Highway/W 23rd St, New York, NY 10011, Tel. 212 336 6666, www.chelseapiers.com

GALERIEN

In den folgenden Galerien finden Ausstellungen von Museumsqualität statt:

Barbara Gladstone. 515 W. 24th St., New York, NY 10011, www.gladstonegallery.com

David Zwirner. 525 W. 19th St., New York, NY 10011, www.davidzwirner.com

Larry Gagosian. 522 W. 21st St., New York, NY 10011, www.gagosian.com

Matthew Marks. 513 W. 24th St., New York, NY 10001, www.matthewmarks.com

ANFAHRT

U-Bahn-Linien C, E, 1 zur 23rd Street

Bei »Bo's« gibt es Gerichte aus New Orleans.

MIDTOWN

Sehenswürdigkeit, Denkmal
Aktivität, Ausgehen, Theater
Museum, Galerie
Shopping
Restaurant, Bar, Café
Übernachtungsmöglichkeit
Kirche, Synagoge
0
200 m
N
THEATER
DISTRICT
GARMENT
DISTRICT
Cole Haan, Thomas Pink, Whole Foods Market
Carr Hall
Dream New York
7th Ave
50th St
Ellen's Stardust Diner
Iridium Jazz Club
FDNY Fire Zone
49th St
M&M's World
Exxon Building
Chipotle Mexican Grill
Top of the Rock
Time Hotel
Hershey's Store
Birdland Jazz Club
Manhattan Plaza
Intrepid Sea, Air & Space Museum
TKTS
Duffy Square
Metropolitan Museum of Art St
St. Mary the Virgin
Astor Plaza Building
Shubert A.
Disney Store
Stevens Tower
NBA Store
Night Hotel
42nd St/ Port Authority
Port Authority Bus Terminal
Times Square
23
Via Brasil
New York Times Building
Ripley's Believe It or Not Odditorium
42nd St/ Time Sq
42nd St
ICP International Center of Photography
Mansfield Hotel
42nd St/ Bryant Pk
Manufactures Hanover Trust Company
Bryant Park
New York Public Library
42nd St/ 5th Ave
American Standard Building
Bryant Park Hotel
Tryp Hotel
34th St Penn Station
Nelson Tower
21
Lord & Taylor
34th St
Macy's
Madison Square Garden
Long Island R.R. Pennsylvania Station
Herald Square
Gol Cho Dang
Café China
34th St/ Herald Sq
Greeley Square
Polnisch
19
Morgan Library & Museum
20
Empire State Building
Food Gallery
Miss Korea
Kyochon
Eighth Avenue
Ninth Avenue
Seventh Avenue
Broadway
Avenue of the Americas
Fifth Avenue
Park
West 42nd St.
West 34th St.
West 29th St.
East 35th

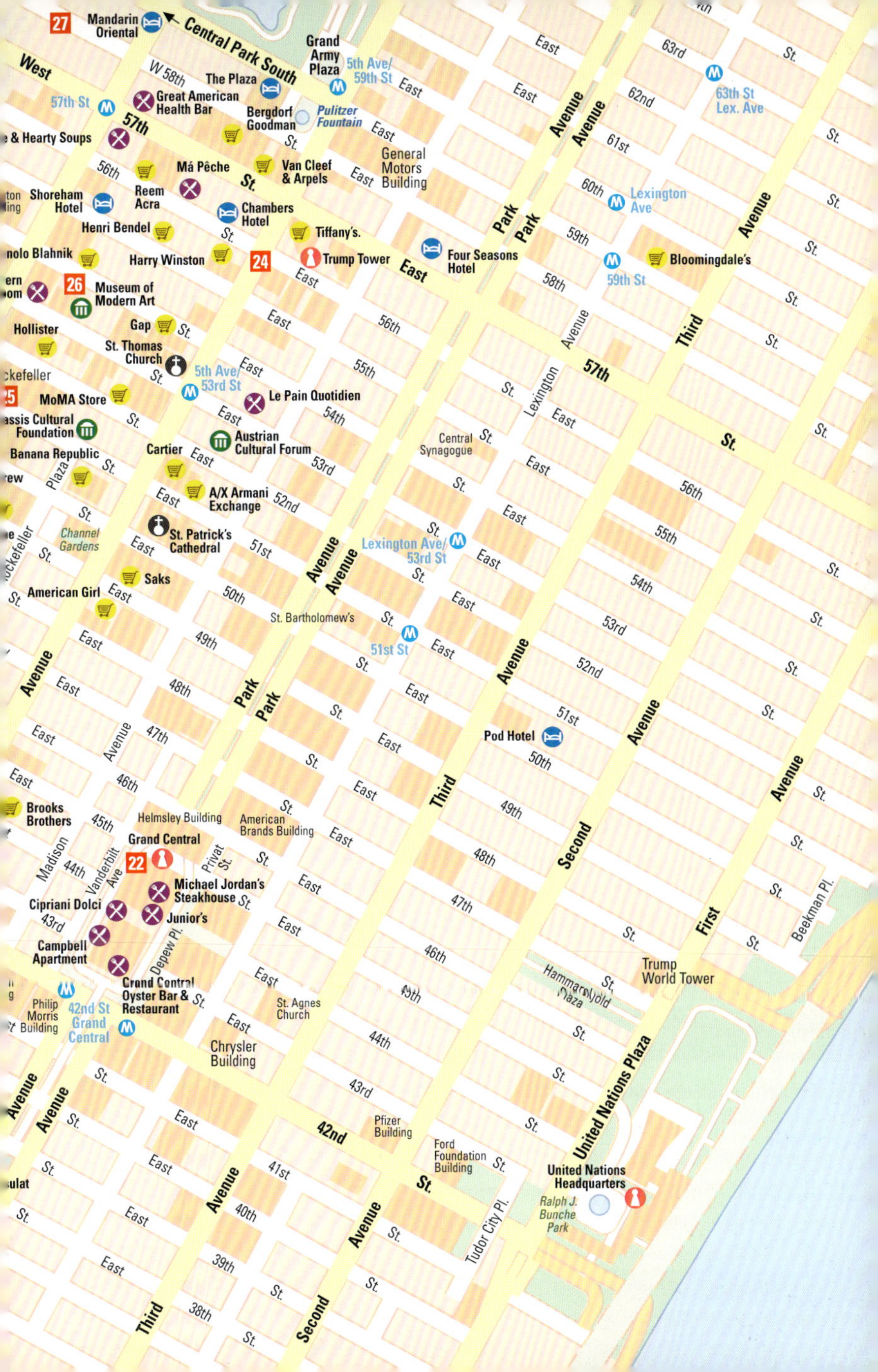

27
Mandarin Oriental
Central Park South
Grand Army Plaza
5th Ave/ 59th St
West
W 58th
The Plaza
57th St
Great American Health Bar
Bergdorf Goodman
Pulitzer Fountain
& Hearty Soups
57th
St.
General Motors Building
56th
Má Pêche
Van Cleef & Arpels
Shoreham Hotel
Reem Acra
Chambers Hotel
Henri Bendel
Tiffany's
Harry Winston
24
Trump Tower
Four Seasons Hotel
26
Museum of Modern Art
Hollister
Gap
St. Thomas Church
5th Ave/ 53rd St
Le Pain Quotidien
MoMA Store
Austrian Cultural Forum
Cartier
Banana Republic
A/X Armani Exchange
St. Patrick's Cathedral
Channel Gardens
Saks
American Girl
St. Bartholomew's
51st St
Lexington Ave/ 53rd St
Central Synagogue
Lexington Avenue
Park Avenue
Madison Avenue
Third Avenue
Second Avenue
First Avenue
East 63rd St.
East 62nd St.
East 61st St.
East 60th St.
East 59th St.
East 58th St.
East 57th St.
East 56th St.
East 55th St.
East 54th St.
East 53rd St.
East 52nd St.
East 51st St.
East 50th St.
East 49th St.
East 48th St.
East 47th St.
East 46th St.
East 45th St.
East 44th St.
East 43rd St.
East 42nd St.
East 41st St.
East 40th St.
East 39th St.
East 38th St.
63rd St Lex. Ave
Lexington Ave
59th St
Bloomingdale's
Pod Hotel
Brooks Brothers
Helmsley Building
American Brands Building
Grand Central
22
Vanderbilt Ave
Privat St.
Michael Jordan's Steakhouse
Cipriani Dolci
Junior's
Campbell Apartment
Depew Pl.
Grand Central Oyster Bar & Restaurant
Philip Morris Building
42nd St Grand Central
St. Agnes Church
Chrysler Building
Hammarskjold Plaza
Trump World Tower
Beekman Pl.
United Nations Plaza
Pfizer Building
Ford Foundation Building
Tudor City Pl.
United Nations Headquarters
Ralph J. Bunche Park

S. 130/131: Der Blick vom Empire State Building zur Blauen Stunde
Oben: In der Morgan Library lebte einst ein Bücherwurm mit sehr viel Geld.

19 Morgan Library & Museum

Zeugnis einer Sammlerleidenschaft

Zum hundertjährigen Bestehen der prunkvollsten Bibliothek New Yorks verwandelte der italienische Architekt Renzo Piano den Raum zwischen J. P. Morgans Privatresidenz und seinem Arbeitsbereich in ein Museumsjuwel. Pianos Stahl- und Glaspalast schließt nahtlos an die Neo-Renaissancestruktur an. Kunstinteressierte finden darin 600 Jahre alte Stundenbücher von Katharina von Kleve sowie Briefe von Jane Austen und Albert Einstein.

J. P. Morgan Chase ist heute mit 2,5 Billionen Dollar die größte Bank in den Vereinigten Staaten. Ihr Firmennamen enthält die Initialen und den Nachnamen ihres Gründers, John Pierpont Morgan (1837–1913). Er ging im ausgehenden 19. Jahrhundert als einer der wichtigsten Bankiers und Industriebarone in die Geschichte ein. Sein Haus in der Madison Avenue 219 erhielt als erstes Privathaus in New York 1882 elektrisches Licht. Dafür hatte niemand Geringerer als Thomas Edison im Garten des Stadtpalais ein kleines Kraftwerk gebaut. Pierpont Morgan, wie er am liebsten genannt wurde, kaufte jedoch nicht nur Firmen auf und rettete New York 1907 vor dem Bankrott. Er hatte auch einen Sinn für Kunst und häufte ab 1890 eine gigantische Sammlung an. Bis zu seinem Tod im Jahr 1913 erwarb er Objekte im Wert von umgerechnet 900 Millionen Dollar. In seinem ursprünglichen Bestreben, die gesamte Bandbreite der westlichen Zivilisation einzufangen, kaufte er Skulpturen aus dem alten Ägypten sowie Ritterrüstungen, Gemälde, Möbel, Bronzefiguren, Porzellan und Uhren. Das Kernstück seiner Sammlung waren jedoch alte Manuskripte, Zeichnungen und Drucke. So gelangte zum Beispiel die Originalfassung der *Weihnachtsgeschichte* von Charles Dickens in seinen Besitz sowie das Lindauer Evangelium aus dem 8. Jahrhundert.

Die Bibliothek des Milliardärs

Nach dem Tod Pierpont Morgans brachte sein Sohn Jack die Sammlung in eine Stiftung ein. Die neoklassische Bibliothek, die zwischen 1902 und 1906 neben dem Stadtpalais entstand, wurde der Öffentlichkeit 1924 zugänglich gemacht. 1988 kam auch die ursprüngliche Wohnstätte dazu. Als der italienische Stararchitekt Renzo Piano im Jahr 2006 einen Stahl- und Glaspavillon schuf, der die Marmorhallen der Bibliothek und das »townhouse« verband, etablierte sich die »Morgan Library« auch als bedeutendes Museum in New York.
Besucher betreten zuerst die luftige Lobby, durch deren vier Stockwerke hohe Glaspaneele das Tageslicht dringt. Die Lobby ist wie eine italienische Piazza angelegt. In dem Café treffen sich Bewohner aus der Gegend, die nicht jeden Tag zu einem Museumsbesuch aufgelegt sind. Von hier geht es zum Prachtstück des Museums, der Bibliothek. Charles McKim (1847–1909) ließ sich für den opulenten Neo-Renaissance-Raum von den Borgia-Apartments im Vatikan inspirieren. Die Bücherregale aus feinstem tscherkessischem Walnussholz erstrecken sich über zehn Meter in die Höhe. An den Wänden hängen auch Tapisserien von Pieter Coecke (1502–1550), dem Schwiegervater von Pieter Breughel dem Älteren. Besucher schreiten auch durch das mit roter Seide tapezierte Arbeitszimmer, in dem es sich Pierpont Morgan vor einem aufwendig verzierten Kamin gemütlich machte.
In Wechselausstellungen im ersten Stock können Besucher Einsicht in Beethovens Partituren nehmen.

Infos und Adressen

ESSEN UND TRINKEN

Café China. An Shanghai in der Zwischenkriegszeit erinnert dieser Hotspot. Große rote Drachen sucht man lange. Dafür serviert das Restaurant Spezialitäten wie Lamm mit Kreuzkümmel.
East 37th Street 13, New York, NY 10016,
Tel. 212 213 2810,
www.cafechinanyc.com

Juni. Nicht nur in Shaun Hergatts Familiennamen klingt der Himmelvater durch, sondern auch in seinen kulinarischen Kreationen. Jedes Gericht in seinem Restaurant im »Chandler Hotel« ist ein nie zuvor gesehenes visuelles Kunstwerk und schmeckt darüber hinaus auch göttlich. East 31st St. 12, New York, NY 10016. Tel. 212 995 8599, www.juninyc.com

INFORMATION

Morgan Library & Museum. Die Kunstsammlung eines Mitbegründers des Metropolitan Museum wird hier in intimer Atmosphäre ausgestellt. Di–Do 10.30–17 Uhr, Fr 10.30–21 Uhr, Sa 10–18 Uhr, So 11–18 Uhr.
Madison Ave. 225, New York, NY 10016, Tel. 212 685 0008, www.themorgan.org

ANFAHRT

U-Bahn-Linie 6 zur 33rd Street.

20 Empire State Building

Dem Himmel so nah

Über 100 Millionen Reisende müssen es wissen – ein Besuch des Empire State Building darf bei keinem New York-Besuch fehlen. Einmal die Stadt vom 86. oder 102. Stockwerk des berühmtesten Wolkenkratzers der Welt gesehen zu haben, gilt als touristisches »Must«. Wenn das Wahrzeichen in verschiedenen Farben erstrahlt, blicken auch die ameisengroßen Menschen am Boden unwillkürlich auf.

»Empty State Building«, leerer Wolkenkratzer, so wurde New Yorks 443 Meter hohes Wahrzeichen fast 20 Jahre lang genannt. Als Präsident Herbert Hoover am 1. Mai 1931 in Washington, D.C. auf einen Lichtschalter drückte und den Wolkenkratzer offiziell eröffnete, standen zahlreiche Büroräume in dem Gebäuderiesen leer. Diese Situation sollte sich aufgrund der Weltwirtschaftskrise und des Zweiten Weltkrieges bis zum Jahr 1950 nicht ändern.

An Besuchern mangelte es jedoch von Anfang an nicht. Über 100 Millionen Menschen sind bis dato bis in die höchsten Ebenen des Wolkenkratzers vorgedrungen. In nur einer Minute schießt der Aufzug die Aussichtslustigen in das 86. Stockwerk hinauf. Die Aussichtsplattform führt um das gesamte Gebäude. Bei schönem Wetter sehen Besucher bis zu 130 Kilometer weit nach New Jersey, Connecticut und Pennsylvania. Die Augen bleiben jedoch in der näheren Umgebung hängen, an anderen Wolkenkratzern wie dem formvollendeten Chrysler Building oder dem Central Park, der von oben wie ein Dschungel aussieht. Wer bis ganz hinauf auf die Spitze will, muss noch ein paar Dollar mehr für eine Fahrt in das 102. Stockwerk

Das Empire State Building in all seiner Pracht

zahlen. Wenn ein starker Wind geht, wird manchen Besuchern jedoch mulmig, denn das Empire State Building scheint zu schwanken. Tut es aber nicht – das Architektenteam von Shreves, Lambs und Harmons entwarf ein elastisches Meisterwerk. Bei sehr starken Böen bewegt sich das Gebäude lediglich um etwa vier Zentimeter.

Ein modernes Weltwunder

Im Jahr 1994 wurde das Empire State Building in die Liste der sieben Weltwunder des modernen Zeitalters aufgenommen. Als die Arbeiten an dem 370 000 Tonnen schweren Wolkenkratzer am St. Patrick's Day, dem 17. März 1930, begannen, zählten die Bauherren auf das sprichwörtliche Glück der Iren. 3400 Arbeiter errichteten den Stahlrahmen und legten zehn Millionen Ziegel übereinander. Die Fassade verkleideten sie mit Kalkstein und Granit. Ein eigener Steinbruch diente als Materiallieferant. Die Arbeiter setzten 6500 Fenster ein und verlegten 80 Kilometer Heizungsröhren. Mitglieder des Volkes der Mohawk führten die riskantesten Arbeiten am Gerüst aus. Ihrem Glauben zufolge stärkt das freie Gehen in höchsten Höhen den Zugang zum eigenen Ich. In nur eineinhalb Jahren war das Gebäude fertig – ein Ausdruck der Hoffnung, dass nach der Weltwirtschaftskrise auch bessere Zeiten kommen würden. Wer heute das Empire State Building betritt, wird zuerst von seinem goldenen Ambiente geblendet. Nach einer ausgedehnten Renovierung der Lobby, die zweimal so lang wie die gesamten Bauarbeiten dauerte, sehen Besucher die Art-déco-Wandgestaltung in all ihrer Pracht. Wenn sie auf dem Marmorboden Schlange stehen, blicken sie auf ein Relief des stromlinienförmigen Empire State Building. Es wird von einer Sonne überstrahlt, die nur dem Zeitalter entspringen konnte, in dem Maschinen glorifiziert wurden. Ihre Strahlen fallen vollkommen

AUTORENTIPP!

TRYP HOTEL

Die spanische Tryp-Hotelkette ist für ihre hübschen, funktionellen Zimmer zu vernünftigen Preisen bekannt. In der 35. Straße findet sich ein New Yorker Ableger mit einem fantastischen Restaurant, in dem sich auch Bewohner der Stadt treffen. Das bunte Ambiente der »Gastro Bar« soll die Atmosphäre einer spanischen Plaza vermitteln. Rote Stühle aus recycelten Coca-Cola-Flaschenverschlüssen kamen da gerade recht. Um die heute gerade erwachsene Generation der »Millenials« anzusprechen, setzte das Team auf den Trend zum »social dining«, dem gemeinsamen Genießen verschiedener kleiner Speisen. Tapas waren also angesagt. Aber nicht irgendwelche Tapas, sondern kulinarisch ganz ausgeklügelte wie z. B. Chicken Lollipops und Cappuccino von Kammmuscheln mit Blumenkohlschaum und Kalamari-Tintenasche. Ein kulinarisches Erlebnis!

Tryp Hotel. W 35th St. 345, New York, NY 10001, Tel. 212 600 2440, www.tryphotels.com

Oben: Nichts für Menschen mit Höhenangst: die Aussichtsplattform des Empire State Building.
Unten: Für ein paar Münzen kann man sich Dinge auch ganz nah heranholen.

gerade auf den Wolkenkratzer. 120 Quadratmeter 23-karätiges Blattgold und 1300 Quadratmeter Aluminium wurden für die Wandgestaltung verwendet. Auch der Rest des Gebäudes wurde 2010 für 500 Millionen Dollar auf den neuesten Energiesparstand gebracht.

An manchen Tagen erstrahlt die Spitze des Empire State Building in verschiedenen Farben: Rot, Weiß und Blau leuchtet es am 4. Juli, dem amerikanischen Nationalfeiertag, und natürlich Grün am 17. März, dem »glücksbringenden« Tag seiner Grundsteinlegung.

Das Empire State Building diente oft als Filmkulisse. In der Nacht des 25. Juli 1964 filmte Andy Warhol New Yorks Wahrzeichen sechs Stunden und 10 Minuten lang. Dieser Film wird von Museen, die etwas auf sich halten, ausgestrahlt. All jenen, die die Geduld aufbringen, sich dies anzusehen, wird die wahre Bedeutung von *Empire* – Imperium – bewusst. King Kong schwang hier sein blondes Spielzeug in der Luft herum, und Cary Grant verpasste Deborah Kerr in *Die große Liebe meines Lebens* auf der Aussichtsplattform. Also, am besten bei Sonnenuntergang zu einem romantischen Date hinauffahren!

Infos und Adressen

Von manchen Hotelfenstern schaut man genau ins Wolkenkratzermeer.

ESSEN UND TRINKEN

Koreatown in New York. In der 32. Straße zwischen der 5th Avenue und dem Broadway befindet sich eine koreanische Enklave. Bunte Leuchtschilder mit koreanischer Schrift preisen ein Restaurant neben dem nächsten an. Viele Lokale sind bis spät in die Nacht geöffnet, manche sogar rund um die Uhr.

Cho Dang Gol. Vegetarier kommen in diesem Restaurant auf ihre Kosten. Hier wird der Tofu von Hand zubereitet. Unbedingt den Tofu-Pilz-Eintopf probieren! West 35th 55, New York, NY 10001, Tel. 212 695 8222, www.chodanggolny.com

Food Gallery 32. Wer nur wenig Zeit hat, sollte in diesem »food court« vorbeischauen. Kleine Stände servieren Bimbim-bop, frische Suppen, japanische Desserts und Red-Mango-Fro-Jo. West 32nd St. 11, New York, NY 10001, Tel. 212 967 1678, www.foodgallerynyc.com

Kyochon. Frisches und niemals tiefgefrorenes Biohuhn wird für die *chicken wings* verwendet. Sie werden mit Mango-, Honig-, Jambalaya- und Knoblauch-Sojasauce serviert. 5th Ave. 319, New York, NY 10016, Tel. 212 725 9292 www.kyochon.us

Miss Korea. Traditionelles koreanisches Bulgogi-Barbecue wird mit herrlichen Banchan, kleinen scharfen Salaten wie Kimchi und eingelegten Gurken serviert. Das Restaurant erstreckt sich über drei Stockwerke. West 32nd St. 10, New York, NY 10001, Tel 212 594 4963, www.misskoreabbq.com

INFORMATION

Empire State Building. Von der Aussichtsterrasse von New Yorks wohl bekanntestem Wahrzeichen genießen Besucher einen herrlichen Blick auf die ganze Insel, sowohl auf den Süden wie auch auf den Norden. Aussichtsplattformen im 86. und im 102. Stockwerk. Bis zur oberen Plattform kostet es mehr. Tgl. 8–2 Uhr (letzter Aufzug um 1.15 Uhr), 350 Fifth Ave./34th St., New York, NY 10010. www.esbny.com

ANFAHRT

U-Bahn-Linien B, D, F, M, N, Q, R, bis zur 34th Street/Herald Square, Linie 6 bis zur 33rd Street

Ein freundliches Gesicht an der Rezeption

Oben: Das Kaufhaus Macy's hat eine traditionsreiche Vergangenheit.
Unten: Schaufensterpuppen tragen den letzten Schrei.

21 New Yorks Kaufhäuser

Shopping de luxe

Es gibt fast nichts, das man in New York nicht findet. In riesigen »Department Stores« wie Macy's und Saks Fifth Avenue fühlen sich Shopaholics wohl. In ihrem exklusiven Ambiente können sie den ganzen Tag auf Schnäppchenjagd gehen. All jene, die gern Geld ausgeben, bleiben zuerst an den aufwendig gestalteten Auslagen hängen und werden dann von wohlriechenden Düften ins Innere der Einkaufstempel gezogen.

Ein roter Stern prangt auf dem Kaufhauskoloss Macy's an der Ecke der 34. Straße und des Broadway. Was hat dieses Symbol des Kommunismus auf einer Ikone des Kapitalismus zu suchen? Ein Blick in das Archiv des über 150 Jahre alten Department Stores gibt Aufschluss über dieses Mysterium. Als Kaufhausgründer Rowland Hussey Macy Mitte des 19. Jahrhunderts noch als Kapitän auf hoher See herumkreuzte, verirrte er sich einmal mit sei-

MAL EHRLICH

SHOPPING WHILE BLACK

Dass Menschen mit dunklerer Hautfarbe oft beim Einkaufen vom Personal beschattet werden, ist kein Geheimnis. Im November 2013 fand diese Diskriminierung einen traurigen Höhepunkt. Ein junger Mann, der sich bei Barney's auf der Upper East Side einen 300 Dollar teuren Gürtel kaufen wollte, den er in einem Jay-Z-Video gesehen hatte, wurde von der Polizei nach dem Kauf inhaftiert. Jay-Z zeigte sich mit seinem Fan nicht solidarisch. Sein Werbevertrag mit Barney's geht weiter.

In den Kosmetikhallen kann man sich auch gratis schminken lassen.

nem Schiff. Sein Leben schien ihm verloren und er begann, alle seine Sünden abzubüßen. Auf einmal tauchte ein roter Stern auf, an dem sich der rauschebärtige Schiffsführer orientierte. Der Rest ist Geschichte.

Besucher von Macy's verirren sich nicht auf hoher See, sondern im Kaufhaus selbst. Auf fast 100 000 Quadratmetern in zehn Stockwerken finden Kunden vieles, was das Shopping-Herz begehrt: von Louis-Vuitton-Handtaschen bis zu Calvin-Klein-Unterhosen und Küchenutensilien von Martha Stewart. Und vieles zum Schleuderpreis. All jene, die nicht verloren gehen wollen, holen sich beim Visitors' Center einen Lageplan sowie eine Karte, mit der ausländische Besucher zehn Prozent Rabatt auf ihren Einkauf bekommen. Das gilt auch für alle anderen Kaufhäuser.

Ein Erlebniskaufhaus

Macy's bestimmt schon seit Jahrzehnten, was ein »Erlebniskaufhaus« zu bieten hat. Zu Thanksgiving, dem amerikanischen Erntedankfest, veranstaltet es eine große Parade, in der haushohe Ballonfiguren vom Columbus Circle auf der Upper West Side hoch in der Luft bis zum Kaufhaus gezogen werden. Drei Millionen Zuschauer beklatschen Snoopy, Shrek und Sponge Bob auf ihrem Flug. Von Fest-

AUTORENTIPP!

HOME OF THE BROWN BAG

Bloomingdale's ist auf der Upper East Side gelegen, dem vornehmsten Viertel Manhattans. Sogar Königin Elisabeth von England besuchte das Art-déco-Gebäude auf der Lexington Avenue. Im Parterre hängen Gustav Klimt nachempfundene Wandmalereien. Rosafarbenes Licht strömt von der Decke und einschmeichelnde Soulmusik schallt aus den Lautsprechern. Schon beim Betreten des weiß-braunen Gebäudes mit den goldenen Zierplaketten überwältigt Besucher das Aroma von Dutzenden hochpreisigen Parfums. Mit der Rolltreppe geht es in die oberen Stockwerke, die durch Glaswände so unterteilt sind, dass sie wie feine Boutiquen aussehen. Hier kann frau die neuesten Modelle von Vera Wang und Carolina Herrera probieren. Bloomingdale's Markenzeichen sind seine Einkaufstaschen. »Big Brown Bag« steht auf der großen braunen Tüte. Exklusivität liebt Understatement.

Bloomingdale's. Madison Ave. 660, New York, NY 10022, Tel. 212 826 8900, www.bloomingdales.com

AUTORENTIPP!

MODE FÜR MÄNNER

Brooks Brothers ist der älteste Herrenausstatter in den USA. Seit 1818 fertigt die Firma elegante Anzüge, Krawatten und Hemden. Abraham Lincoln gehörte zu ihren Kunden. Barack Obama trug am Tag seiner Vereidigung im Januar 2009 ebenfalls einen Mantel, Schal und Handschuhe aus diesem Haus. An die 300 Filialen in den USA sowie in anderen Ländern beweisen den anhaltenden Erfolg. Wer im Büro so schnittig wie Don Draper aus *Mad Men* aussehen will, ist hier richtig. Seit 1976 führt das Modehaus auch adrette, jedoch pfiffige Mode für Damen. Ralph Lauren arbeitete hier als Verkäufer und luchste ihm das Design für sein Polohemd ab. Brooks Brothers strengte einen Prozess an und darf sich der Tatsache rühmen, das Polo-Shirt mit Knöpfen erfunden zu haben.

Brooks Brothers. Madison Avenue 346/44th St., New York, NY 10017, Tel. 212 682 8800, www.brooksbrothers.com

Eine Limo wartet auf den schwer beladenen Käufer.

wagen winken Mickey und Minnie Mouse, und Musiker in Zinnsoldatenanzügen trompeten und posaunen sich die Seele aus dem Leib. Das Schlusslicht der Parade bildet seit Jahren jedoch immer derselbe Mann im roten Mantel: Santa Claus fährt mit einem lauten »Ho, ho, ho!« in einer Kutsche vor den Eingang von Macy's. Damit ist der Auftakt zur »Christmas Season« gegeben – und der Weihnachtsmann beginnt offiziell seine Residenz im Kaufhaus. Wie bereits in dem Filmklassiker *Das Wunder von Manhattan* gezeigt, klettern ihm im Dezember Tausende von Kindern auf den Schoß und flüstern ihm ihren größten Weihnachtswunsch ins Ohr.

Wo Patrizier shoppen

Den Mitgliedern der New Yorker High Society ist Macy's jedoch zu plebejisch. Sie lassen sich in ihren Limousinen lieber zu den Edelkaufhäusern auf der Fifth Avenue kutschieren. Genau neben dem »Plaza Hotel» am Central Park befindet sich der exklusive Einkaufspalast Bergdorf Goodman. Ein livrierter Portier öffnet hier die goldene Pforte. Der siebente Stock ist ganz auf Hochzeit eingestellt: Vor weißen Seidentapeten promenieren junge Damen in Brautkleidern kerzengerade, so als würden sie bereits zum Traualter schreiten. Oscar de la Renta und Ulla-Maija gehören hier zu den gefragtesten Modeschöpfern. Und natürlich wird den Damen auch nahegelegt, dass sie ihre Hochzeitsliste von Bergdorf Goodman führen lassen. Ein »personal shopper« berät sie dann, ob sie sich Kristallvasen von Lalique oder Waterford wünschen sollen oder ob eine moderne Kreation von Ted Muehling besser ihren Vorstellungen entspricht.

In seinem schönsten Kleid zeigt sich Saks Fifth Avenue gegenüber dem Rockefeller Center zur Weihnachtszeit. »Macy's Santa Claus« ist dagegen nur ein billiger Kinderfänger. Dutzende überdimen-

Department Stores

Kaufen, kaufen, kaufen – das kann man in New York wirklich. Zudem sind viele der großen Department Stores nur einen Spaziergang voneinander entfernt.

Ⓐ **Macy's.** So manches gute Schnäppchen findet man, wenn man die fast 100 000 Quadratmeter des zweitgrößten Kaufhauses der Welt durchquert. Seit 1902 geben Shopaholics hier ihrem Trieb nach. Dieses Gebäude führte auch die erste Rolltreppe der Geschichte ein. Nicht auszudenken, wenn man die zwölf Stockwerke zu Fuß zu bewältigen hätte. West 34th St. 151/Herald Square/Sixth Ave.

Ⓑ **Lord & Taylor.** New Yorks ältestes Kaufhaus wurde im Jahr 1826 von einem Engländer mit dem passenden Nachnamen Lord gegründet. Damals spezialisierte es sich auf Kaschmirschals. Diese kann man auch noch heute finden. Außerdem gibt es hier Markenware wie Juicy Couture, La Prairie, Escada und Barbour.
Fifth Ave. 424/39th St.

Ⓒ **Saks Fifth Avenue.** Gegenüber dem Rockefeller Center liegt eines der exklusivsten Kaufhäuser von New York. Damen freuen sich besonders, wenn es bei Designern wie Proenza Schouler und Manolo Blahnik Abverkauf gibt. Aber Männer müssen nicht verzagen: Der Herrenmode sind zwei von zehn Stockwerken gewidmet.
Fifth Ave. 611/49th St.

Ⓓ **Henri Bendel.** Das kleine, feine Jugendstilkaufhaus entzückt Jung und Alt schon seit 1895. Der ursprünglich als Hutmacher tätige Unternehmer Henri Willis Bendel brachte Coco Chanels Mode als Erster in die Vereinigten Staaten. Andy Warhol arbeitete hier als Hausillustrator und holte sich erste Anregungen für seine Kunst. In der Auslage liegen immer einfallsreiche New York-Souvenirs, die man nicht so leicht woanders findet.
Fifth Ave. 712/55th St.

Ⓔ **Bergdorf Goodman.** In der Nähe des Central Park liegt das elitäre Kaufhaus, zu dem manche Kundinnen mit der Limousine fahren. Die Pelzabteilung hat ihre Anhängerinnen. Hier gibt es Parfums wie Love Potion No. 9, das durch einen Popsong Berühmtheit erlangte. Auch Carrie Bradshaw aus *Sex & the City* shoppte hier gern. Fifth Ave. 754/57th St.

ESSEN:

City Sandwich. Die besten Sandwiches von New York. Küchenchef Michael Guerrieri kreiert seine eigenen italienisch-portugiesischen Brötchen, ganz ohne Mayo, mit Joghurt- und Olivenölsauce und frischen Sardinen, Shrimp und Prosciutto. Ninth Ave 649, New York, NY 10036. Mo–Fr. 9–22 Uhr, Sa, So 10–22 Uhr. Tel. 646 684 3943, www.citysandwichnyc.com

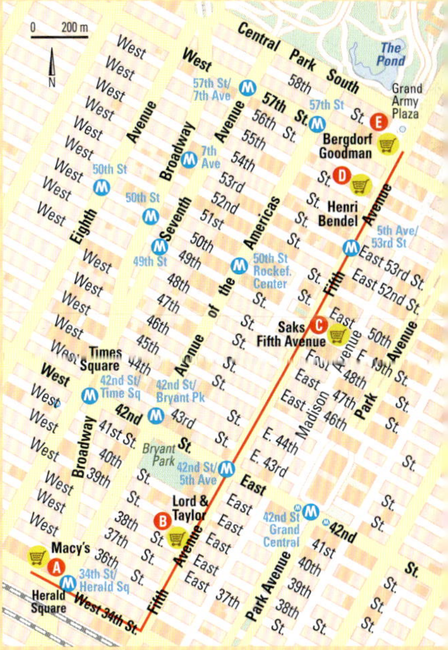

Oben: Eine kreative Schaufenstergestaltung bei Saks Fifth Avenue
Unten: Auch die gesamte Fassade wird in die Weihnachtsgestaltung einbezogen.

sionale Schneeflocken blinken dann auf »Saks« Fassade. Szenen aus Kinderbüchern werden hier mit kunstvoll gestalteten, mechanisch bewegten Puppen nachgestellt. Hans Christian Andersens Schneekönigin fährt mit ihrem Schlitten über knisterndes Eis. Schuhfetischistinnen geben sich bei Saks gern ihrer Leidenschaft hin: Sie probieren hochhackige Blumen-Pumps von Christian Louboutin sowie silberne Krokolederschuhe mit Bleistiftabsatz von Jimmy Choo.
Klein, aber fein ist das Kaufhaus Henri Bendel in der Fifth Avenue. Seit 1990 residiert es in einem Jugendstilgebäude, dessen Atrium von offenen Gängen auf vier Stockwerken umrahmt wird, so wie das bei den ersten Kaufhäusern im 19. Jahrhundert der Fall war. Schülerinnen der Eliteschulen auf der Upper East Side decken sich hier mit samtenen Haarreifen ein. Kosmetika sind ebenfalls von ausgesuchter Qualität.

Hotel für die Fashion Week

Shopaholics, und besonders jene, die Klamotten verfallen sind, sollten im »Bryant Park Hotel« in der 40. Straße hinter der New York Public Library absteigen. Mitte Februar und Mitte September findet in einem großen Zelt in dem gleichnamigen Park vor dem Hotel die Fashion Week statt. Hotelgäste können sich bei den Modeschauen einen Überblick verschaffen, welchen Designern sie den Vorzug geben werden. Obwohl das Hotel ein historisches Gebäude bezogen hat, ist innen alles modern eingerichtet. Geradlinige Möbel mit violetten und türkisen Farbakzenten stehen auf tibetischen Teppichen. Auch können die Gäste hier Waren kaufen, die sie in den verschiedenen Department Stores mit Sicherheit nicht finden. Denn in jedem Zimmer steht neben der Minibar ein Vergnügungskästchen mit Sexspielzeug bereit. Der Konsum macht vor nichts halt.

Infos und Adressen

ÜBERNACHTEN

Bryant Park Hotel. Hotel, in dem die Fashion Week abgehalten wird. Modernes Dekor, schickes Publikum. W. 40th St. 40, New York, NY 10018, Tel. 212 869 0100, www.bryantparkhotel.com

EINKAUFEN

Alle Kaufhäuser gewähren zu jeder Zeit in verschiedenen Abteilungen einen Preisnachlass. Einfach nach den »sales«-Schildern suchen.

Bergdorf Goodman. Exklusives Kaufhaus gegenüber dem »Plaza Hotel« und dem Central Park. Der siebente Stock ist ganz auf Hochzeitsfantasien eingestellt. 754 Fifth Ave./58th St., New York, NY 10019, www.bergdorfgoodman.com

Henri Bendel. Superschicker Department Store in historischem Kaufhausambiente. Auf Accessoires spezialisiert, vorwiegend von 20- bis 30-Jährigen mit Treuhänderfonds besucht. 712 Fifth Ave./56th St., New York, NY 10019. www.henribendel.com

Lord & Taylor. Traditionsreiches Kaufhaus für Damen im besten Alter. 424 Fifth Ave./38th St., New York, NY 10018. www.lordandtaylor.com

Macy's. Im zweitgrößten Kaufhaus der Welt finden Shopaholics alles, was das Herz begehrt – von den frechsten Designerklamotten bis zum neuesten Wii-Spiel. Ausländische Besucher erhalten beim Visitors' Center eine Karte, mit der sie zehn Prozent Rabatt auf ihren Einkauf geltend machen können. Herald Square (Broadway/34th St.), New York, NY 10001, www.macys.com

Die Damenmodenabteilung ist bei Macy's riesig.

Dieser Blick bietet sich vom Fenster des »Bryant Park Hotels«.

Saks Fifth Avenue. Einkaufstempel gegenüber dem Rockefeller Center. Geschmackvolle Auslagendekorationen, besonders fantasievoll zur Weihnachtszeit. 611 Fifth Ave./49th St., New York, NY 10022, www.saksfifthavenue.com

ANFAHRT

Bloomingdale's. U-Bahn-Linien 4, 5, 6, N, R, Q bis zur 59th Street

Bergdorf Goodman. U-Bahn-Linien N, R bis zur 5th Avenue/59th Street

Henri Bendel. U-Bahn-Linie F bis zur 57th Street

Macy's. U-Bahn-Linien N, R, Q, bis zur 34th Street/Herald Square

Saks Fifth Avenue. U-Bahn-Linien B, D, F, M bis zur 47–50th Street/Rockefeller Center

Oben: Die Götterfigur Hermes steht auf der Grand Central Station.
Unten: Die vergoldete Uhr in der Wartehalle ist Millionen wert.

22 Grand Central Terminal

Wo alle Gleise zusammenlaufen

Im Jahr 2013 feierte der schönste Bahnhof Amerikas seinen hundertjährigen Geburtstag. Der Grand Central Terminal ist auch der größte Bahnhof der Welt. Seine Haupthalle ist einem römischen Bad nachempfunden, mit gigantischen Ausmaßen, versteht sich. Wer die Architektur in Ruhe genießen will, sollte nicht gerade zur Rushhour zwischen 7 und 9 Uhr früh und zwischen 17 und 18 Uhr vorbeikommen.

»Wenn wir alle historischen Gebäude abreißen, dann bleiben in New York nur noch Glas- und Betonboxen bestehen«, entrüstete sich Jacqueline Kennedy Onassis, als der Grand Central Terminal 1968 von der Spitzhacke bedroht war. Dank der Bemühungen der ehemaligen First Lady und des Eingriffs des Obersten Gerichtshofs blieb der flächenmäßig größte Bahnhof der Welt in seinem Beaux-Arts-Kleid erhalten. Goldfarbene Messinggeländer, marmorverkleidete Wände und 20 Meter hohe Fenster verleihen »Grand Central« sein majestätisches Aussehen.
Spaziert man heute über die 42. Straße, spürt man nichts davon, dass einige Meter unter dem Asphalt 750 000 Menschen tagaus, tagein von 67 Bahngleisen in die Stadt strömen. Sie kommen aus der näheren Umgebung New Yorks zu ihren Arbeitsplätzen.

Ein Hauch von »Great Gatsby«

Klassizistisch ausgewogen sind die Proportionen dieses 115 Meter langen, 36 Meter breiten und 38 Meter hohen Tempels des Transportwesens. Auf dem Informationsstand mitten im Main Concourse

Edel sind auch die Verkaufsschalter des Bahnhofs.

prangt eine anmutige Uhr aus Messing, deren Wert von Sotheby's und Christie's auf zehn bis zwanzig Millionen Dollar geschätzt wurde. In den letzten hundert Jahren trafen sich unter ihren vier Zifferblättern mehrere Generationen von Reisenden. Die Verkaufsschalter mit ihren grazilen Gittern sind ebenfalls noch im Originalzustand erhalten. Zwei anmutig geschwungene Freitreppen an beiden Enden der Halle führen auf Balkons. Die auf der Westseite gelegene Bar, das »Campbell Apartment«, diente einst Bankier John Campbell als Büro. Ein offener Kamin und bleiverbrämte Fenster erinnern an die Zeit, als der Magnat hier über seinen Finanzbüchern saß. Heute entspannen sich Gäste auf Ledersesseln und genießen einen Martinez, den Vorläufer des Martinis, mit süßreifer Anjou-Birne und Ahornzucker. Gegenüber hat Basketball-Legende Michael Jordan ein Steakhouse eröffnet. Gäste laben sich an saftigen Rib-Eye-Fleischflanken. Zwischen beiden Restaurants hat »Cipriani Dolci« ein Heim gefunden. Die Nachfahren des Erfinders von Harry's Bar in Venedig servieren hier Carpaccio und Kalbsleber. Das Lokal selbst wurde von Arturo di Modica, dem Bildhauer des Stiers auf der Wall Street, gestaltet.

AUTORENTIPP!

APHRODISIAK AM BAHNHOF

Die legendäre »Oyster Bar« feierte wie der Bahnhof im Jahr 2013 ebenfalls ihr hundertjähriges Bestehen. Sie ist in einem romantischen Gewölbe unterhalb der Bahnhofshalle gelegen und rühmt sich, den frischesten Fisch in New York zu servieren. In dem mit antiken Kacheln ausgelegten Restaurant können Gäste zwischen 30 Arten von Austern wählen, von Lasquiti aus British Columbia bis Meximoto aus Baja California. Dazu werden erlesene Weine serviert. Gäste sitzen entweder direkt am Schanktresen oder an Tischen mit rot-weiß-karierten Tischtüchern.

Grand Central Oyster Bar & Restaurant. Tgl. 11.30 – 21.30 Uhr, So geschlossen, Dining Concourse, Grand Central Terminal, New York, NY 10017, Tel. 212 490 6650, www.oysterbarny.com

Oben: Der perfekte Ort für einen Flashmob
Unten: »Take the A train«, sagte schon Duke Ellington.

Ein verkehrter Himmel

Den Vogel im Main Concourse schießt jedoch die gewölbte Decke ab. Hoch über den Köpfen der Besucher, auf türkisblauem Grund sind die Sternzeichen in fein goldenen Strichen gezeichnet. Doch halt! Etwas scheint mit dem Sternenhimmel nicht zu stimmen. Bei näherer Betrachtung stellt sich heraus, dass er seitenverkehrt dargestellt ist. Hatte der französische Künstler Paul César Helleu zu sehr dem Rotwein zugesprochen, als er die riesige Wandmalerei 1912 an den falschen Himmel pinselte? Erklärungen für diese kuriose Ansicht gibt es einige: Helleu hätte eine Himmelskarte aus dem Mittelalter verwendet, lautet eine Theorie. Das Firmament wäre einfach aus der Sicht Gottes dargestellt, gab die Vanderbilt-Familie an, als der Bahnhof 1913 mit Pomp und Trara eröffnet wurde. Die damals reichste Familie Amerikas betrieb hier bereits 1871 einen riesigen Bahnhof. Sie hatte das Monopol auf alle Züge von und nach New York. Alle Gleise verliefen auf Straßenhöhe. Nach einem verheerenden Zugunglück im Jahr 1902 verbot die Stadt New York Dampflokomotiven. Deshalb entstand im Grand Central Terminal das erste elektrisch betriebene Zugsystem in den Vereinigten Staaten. Alle Gleise wanderten in den Untergrund.
Natürlich birgt der Grand Central Terminal auch einige Geheimnisse: In den Dreißigerjahren wurde für Präsident Roosevelt ein eigenes Gleis eingerichtet, von dem er direkt ins »Waldorf Astoria Hotel« fahren konnte. So entdeckten Reporter nicht, dass er querschnittgelähmt war. Wo genau sich der M42-Raum des amerikanischen Geheimdienstes unter dem Bahnhof befindet, ist bis heute nur einigen Eingeweihten bekannt. Er erfüllte im Zweiten Weltkrieg wichtige Funktionen, um Truppen an der Ostküste zu bewegen. Wer bei all dem Schauen Hunger bekommen hat, sollte in das Untergeschoss gehen. Im Dining Concourse warten 30 verschiedene Lokale auf Besucher.

Infos und Adressen

Am Bahnhof laben sich manche Reisende noch vor der Abfahrt.

ESSEN UND TRINKEN

Campbell Apartment. Feudale Bar im ehemaligen Arbeitszimmer von Bankier John Campbell. Exzellente Cocktails. Auf dem Balkon über dem Main Concourse. Grand Central Terminal, East 42nd Street, New York, NY 10017, Tel. 212 953 0409, www.hospitalityholdings.com

Cipriani Dolci. Norditalienische Küche wie im berühmten Hotel in Venedig. Auf dem Balkon über dem Main Concourse. Grand Central Terminal, East 42nd Street, New York, NY 10017, Tel. 212 973 0999, www.cipriani.com

Junior's. Brooklyns beste Cheesecakes haben auch in Manhattan ein Heim gefunden. Dining Concourse im Untergeschoss.
Grand Central Terminal, East 42nd Street, New York, NY 10017, Tel. 212 983 5257, www.juniorscheesecake.com

Michael Jordan's Steakhouse. Nur die Lieblingsspeisen des Basketballstars kommen hier auf den Grill. Auf dem Balkon über dem Main Concourse. Grand Central Terminal, East 42nd Street, New York, NY 10017, Tel. 212 655 2300, www.michaeljordansnyc.com

INFORMATION

Grand Central Terminal. 1913 eröffnet. Ursprünglich im Besitz der Milliardärsfamilie Vanderbilt. Hier wurde das erste mit Strom betriebene Zugsystem in den Vereinigten Staaten in Betrieb genommen. 67 unterirdische Gleise. Führungen täglich um 12.30 Uhr im Main Concourse.
East 42nd Street, New York, NY 10017, www.grandcentralterminal.com

ANFAHRT

U-Bahn-Linien 4, 5, 6, 7, S zu Grand Central/ 42nd Street

Auch leckere Delikatessen kann man hier auswählen.

23 Times Square

New Yorks Hauptplatz

Wenn in der Silvesternacht Hunderttausende Menschen beim Herabsenken eines riesigen Kristallballs in den Countdown einstimmen, hat ein neues Jahr mit Pomp und Trara begonnen. Auf New Yorks berühmtesten Platz beginnt auch die Theatermeile am Broadway und Tausende Lichter laden zum Besuch von Musicals und Theaterstücken ein. Überlebensgroße Stars der Stunde werben für Konsumgüter.

Der Times Square liegt im Zentrum von Midtown. Er markiert genau die Stelle, die im Allgemeinen als Theaterviertel Broadway bekannt ist, also das magnetische Feld zwischen 42. und 57. Straße. Hunderte riesige Leuchttafeln erhellen am »Great White Way« nachts den Himmel. Die neuesten Bloomberg-News flimmern über ein digitales Band, und ein überlebensgroßer P. Diddy streckt seine Faust gen Himmel. Und das Beste: Seit 2009 ist der Times Square für den Verkehr gesperrt, sodass Spaziergänger ungestört ihren Blick über das Neonspektakel wandern lassen können, ohne auf Autos achten zu müssen. So wird Besuchern die monumentale Größe des Ortes bewusst, an dem Broadway und die Seventh Avenue einander berühren.

Eine Leuchttafel überstrahlt am Times Square die andere.

Umweltschutz am »Great White Way«

Der Times Square ist nach der Tageszeitung *New York Times* benannt, die zu Beginn des 20. Jahrhunderts ihren Hauptsitz an dem Platz hatte. Der Umweltschutz hat auch vor den großen Werbeleuchtschriften am Broadway nicht haltgemacht. Die Lampen der Ricoh-Reklamewand an der nordwestlichen Ecke der 42. Straße und der Eighth Ave-

Lebenskünstler verdienen sich mit ausgefallenen Ideen Geld.

nue werden von Wind und Sonne mit Strom versorgt. 16 Turbinen und 64 Solarpaneele wurden zu diesem Zweck installiert. Das Coca-Cola-»Spectacular«, wie diese Werbeflächen genannt werden, könnte sich ein Beispiel daran nehmen. Seit 2004 tritt es in dreidimensionalem Format auf und hat von der Marke nur die Wellenform auf der Flasche als signifikantes Zeichen beibehalten.

On Broadway

NewYork-Besucher, die den Löwenkönig, Dorothy aus *Zauberer von Oz* oder das *Phantom der Oper* hautnah erleben wollen, müssen nicht unbedingt den vollen Preis für eine Karte zahlen, außer sie gehen an Feiertagen in die Vorstellung. Der TKTS-Stand an der Ecke 47. Straße und Broadway verkauft am Tag der Vorstellung Tickets für die Broadway-Shows zum halben Preis oder mit einer 20- bis 35-prozentigen Ermäßigung.
Eineinhalb Milliarden Dollar machen die 40 Broadway-Theater pro Jahr Umsatz. 13 Millionen Menschen sehen sich jedes Jahr eine Show an. In Amerikas dramatischem Epizentrum ziehen kommerziell erfolgreiche Musicals wie *Cats* oder

AUTORENTIPP!

ITALIAN FAMILY STYLE

Bei den vielen Attraktionen am Broadway können Reisende leicht hungrig werden. Vor und nach der Vorstellung am Broadway serviert »Carmine's« süditalienisches Essen im »family style«. Riesige Teller Antipasti, Spaghetti und Kalbfleisch in Marsalasauce zu vernünftigen Preisen landen da auf den rot-weiß-karierten Tischen und die gesamte Mannschaft bedient sich. Das große Lokal ist ganz auf »casa della nonna«, Großmutters Haus, gestylt. Gäste sitzen auf einfachen, jedoch komfortablen Holzsesseln und bewundern eine Vielzahl von Bildern an der Wand: Frank Sinatra, Dean Martin und Joe DiMaggio lächeln aus dem Rahmen.

Carmine's. 200 W. 44th St., New York, NY 10036, Tel. 212 221 3800, www.carminesnyc.com

Für einen Abstecher in ein italienisches Restaurant ist in New York immer Zeit.

Oben: Hier wird der Broadway wirklich zum Broadway.
Mitte: Die Freiheitsstatue macht auf patriotisch.
Unten: Wer einmal ein Souvenirgeschäft betritt, kommt schwer wieder heraus.

Wicked ein Publikum von nah und fern an. Aber auch ernstes Theater wird hier gemacht. Jude Law mimt hier den Hamlet und Nicole Kidman zieht sich in David Hares *The Blue Room* splitternackt aus. Der Broadway als solcher entstand zu Beginn des 20. Jahrhunderts. Damals wurden die ersten U-Bahn-Linien in Betrieb genommen, und eine führte direkt an den Times Square. Einige Theater sind noch in ihrem Originalzustand erhalten. In der zweiten Hälfte des 20. Jahrhunderts war der Times Square das Rotlichtviertel von New York. Pornoshops und Peepshows mischten sich da unter die Theater. Als Rudy Giuliani 2003 zum New Yorker Bürgermeister gewählt wurde, begann er den Times Square aufzuräumen. Disney und Genossen zogen stattdessen ein. Heute gibt sich der Times Square familienfreundlich. Donald, Dagobert, Daisy, Mickey und Minnie aus Plüsch und Plastik finden sich im riesigen Disney Store in der 42. Straße. M&Ms sind die amerikanische Antwort auf Smarties. Über drei Stockwerke fließen sie im gleichnamigen Geschäft durch durchsichtige Röhren, sogar in den Farben der New Yorker Taxis, Gelb und Schwarz. Hershey's-Schokolade wird in den Vereinigten Staaten schon seit 1894 produziert. Die Firma erfand die Hershey's Kisses, kleine Schokoladentropfen, die perfekt in Chocolate Chip Cookies passen. Mit einer speziellen Maschine stellen sich kleine und große Naschkatzen ihre eigene Candy-Mischung zusammen: Reese's Peanutbutter Cups mit Erdnussbutter, Twizzler-Lakritze und York Patty Mints mit Minze. Außerdem drängen sich auf dem Times Square Dutzende von Souvenirläden. Wer hier ein T-Shirt mit dem Aufdruck »I Love New York« oder ein Schachspiel mit Simpsons-Figuren erstehen will, muss nicht lange suchen. Bei einem Spaziergang durch die Straßen begegnen Besucher auch oft lebensgroßen Mickey Maus-Figuren, die sich für ein paar Dollar auch gern mit der Reisegruppe ablichten lassen.

New York: Die Stadt der unzähligen Talente

Jazz und Burgers

McDonald's ist nicht die einzige Verköstigungsalternative am Times Square. »Ellen's Stardust Diner« ist wie ein Lokal für Teeniebopper aus den Fünfzigerjahren gestylt. »American Favorites« stehen hier auf der Speisekarte: Chicken Wings, Cesar Salad und Milkshakes mit Schokolade und Coca-Cola. Die Kellner und Kellnerinnen hier sind ausgebildete Sänger, die nur auf ein Engagement am Broadway warten. Nachdem sie einem Tisch ein Abendessen serviert haben, werfen sie sich in Pose und trällern »New York, New York« in die Menge. Aus dem Kellergeschoss von »Ellen's Stardust Diner« dringen ebenfalls heiße Klänge. Hier macht der Musikclub »Iridium« dem Erbe des Broadway als Jazz-Destination alle Ehre. Der Club hat sich auf Gitarristen spezialisiert: Les Paul spielte hier bis zu seinem Tod im Jahr 2009. Jetzt spielen hier José Feliciano, der »Picasso der Gitarre«, und Steve Miller, dem Hits wie *The Joker* zu verdanken sind. Der wohl legendärste Club in der Gegend ist jedoch »Birdland«. Nach Charlie »Bird« Parker benannt,

AUTORENTIPP!

CHATWAL HOTEL-IMPERIUM

Der junge indisch-amerikanische Hotelimpresario Vikram Chatwal besitzt drei Hotels rund um den Times Square. In der Bar des »Time Hotel« treffen sich junge, hippe Bewohner der Stadt. In der 45. Straße befindet sich das »Night Hotel«, das ganz vornehm in Schwarz und Weiß gehalten ist. Als Dekoration von Kissen und Decken dienen kunstvoll geschwungene Buchstaben. »Gothic Gotham« nennt Vikram Chatwal, das ehemalige Fotomodell, den Stil von »Night«. Das »Dream Hotel« in der 55. Straße scheint dem Film *Eyes Wide Shut* entsprungen zu sein. Das weiße Interieur der Zimmer ist abends in ein sanftes blaues Licht getaucht. Gäste relaxen hier in Bademänteln aus Kaschmir und können gratis an Yoga- und Meditationsklassen teilnehmen. Vom Trubel des Times Square muss man sich schließlich erholen.

Dream Hotel. West 55th St. 210,
New York, NY 10019,
Tel 212 247 2000,
www.dreamhotels.com

Night Hotel. West 47th St.,
New York, NY 10036,
Tel. 212 768 3700,
www.nighthoteltimessquare.com

Time Hotel. West 49th St. 224,
New York, NY 10019.
Tel. 212 246 5252,
www.thetimeny.com

Oben: Auch Babys staunen am Times Square über die vielen Lichter.
Mitte: Mickey und Minnie machen für den Disney Store Werbung.
Unten: Wer will nicht einmal ein Broadway-Theater von innen sehen?

befand er sich ursprünglich in der 52. Straße. Miles Davis und John Coltrane begeisterten Fans in diesem Lokal mit ihren ausgeklügelten Kompositionen und Improvisationen. Auch heute lohnt es sich noch, der Birdland Big Band zuzuhören. Jeden Freitag führt sie Jazz-Standards auf, bei denen kein Auge trocken bleibt.

Ein Kabinett der Superlative

Das riesige Kuriositätenkabinett »Ripley's Believe It or Not« erinnert an eine Zeit, als Varietétheater am Broadway florierten. Unter Tausenden Ausstellungsstücken finden sich Haarsträhnen von George Washington, John F. Kennedy und Elvis Presley sowie ein zweiköpfiges Kalb und ein beträchtliches Stück der Berliner Mauer, auf dem ein Panzer mit einem Friedenszeichen übermalt wurde. Besucher lassen sich hier von mechanischen Kannibalen erschrecken oder stecken ihren Kopf in einen Glasbehälter, sodass es aussieht, als sei ihnen dieser abgehackt worden.
Das Intrepid Sea-Air-Space Museum gibt sich da schon etwas seriöser. Das Museum befindet sich auf einem der wichtigsten Flugzeugträger der jüngsten Geschichte, der auch im Zweiten Weltkrieg zum Einsatz kam. Das Schiff liegt dort, wo die 46. Straße auf die der Twelfth Avenue trifft, am Pier 86. Auf dem Flugzeugträger können Besucher in einem A-6-Flugsimulator abheben. Auch können sie hier, wohl zum einzigen Mal in ihrem Leben, das Innere der »Concorde« und des Unterseeboots »Growler« erkunden. Großer Andrang auf der »Intrepid« herrscht Ende Mai. Während der Fleet Week besuchen Zehntausende Matrosen der amerikanischen Marine die Stadt. Alle Feierlichkeiten finden dann auf der »Intrepid« statt. Wenn sie mit ihren weißen Uniformen und kessen Mützen die Stadt erobern, begeistern sie so manches Frauenherz.

Infos und Adressen

ESSEN UND TRINKEN

Ellen's Stardust Diner. *American comfort food.* Die Bedienungen singen Broadway-Nummern. Lokal wie in den Fünfzigerjahren. Broadway 1650, New York, NY 10019, Tel. 212 956 5151, www.ellensstardustdiner.com

City Sandwich. Portugiesische Sandwiches mit Kabeljau, karamellisierten Zwiebeln, Oliven, Pesto und Joghurtsauce. Ninth Ave. 649/45th Street, New York, NY 10036, Tel. 646 684 3943, www.citysandwichnyc.com

Von einem Café lässt sich das bunte Treiben besser beobachten.

AUSGEHEN

Birdland. Legendärer Jazzklub in neuer Location. W. 44th St. 315, New York, NY 10036, Tel. 212 581 3080, www.birdlandjazz.com

Iridium Jazz Club. Jazz-Gitarristen wie José Feliciano und Steve Miller treten hier auf. Broadway 1650, New York, NY 10019, Tel. 212 582 2121, www.theiridium.com

TKTS. Broadway-Eintrittskarten zwischen 20 und 50 Prozent billiger. Mo, Do, Fr 15–20 Uhr, Di 14–20 Uhr, Mi/ Sa 10–14, 15–20 Uhr, So 11–20 Uhr, W 47th St./Broadway. New York, NY 10036, www.tdf.org

EINKAUFEN

Disney Store. Mickey & Minnie auf Schritt und Tritt. W. 48th St. 218, New York, NY 10036

Hershey's Store. Die Candy Bars bringen den Cholesterinspiegel zum Lachen. Broadway 1593, New York, NY 10019

M&M's World. Abermillionen von Schokoladenpastillen. Broadway 1600, New York, NY 10019

MUSEEN

Intrepid Sea-Air-Space Museum. Flugzeugträger aus dem Zweiten Weltkrieg, Concorde und U-Boot zu besichtigen. 1. April–31. Okt. Mo–Fr 10–17 Uhr, Sa/So 10–18 Uhr, 1. Nov–31. März 10–17 Uhr. Pier 86. W. 46th St./Twelfth Avenue, New York, NY 10036, Tel. 212 245 0072, www.intrepidmuseum.org

Ripley's Believe It or Not Odditorium. Zweistöckiges Kuriositätenkabinett mit Gratis-Aufführungen von Nagelschluckern. 365 Tage im Jahr, 9–1 Uhr, W. 42nd St. 234, New York, NY 10036, Tel. 212 398 3133, www.ripleysnewyork.com

ANFAHRT

U-Bahn-Linien 1, 2, 3, 7, N, Q, R, S bis 42nd Street/Times Square

Freu(n)de vieler Kinder: die M&Ms

24 Fifth Avenue

Shop until you drop

Auf einer der berühmtesten Einkaufsmeilen der Welt funkelt es in vielen Auslagen, haben doch die berühmtesten Juweliere hier eine Filiale eröffnet. Von der 42. bis zur 57. Straße reiht sich ein edles Geschäft an das nächste. Wer dem Konsum entgehen will, kann dies in der New York Public Library, der St. Patrick's Cathedral und dem österreichischen Kulturforum tun.

Oben: Ein Löwe wacht über die New York Public Library.
Unten: Tiffany: eine Destination für Schmuckenthusiasten

Zwei Löwen bewachen den Zugang zu New Yorks teuerster Einkaufsmeile, der Fifth Avenue. *Patience and Fortitude*, Geduld und Stärke, wie die beiden steinernen Könige des Tierreichs genannt werden, sitzen erhaben vor dem Eingang zur New York Public Library, einer der größten Bibliotheken der Vereinigten Staaten. Auf ihrem Spaziergang zu den exklusivsten Geschäften in New York können Besucher hier noch ein wenig Wissen tanken, bevor sie sich dem Konsumgenuss hingeben.
Der prachtvolle Beaux-Arts-Bau an der Ecke zur 42. Straße ging zum Zeitpunkt seiner Eröffnung im Jahr 1911 als das größte Marmorgebäude der Vereinigten Staaten in die Geschichte ein. Das Architektenteam John Merven Carrère (1858–1911) und Thomas Hastings (1860–1929) war für den Bau verantwortlich. Jedem ist der Zugang zur Bibliothek gestattet. 90 Meter lang und 24 Meter breit ist der Hauptlesesaal. Hier sitzen Wissensdurstige an robusten Eichentischen und lesen Bücher aus den 140 Kilometer langen, acht Stockwerke umfassenden Beständen, die in den Kellergeschossen unter dem Bryant Park angelegt wurden. Die New York Public Library veranstaltet außerdem Gratis-Ausstellungen zu Themen wie dem Spanisch-Amerikanischen Krieg und zur Fotomanipulation

(unter anderem wurde ein sehr überzeugendes und viel diskutiertes Verbrecherfoto von George Bush gezeigt).

Eine schmucke Straße

Die Fifth Avenue entwickelte sich zu Beginn des 19. Jahrhunderts zu New Yorks geschäftigster Einkaufsmeile. Als sich die Stadt immer weiter vom historischen Zentrum um die Wall Street über Greenwich Village bis hinauf zum Central Park ausweitete, etablierte sich die Fifth Avenue als eine Gegend, wo man seine Dollars ausgeben konnte. Sie markiert auch die Trennlinie zwischen der Ost- und der Westseite von Manhattan. An der Ecke West 47th Street und Fifth Avenue befindet sich der »Diamond District«, die Diamantenstraße. Hier verkaufen chassidische Juden neue und gebrauchte Schmuckstücke, viele davon mit Brillanten besetzt. Im Gegensatz zu anderen Juweliergeschäften, die näher am Central Park liegen, herrscht hier Basar-Atmosphäre. Kunden scheuen sich nicht, mit den Händlern zu feilschen, um den besten Preis für eine Brosche oder ein Armband herauszuschlagen.
Die wichtigsten Edeljuweliere haben sich auf der Fifth Avenue angesiedelt. Tiffany's Art-déco-Bau an der Ecke zur 57. Straße zieht Käufer bereits seit dem Jahr 1940 an. Das Schmuckgeschäft war in New York im Jahr 1837 gegründet worden und zog im Laufe der Jahre von Greenwich Village immer weiter nach Norden. Firmengründer Charles Lewis Tiffany war ein Marketinggenie. Bereits früh erkannte er die Vorteile wichtiger Kennzeichen der Markenbildung. Seitdem werden alle Einkäufe in einer türkis-himmelblauen Schachtel mit einer weißen Schleife verpackt. Tiffany erfand 1886 eine Brillantenfassung, die die Gesamtheit des Steines sichtbar macht. Viele Funkelstücke stecken seitdem in einer sechszackigen Krone. 1999 stellte Tiffany's die Lucida-Fassung vor, eine moderne,

AUTORENTIPP!

SHOREHAM & MANSFIELD

Wer sich dem Sog der Fifth Avenue nicht entziehen kann, sollte im »Shoreham Hote«l in der 55. Straße absteigen. Gleich an der Rezeption erwartet neu eincheckende Gäste ein Glas Sekt. Das Grün der Tapeten und der modernen Möbel wirkt beruhigend aufs Gemüt. In der Deluxe 1 Bedroom Suite können sich Gäste auf einem ledernen iJoy-Massage-Sessel entspannen. Die gläsernen Trenntüren zwischen beiden Räumen in der Suite erzeugen eine luftige, lichte Atmosphäre. Frische Orchideen verstärken diesen Eindruck.
In das »Mansfield Hotel« in der 44. Straße dringt der Lärm von der Fifth Avenue nicht vor. Als »antik Boutique« könnte man seinen Stil bezeichnen. Die Designer stellten einen cleveren Bezug zur Vergangenheit des Hauses her, das seit 1904 als Hotel betrieben wird. In den Zimmern finden sich liebevolle historische Details wie Glastüren mit eingeritzten Blumenmustern und Fotos von Jugendstilarchitektur. Schwarze Rauledersofas bringen einen modernen Touch ins Ambiente. Von den gepolsterten Bänken in den Fensternischen blickt man in das Alltagsleben echter New Yorker. Authentischer geht es wohl nicht mehr.

Shoreham Hotel. 33 West 55th Street. New York, NY 10019. Tel. 212 247 6700, www.shorehamhotel.com

Mansfield Hotel. 12 West 44th Street. New York, NY 10036. Tel. 212 277 8700, www.mansfieldhotel.com

AUTORENTIPP!

BIO-LUNCH UNTER WOLKENKRATZERN

Midtown ist nicht gerade als Food-Destination bekannt. Diesen Umstand macht die »Dig Inn«-Kette wett. Mehrere Filialen bereiten preiswerten Bio-Lunch zu. »Wie in Großmutters Küche« soll es laut Küchenchef Daniel Angerer in den mit recyceltem Holz und Flohmarkt-Küchenwaren bestückten Lokalen aussehen. Für die hungrigen Horden aus den Wolkenkratzerbüros stellt Angerer den »Marktteller« zusammen: ein Proteingang – Tofu, würzige Fleischbällchen, Schweinefleisch mit Ingwer-, Cilantro- und Honigsauce oder Zitronenhuhn mit Kräutern, dazu kommt ein Kohlenhydrat, oft brauner Reis, sowie zwei Sorten Gemüse: Karotten mit indischen Gewürzen und Süßkartoffel mit gerösteten Walnüssen und frischem Rosmarin.

Dig Inn. E 52nd St. 150/Lexington & Third Ave. New York, NY 10022; Madison Ave. 275/39th St. New York, NY 10016 und W 55th St. 40/5th & 6th Ave., New York, NY 10019, www.diginn.com

vierzackige Version mit einem eigens patentierten Diamantenschliff. Mehrere renommierte Designer arbeiteten über die Jahre für das Traditionshaus: Elsa Peretti, Jean Schlumberger, Paloma Picasso und in jüngster Zeit Stararchitekt Frank Gehry. Letzterer folgt in seiner Schmuckgestaltung derselben dekonstruktivistischen Inspiration, die bei seinen Bauten zum Vorschein kam: Glieder von Ketten und Armbändern sind nicht rund oder eckig, sondern biegen sich sinnlich in verschiedene Richtungen. Holly Golightly, die im Film *Frühstück bei Tiffany* von Audrey Hepburn dargestellte Nymphe, hätte damit ihre Freude gehabt.

Der französische Juwelier Cartier an der Ecke der Fifth Avenue und 52. Straße macht Tiffany's Konkurrenz. Cartier erfand im Jahr 1904 für den brasilianischen Flugpionier Alberto Santos Dumont die Herrenarmbanduhr. Männer finden auch heute noch so manch dezentes Schmuckstück in dem Nobelgeschäft: wellenförmige, mit Brillanten besetzte Manschettenknöpfe zum Beispiel. Zu Weihnachten stellt sich das Haus besonders festlich dar. Da umrahmt eine rote Schleife das gesamte Neorenaissancegebäude. Cartier kaufte es 1917 der Industriellenfamilie Plant für nur 100 Dollar ab. Allerdings musste die Firma auch eine doppelreihige Perlenkette zum damaligen sehr hohen Preis von einer Million Dollar an den Verkäufer abtreten.

Juwelierkollege Van Cleef & Arpels an der Ecke Fifth Avenue und 57th Street stammt ebenfalls aus Frankreich. Die Fassade des Geschäfts erinnert an eine fein verzierte Hochzeitstorte. Girlanden ranken sich da um die Fenster, und einige Stucklibellen scheinen zum Abflug bereit. Dieser Ausflug ins Tierreich ist emblematisch für den über 100 Jahre alten Hersteller von Preziosen. Seine Schmetterlinge aus Edelsteinen faszinierten schon die Herzogin von Windsor, Grace Kelly und in jüngster Zeit Mariah Carey und Madonna.

Harry Winston an der Ecke der Fifth Avenue und 56. Straße entzückte auch Marilyn Monroe. In dem Film *Blondinen bevorzugt* singt sie das Lied »Diamonds are girls best friends« und würdigt den Gründer des Traditionsunternehmens mit einer gehauchten Zeile. Harry Winston hat der Stadt New York eine eigene Kollektion gewidmet. Der mit zackenförmigen Brillanten besetzte »Skyscraper«-Ring hat eine blaue Saphirkrone, die dem Chrysler Building ähnelt. Der Guggenheim-Kettenanhänger ist schneckenförmig wie Frank Lloyd Wrights Meisterwerk eines Museumsbaus nur ein paar Straßen weiter.

Zeit für Andacht

Wer seine letzten Cents bei den Juwelieren gelassen hat und für seine arme Seele beten will, kann dies auf der Fifth Avenue in zwei Kirchen tun. Die neugotische St. Patrick's Cathedral von James Renwick (1818–1895) an der Ecke zur 55. Straße ist Sitz der Erzdiözese von New York und entstand in den Jahren 1858 bis 1879. Durch ihre mit bronzenen Heiligenfiguren bestückten Tore wanderten schon mehrere Päpste. Künstler aus Chartres in Frankreich gestalteten ihre Buntglasfenster. Die dem Heiligen Ludwig und dem Heiligen Michael gewidmeten Altäre kreierte das Schmuckhaus Tiffany's. Die Pietà von William O. Partrige aus dem Jahr 1906 ist dreimal so groß wie die von Michelangelo in Rom.

Oben: Monumentale Fassaden stechen auf der Fifth Avenue ins Auge.
Mitte: In den Schaufenstern gibt es immer etwas zu sehen.
Unten: Auf der Diamond Row räumt ein Verkäufer die Auslage ein.

Oben: Atlas steht genau gegenüber der St. Patrick's Cathedral.
Unten: Das Austrian Cultural Forum beeindruckt mit seiner ausgefallenen Architektur.

Die anglikanische St. Thomas Church liegt zwei Straßen weiter an der Ecke 53. Straße und Fifth Avenue. Die Architekten Ralph Adams Cram (1863–1942) und Bertram Grosvenor Goodhue (1869–1924) folgten mittelalterlichen Bauvorschriften, um ein neugotisches, massiv aus Stein gebautes Gotteshaus zu bauen.
In starkem Kontrast zu den beiden sakralen Gebäuden steht das Austrian Cultural Forum, Österreichs kulturelle Vertretung in New York in der 52. Straße. Raimund Abrahams schlankes Hochhaus aus dem Jahr 2002 erregte zum Zeitpunkt seiner Eröffnung großes Aufsehen. Architekturkritiker lobten es für seine innovative Kraft. Das 24 Stockwerke hohe Gebäude hat eine expressionistische Wirkung. Wie Fallbeile hängen die sich nach oben verjüngenden Fensterebenen über der Straße. Sie sind ein perfektes Sinnbild für den gnadenlosen Konkurrenzkampf in den Unternehmen von Midtown Manhattan. Das Austrian Cultural Forum bietet ein attraktives Kulturprogramm. Hochkarätige Ausstellungen, die zum Beispiel die Todesstrafe infrage stellen, ziehen viele Besucher an. Außerdem veranstaltet das Forum in seinem kleinen, aber feinen

Ein Hollister-Geschäft darf auf der Fifth Avenue nicht fehlen.

Aufführungssaal hervorragende Konzerte mit klassischen und avantgardistischen Künstlern. Und das alles gratis. Eine Seltenheit in Manhattan.
Geht man auf der Fifth Avenue Richtung Central Park, gelangt man zu einem Hotelbau aus dem Jahr 1907. Architekt Henry Janeway Hardenbergh gestaltete das »Plaza Hotel« im Stil eines überdimensionalen französischen Renaissanceschlosses. Seit Jahrzehnten zählt es zu den vornehmsten Adressen der Stadt. Die Beatles logierten hier während ihres ersten USA-Besuchs im Jahr 1964, und Eartha Kitt und Liza Minelli traten im Persian Room auf. Letztere soll in den Fünfzigerjahren Vorbild für die beliebte Kinderbuchfigur *Eloise* gewesen sein, die mit einem Kindermädchen und einem Hauslehrer im obersten Stock des »Plaza Hotels« wohnt und im ganzen Haus allerlei Schabernack treibt. Junge amerikanische Bücherwürmer können in die ganz in Rosa gehaltene Eloise-Suite einchecken. Auch einige Szenen von F. Scott Fitzgeralds Roman *The Great Gatsby* spielen im heute von der Fairmont-Gruppe geführten »Plaza«. Anlässlich der Filmpremiere im Jahr 2013 gestaltete die Designerin Catherine Martin eine Art-déco-Suite, in der sich Daisy Buchanan wohlgefühlt hätte. In der Plaza Food Hall werden Gerichte und Cocktails aus den Zwanzigerjahren serviert. Stilvoll zu leben war noch nie so einfach!

AUTORENTIPP!

UNSER TÄGLICHES BROT

Von Belgien aus trat diese auf rustikal gestylte Bäckerei Le Pain Quotidien ihren Siegeszug an. In Manhattan befinden sich bereits 30 Filialen. Und was da serviert wird, ist wirklich lecker: Firmengründer Alain Coumont setzt seit Beginn auf Biozutaten. Französisches Landbrot und Himbeertörtchen schmecken wie frisch aus der Provence. Das lukullische Vergnügen beginnt bereits mit dem Frühstück: Da können Gäste zwischen Joghurt mit frischen Beeren und Müsli, verschiedenen Omeletten und Reispudding wählen. Zu Mittag geht es mit Suppen, Salaten und Tartines mit Eiaufstrich oder Prosciutto, Feigen und Birnen weiter. Und zwischendurch werden erlesene Weine, Biere und Kaffeespezialitäten ausgeschenkt.

Le Pain Quotidien. 53rd St./5th Ave., New York, NY 10022;
44th St./Madison Ave., New York, NY 10017 und Rockefeller Center, New York, NY 10019, www.lepainquotidien.us

Der Lesesaal der New York Public Library sieht aus wie ein Renaissance-Palast.

Infos und Adressen

SEHENSWÜRDIGKEITEN

Austrian Cultural Form (Österreichisches Kulturforum). Raimund Abrahams geniale Lösung für eine sehr schmale Baulücke erstreckt sich über 24 Stockwerke. 200 erstklassige Gratisveranstaltungen pro Jahr. Die Galerie ist täglich von 10 bis 18 Uhr geöffnet. E. 52nd St. 11. New York, NY 10022, Tel. 212 319 5300, www.acfny.org

New York Public Library. Pompöser Marmorbau mit herrlichen Kassettendecken. Gratisausstellungen von hohem Kaliber. Mo, Do, Fr, Sa 10–18 Uhr, Di/Mi 10–20 Uhr, So 13–17 Uhr, Fifth Avenue/42nd Street. New York, NY 10018, Tel. 917 275 6975. www.nypl.org

Onassis Cultural Foundation. Sonderausstellungen über hellenistische und byzantinische Kunst. Fifth Avenue 645, Suite 304, New York, NY 10022, Tel. 212 486 4448, www.onassisusa.org

St. Patrick's Cathedral. Die größte katholische Kirche in New York. Tgl. 6.30–20.45 Uhr, 5th Avenue/51st St., New York, NY 10019, www.stpatrickscathedral.org

St. Thomas Church. Anglikanische Kirche mit exzellentem Knaben- und Männerchor. Tgl. 7.30–18.30 Uhr, W. 53rd St. 1, New York, NY 10019, www.saintthomaschurch.org

Trump Tower. An dem postmodernen Glaspalast des Immobilienmagnaten ist an sich nichts Auffallendes, aber in ihm befinden sich eine Shopping Mall sowie eine Aussichtsterrasse, von der man einen guten Blick auf die umliegende Gegend genießt. Fifth Ave. 725. New York, NY 10022

ESSEN UND TRINKEN

Great American Health Bar. Ein vegetarisches Restaurant unter all den Hotdog-Ständen. 35 W. 57th St., New York, NY 10019, Tel. 212 355 5177, www.greatamericantogo.com

Hale & Hearty Soups. Schmackhafte Suppen und frische Salate. Preiswert. W. 56th St. 55, New York, NY 10019, Tel. 212 245 9200, www.haleandhearty.com

Im Austrian Cultural Forum finden interessante Ausstellungen statt.

Little Brazil. Mehrere brasilianische Restaurants haben sich auf der 46. Straße zwischen der Fifth und der Sixth Avenue angesiedelt. Das Beste darunter: Via Brasil, W. 46th St. 34, New York, NY 10036, www.viabrasilrestaurant.com

ÜBERNACHTEN

Four Seasons Hotel. Von I. M. Pei gestalteter Hotelpalast mit Marmorlobby. Das Nonplusultra in Sachen Luxus. E. 57th St. 57. New York, NY 10022, Tel. 212 758 5700, www.fourseasons.com/newyorkfs

Plaza Hotel. New Yorks berühmtestes Hotel wird jetzt von der Fairmont-Gruppe geführt. Der 20-stöckige Hotelpalast aus dem Jahr 1907 sieht wie ein riesiges französisches Château aus. Besonders erlesen: der Nachmittagstee im »Palm Court« von 14 bis 17 Uhr. Fifth Ave./Central Park South, New York, NY 10019, Tel. 212 759 3000, www.fairmont.com/the-plaza-new-york

Pod Hotel. Zimmer zum Teil mit Stockbetten. Preiswert. Hotel für junge Leute. E. 57th St. 230, New York, NY 10022, Tel. 212 355 0300, www.thepodhotel.com

Shoreham Hotel. Modernes Boutiquehotel. Ledermassagesessel, gute Matratzen. W. 55th St. 33, New York, NY 10019, Tel. 212 247 6700, www.shorehamhotel.com

Sofitel-New York. Modernes, komfortables Hotel unter französischer Führung. 45 West 44th Street, New York, NY 10036. Tel. 212 354 8844, www.sofitel.com

EINKAUFEN

A/X Armani Exchange. Armanis billigere und flottere Linie. Fifth Ave. 645/51st St., New York, NY 10022, armaniexchange.com

American Girl. Ein Puppenparadies. Der Traum jedes amerikanischen Mädchens. Fifth Ave. 609/49th St., New York, NY 10017, www.americangirl.com

Cartier. Französischer Edeljuwelier. Fifth Ave. 653/52nd St., New York, NY 10002, www.cartier.us

Diamond District. Auf der 47. Straße zwischen der Fifth und der Sixth Avenue reiht sich ein Schmuckgeschäft an das nächste.

Gap. Eine von Amerikas beliebtesten Jeansmarken. Fifth Avenue 680/53rd St., New York, NY 10019, www.gap.com

Harry Winston. Marilyn Monroe's best friend. Fifth Ave. 718/56th St., New York, NY 10019, www.harrywinston.com

Hollister. Klamotten für Preppies. Fifth Ave. 52nd St. 668, New York, NY 10103, www.hollister.com

Gemütlich und ungezwungen: die »M Bar« im »Mansfield Hotel«

Blick auf das Chrysler Building vom »Four Seasons Hotel«

J. Crew. Hier kleidet sich Michelle Obama ein. Fifth Ave. 620/Rockefeller Plaza, New York, NY 10112, www.jcrew.com

NBA Store. Alles, was das Basketballerherz begehrt. Fifth Ave. 666/52nd St. New York, NY 10036, www.nba.com/nycstore/

Reem Acra. Die aus dem Libanon stammende Modedesignerin kreiert Traumkleider mit dem Flair von 1001 Nacht. Angelina Jolie und Hillary Clinton sind Kundinnen. Fifth Ave. 730, Suite 205, New York, NY 10019, www.reemacra.com

Tiffany's. Der Name spricht für sich. Fifth Ave. 727/57th St, New York, NY 10022, www.tiffanys.com

Van Cleef & Arpels. Berühmt für seine Edelsteintiere. Fifth Ave. 744/57th St., New York, NY 10022. www.vancleefarpels.com

ANFAHRT

U-Bahn-Linien B, D, F, M zu 47–50th Street/ Rockefeller Center

Oben: Im Rockefeller Center befinden sich viele Skulpturen.
Unten: Bildhauer Anish Kapoor stellte 2006 beim Rockefeller Center einen Sky Mirror auf.

25 Rockefeller Center

Giganten aus Stein

Das Herzstück der Fifth Avenue ist das Rockefeller Center zwischen der 47. und der 52. Straße. »Das Stonehenge des wirtschaftstreibenden Menschen« nannte es der englische Kulturkritiker Cyril Connolly. Tatsächlich sind in den 19 Art-déco-Gebäuden der »Stadt innerhalb der Stadt« viele Unternehmen untergebracht. Reisende kennen es vor allem als New Yorks berühmteste Piazza mit dem großen Weihnachtsbaum.

»Reich wie ein Rockefeller« ist im Englischen ein oft benutzter Vergleich. Die Familie war als eine der ersten im 19. Jahrhundert in der Ölindustrie tätig und konnte so einen gigantischen Reichtum anhäufen. Wie viele amerikanische Milliardäre vergaß sie jedoch auch ihre philanthropische Mission nicht. So gab John D. Rockefeller jr. (1874–1960) während der Weltwirtschaftskrise von 1932 bis 1940 40 000 Menschen Arbeit. Sie bauten für ihn auf einer Fläche von 89 000 Quadratmetern rund um die Fifth Avenue für die damals unglaubliche Summe von 250 Millionen

MAL EHRLICH

MORGENSTUND HAT GOLD IM MUND

Um die Weihnachtszeit kann einem das Gedränge rund um das Rockefeller Center schon zu viel werden. Alle wollen den Weihnachtsbaum sehen und eine Runde auf dem Eislaufplatz drehen. In den Lokalen und Geschäften stehen die Menschen Schlange. Es empfiehlt sich daher, zu dieser Zeit in der Früh unter der Woche zu kommen.

Dollar 14 Wolkenkratzer. Architekt Raymond Hood (1881–1934) schuf Art-déco-Gebäude von schlichter Schönheit, deren symmetrisch abgestufte, geradlinige Pfeiler sich in den Himmel zu recken scheinen. Jeden Tag zieht es Tausende NewYork-Besucher auf die je nach Saison anders gestaltete Plaza, von der man im Winter einen guten Blick auf den Eislaufplatz unterhalb der Straßenebene und den riesigen, fast 30 Meter hohen Weihnachtsbaum hat. Der Baum steht genau hinter der goldfarbigen Prometheus-Statue, die über dem Eislaufplatz zu schweben scheint. Der Gedanke, dass der hübsche, von Paul Manship (1885–1966) gestaltete Titan der Menschheit das Feuer brachte, erwärmt die Herzen der Besucher in der kältesten Jahreszeit. Reisende, die ihre Schlittschuhe nicht in den Koffer gepackt haben, können sich hier ein Paar ausleihen.

Top of the Rock

Dahinter erhebt sich der 70 Stockwerke hohe GE-Wolkenkratzer auf Rockefeller Plaza 30, der höchste im gesamten Ensemble. Ganz oben hat die Rockefeller-Familie ihr Büro. Wer genauso hoch hinauswill, sollte den Aufzug zu »Top of the Rock« nehmen, der mit Swarovski-Kristallen veredelten Aussichtsplattform. Von ihr bietet sich der wahrscheinlich beste Blick über Midtown, denn man sieht perfekt auf das Chrysler und das Empire State Building. Die Fernsehstation NBC strahlt von diesem Gebäude beliebte Sendungen wie *Saturday Night Live* aus. Die TV-Serie *30 Rock* mit Tina Fey und Alec Baldwin spielte angeblich hier.
John D. Rockefeller war ein Kunstmäzen. Die weitläufige Lobby des GE-Wolkenkratzers zieren viele Art-déco-Wandmalereien und Friese von Lee Lawrie (1877–1963). Über dem Haupteingang mahnt eine Statue, dass »Weisheit und Wissen die Stabilität jedes Zeitalters garantieren sollen«.

AUTORENTIPP!

ABSTECHER ZUM UNO-HAUPT-GEBÄUDE

John D. Rockefeller errichtete nicht nur das weltweit größte Wolkenkratzerensemble auf eigene Faust, sondern verschenkte nach dem Zweiten Weltkrieg das Land, auf dem die Vereinten Nationen ihr Hauptgebäude errichteten. Von der 42. Straße und der Fifth Avenue geht man nach Osten bis zur First Avenue. Da erblickt man schon das Sekretariatshochhaus im internationalen Stil, das von einem Team von elf Architekten unter der Führung von Le Corbusier und Oscar Niemeyer gestaltet wurde. Bis 2015 werden Plenarsaal, Bibliothek und alle anderen Gebäude generalsaniert. Besucher können zum Teil jetzt schon die Wandmalereien von Fernand Léger und Cândido Portinari und Buntglasfenster von Marc Chagall sehen.

United Nations Headquarters.
42nd–47th Street/First Ave.,
New York, NY 10017, Führungen unter der Woche müssen online gebucht werden unter
http://visit.un.org/wcm/content/

Der schwedische Künstler Carl Fredrik Reuterswärd schuf diese Skulptur nach dem Tod seines Freundes John Lennon.

Oben: Was ein guter Wolkenkratzer sein will, verjüngt sich nach oben. **Unten:** Der goldene Prometheus kündet vom Reichtum auf der Fifth Avenue.

Ursprünglich hatte der mexikanische Künstler und Frida-Kahlo-Gefährte Diego Rivera (1886–1957) eine 99 Quadratmeter große Wand in der Lobby des Wolkenkratzers gestaltet. »Der Mensch am Kreuzweg blickt mit Hoffnung auf eine neue und bessere Zukunft« war das Thema der Wandmalerei. Es zeigte Alkohol trinkende Society-Damen, Menschen mit Geschlechtskrankheiten sowie ein Bildnis von Lenin, den der Kommunist Rivera sehr verehrte. Das war Nelson Rockefeller, Sohn von John, jedoch zu viel. Er ließ das Werk im Jahr 1934 zerstören und durch Szenen zum Thema Fortschritt in Amerika ersetzen, die der katalanische Künstler Josep Maria Sert (1874–1945) schuf. Lee Lawries und Rene Chambellans (1893–1955) Atlas-Statue in der Fifth Avenue trägt den Erdball seit 1934 auf ihren Schultern. Bauchmuskeln hat der stramme Mann für diese Aufgabe genug. Die Erdachse weist dabei auf den Nordstern, von New York aus betrachtet. Der Platz vor dem Eislaufplatz und der Prometheus-Statue wird auch als temporäre Ausstellungsfläche genutzt. So zeigte der indische Bildhauer Anish Kapoor im Jahr 2006 seinen 10.6 Meter langen Sky Mirror, in dem sich unter all den Wolkenkratzern ein Stück Himmel widerspiegelt. Im Rockefeller Center befinden sich Dutzende Geschäfte und Restaurants, zum Teil in den noch original im Art-déco-Stil erhaltenen Kellergeschossen. Ursprünglich sollte die Metropolitan Opera hier gebaut werden. Wegen der Weltwirtschaftskrise wurde daraus jedoch nichts. All jene, die auf Vergnügen aus sind, sollten daher der Radio City Music Hall einen Besuch abstatten. Der Name des Konzertgebäudes weist darauf hin, dass es zu einer Zeit gegründet wurde, als das Radio den Ton angab. Zur Weihnachtszeit legen die elfenbeinigen Rockettes beim »Christmas Spectacular« eine flotte Nummer aufs Parkett. Und das Publikum tappt mit den Füßen zu *Rudolph the Red Nosed Reindeer* mit.

Infos und Adressen

SEHENSWÜRDIGKEITEN

»Top of the Rock«. Die wahrscheinlich beste Aussicht über Midtown. Tgl. 8–17 Uhr. Rockefeller Plaza 30. New York, NY 10122, Tel. 212 698 2000, www.topoftherocknyc.com

NBC Studio Tour. Ein Blick hinter die TV-Kulissen von beliebten Sendungen wie *Saturday Night Live* und *Late Night with Jimmy Fallon.* Mo–Sa 8.30–17.30 Uhr, So 9.15–16.30, Rockefeller Center 30, New York, NY 10122, Tel. 212 664 3700, www.nbcstudiotour.com

ESSEN UND TRINKEN

Chipotle Mexican Grill. Vor über zehn Jahren übernahm McDonald's diese Bioburritokette, die schmackhafte und Magen füllende mexikanische Sandwiches frisch produziert. West 48th St. 129, New York, NY 10020, www.chipotle.com

Morrell Wine Bar & Café. Einer der bekanntesten Wein-Shops der Stadt bietet hier ein nicht zu teures Prix-Fix-Lunch mit erlesenen Tropfen an. Sonntags geschlossen. Rockefeller Plaza 1, New York, NY 10020, Tel. 212 262 7700, www.morrellwinebar.com

EINKAUFEN

Banana Republic. Lässige und leistbare Mode. Fifth Ave. 630, New York, NY 10112, Tel. 212 947 4350, www.bananarepublic.com

Metropolitan Museum of Art Store. Edle Souvenirs aus allen Stilepochen. West 49th St. 15, New York, NY 10020, Tel. 212 332 1360, www.store.metmuseum.org

INFORMATION

Rockefeller Center. Riesiges Art-déco-Geschäftszentrum mit 14 Gebäuden. Täglich um 10 Uhr führt ein Kunstexperte am Eingang des »Top of the Rock« zu den wichtigsten Sehenswürdigkeiten des Centers. 47th bis 52nd Street zwischen Fifth und Sixth Avenue, New York, NY 10122, www.rockefellercenter.com

ANFAHRT

U-Bahn-Linien B, D, F, M zu 47-50th Street/ Rockefeller Center, Linien N, R, Q zur 49th Street, Linie 1 zu 50th Street, Linie 6 zu 51st St.

Zu Weihnachten werden in New York bombastische Dekorationen angebracht.

Oben: In Riesenlettern wirbt das Museum für sich selbst.
Unten: Cy Twomblys Werke sind ein ätherischer Genuss.

26 Museum of Modern Art

Cherchez la femme!

Obwohl das weltweit größte Museum moderner Kunst 1929 von drei Frauen gegründet wurde, ist der Bestand an von weiblicher Hand geschaffenen Werken gering. Besucher sollten deshalb weit die Augen öffnen und eindrucksvolle Gemälde und Skulpturen von Frida Kahlo, Georgia O'Keefe, Louise Bourgeois, Valie Export und Yoko Ono suchen. Immer mehr Frauen-Power kommt auch in den Sonderausstellungen zum Vorschein.

Das Museum of Modern Art (MoMA) in der 53rd Street geht ebenfalls auf eine Initiative der Rockefeller-Familie zurück. Abby Aldrich Rockefeller (1874–1946), Ehefrau von John D. Rockefeller, war der modernen Kunst zugetan. Van Gogh, Chagall und Matisse zählten zu ihren Lieblingsmalern.
Ihr Mann teilte ihren Enthusiasmus jedoch nicht. So beschloss sie 1929, mit zwei Freundinnen ein Museum für moderne Kunst zu errichten. Eine davon, Lillie P. Bliss, hinterließ dem Museum nach ihrem Tod im Jahr 1931 ihre Sammlung von 150 Meisterwerken moderner Kunst. Wertvolle Picassos, Cézannes, Modiglianis und Gauguins bildeten damit den Kern des MoMA.
Die Sammlung ist inzwischen auf 100 000 Objekte der Spitzenklasse angewachsen. Obwohl Abby Rockefellers Mann John gegen moderne Kunst war, stiftete er das Grundstück, auf dem das Museum heute steht. Der ursprüngliche Bau wurde von Philip Johnson in den Fünfziger- und Sechzigerjahren errichtet und von Cesar Pelli in den Achtzigerjahren erweitert. 2002 begann der japanische Architekt Yoshio Taniguchi, die bestehende

Der Central Park liegt ganz in der Nähe des MoMA.

Ausstellungsfläche zu verdoppeln. Die einzelnen Stockwerke sind so ineinander verschachtelt, dass sie von Gängen und durch große Fenster Ausblick auf andere Ebenen und Kunstwerke bieten.

Seerosen und Sternennacht

Besucher beginnen ihre Tour am besten im 5. Stock, wo die Glanzstücke der Sammlung von den Achtzigerjahren des 19. Jahrhunderts bis zu den Vierzigerjahren des 20. Jahrhunderts ausgestellt sind. Hier finden sich Claude Monets berühmte *Seerosen*, Gemälde aus den Jahren 1914 bis 1926, in denen Himmel und Teich ineinander überzugehen scheinen. Auch Vincent van Goghs *Sternennacht* aus dem Jahr 1889 ist hier ausgestellt. Es verdeutlicht die Sehnsucht des Künstlers nach der Unendlichkeit. Im 4. Stock geht es mit Sammlungsschwerpunkten weiter, die bis in die Achtzigerjahre des 20. Jahrhunderts reichen. Jackson Pollocks *Drip Paintings* aus den Fünfzigerjahren beeindrucken durch sein abstrakt-rhythmisches Muster. Andy Warhols ikonenhafte *Campbells Soup Cans* aus dem Jahr 1962 erhoben Konsumgüter zum Kunstobjekt.

Im dritten Stockwerk geht das Museum auf Architektur, Design, Zeichnung und Fotografie ein. Der Macintosh 128 Home Computer von Apple aus

AUTORENTIPP!

EDLES MUSEUMSRESTAURANT

Den Ausblick auf den Skulpturengarten des MoMA genießen Gäste vom ebenerdig gelegenen Museumsrestaurant »The Modern«. Die Ästhetik des Bauhauses herrscht im Interieur vor. Möbelstücke von Meistern des modernen Designs harmonieren mit den riesigen, jedoch schlichten Blumenarrangements. Während im Restaurant mehrgängige Menüs serviert werden, kann man sich im Bar Room auch auf einen kleinen Happen hinsetzen. Restaurantimpresario Danny Meyer führt das Unternehmen. Jedes einzelne Gericht nimmt sich wie ein Kunstwerk aus. Der Küchenchef fertigt Pralinen aus Foie Gras und pochiert Wachteln in einer Wacholder-Consommé.

The Modern.
Bar Room Mo–Sa 11.30–22.30 Uhr, So 11.30–21.30 Uhr, Restaurant Mo bis Fr 12–14 Uhr, Mo–Sa 17–22.30 Uhr, So geschlossen, W 53rd St. 9. New York, NY 10019,
Tel. 212 333 1220,
themodernnyc.com

Oben: Im MoMA haben Besucher auch immer wieder den Ausblick ins Freie.
Unten: Das Museum bietet viel Platz für moderne Skulpturen.

dem Jahr 1983 hat in der Designabteilung genauso hohen Kultstatus wie Charles Rennie Mackintoshs Jugendstilmöbel aus dem Jahr 1897. Das MoMA war auch das erste Museum, das im Jahr 1951 ein Auto ausstellte. Der feuerrote Cisitalia 202 GT von Pininfarina ist ein schnittiger Zweisitzer, dessen Teile von Hand geschaffen wurden.

Wo sind die Frauen?

Pablo Picassos *Les Demoiselles d'Avignon* aus dem Jahr 1907 ist eines der unumstrittenen Meisterwerke in der Sammlung. Dieses Gemälde bereitete dem Kubismus und der Fragmentierung der Bildteile den Weg. Die fünf Prostituierten scheinen aus dem Bild und auf den Betrachter zu fallen. Es zeigt deutlich, dass Frauen im MoMA Gegenstand künstlerischer Betrachtung sind, als schaffende Künstlerinnen in der Sammlung jedoch nur eine Randexistenz fristen. Deshalb ist es umso wichtiger, dass Kunstfreunde die Sonderausstellungen im 6. und 2. Stock besuchen, in denen Künstlerinnen mehr Platz eingeräumt wird.
In den permanenten Ausstellungsräumen sollten Besucher daher zum Beispiel Frida Kahlo und Louise Bourgeois besonderen Tribut zollen. Erstere brachte in ihren sehr farbenfrohen Bildern ihre Existenz als chronische Schmerzpatientin zum Ausdruck, Letztere setzte sich in ihren überlebensgroßen Skulpturen mit Themen wie sexuelle Spannung und Eifersucht auseinander. Im *Abby Aldrich Rockefeller Sculpture Garden* stehen Skulpturen, die das Wetter gut überdauern. Auch hier wieder viele Männer: Alberto Giacometti, Pablo Picasso, Alexander Calder und Juan Miró. Doch die deutsche Künstlerin Katharina Fritsch steuerte ebenfalls eine rätselhaft zusammengewürfelte Figurengruppe mit dottergelber Madonna und einem keulenschwingenden Steinzeitmenschen bei. Allerdings ist dieses Werk nur vorübergehend ausgestellt…

Infos und Adressen

ESSEN UND TRINKEN

Má Pêche. Tausendsassa David Chang betreibt im »Chambers Hotel« ein Restaurant, in dem schmackhafte Spezialitäten wie gebratener Reis mit Hummer, Kokosnuss, Curry und Cilantro serviert werden. W. 56th St. 15, New York, NY 10019, Tel. 212 757 5878, www.momofuku.com/new-york/ma-peche

ÜBERNACHTEN

Chambers Hotel. Jedes Zimmer sieht wie ein High tech-Künstlerloft aus. Große Fenster, Blick ins Wolkenkratzermeer. Kunstwerke von John Waters und Do-Ho Suh. West 56th St. 15, New York, NY 10019, Tel. 212 974 5656, www.chambershotel.com

EINKAUFEN

Manolo Blahnik. Diana Vreeland, die Chefredakteurin der amerikanischen *Vogue*, ermutigte den gelernten Bühnenbildner im Jahr 1970, sich auf Schuhdesign zu konzentrieren. W 54th St. 31. New York, NY 10019, Tel. 212 582 3007, www.manoloblahnik.com

MoMA Store. Neben Postkarten, Büchern und Postern finden sich hier auch pfiffige Design- und Schmuckobjekte, darunter der Bananenbunker von Paul R. Stremple, ein Hartplastikgehäuse, das den quetschfreien Transport der Frucht im Rucksack ermöglicht. West 53rd St. 11, New York, NY 10019, Tel. 212 708 9700, www.momastore.org

INFORMATION

Museum of Modern Art. Spitzenwerke moderner Kunst, darunter *Les Demoiselles d'Avignon* von Picasso und *Sternennacht* von Vincent van Gogh. Mo–Do, Sa, So 10.30–17.30 Uhr, Fr 10.30–20 Uhr, Museumsbesuch Fr von 14–20 Uhr gratis, 11 W. 53rd St., New York, NY 10019, Tel. 212 708 9400, www.moma.org

ANFAHRT

U-Bahn-Linien E, M bis 5th Ave./53rd St.

Das Museum of Modern Art (MoMA) ist ein Magnet für junge Leute.

Fünfzig Jahre Architekturgeschichte sind auf diesem Bild vereint.

27 Skyscraper City
Wolkenkratzer-Wunderland

Als »Cathedrals of Commerce« – Handelskathedralen – gingen die ersten Wolkenkratzer in die Geschichte ein. Erfunden wurden sie im 19. Jahrhundert in Chicago. Manhattan übernahm diese Art der Bebauung sehr schnell, da es auf der Insel bereits vor 100 Jahren zu Platzmangel kam. Viele der ersten Wolkenkratzer verjüngen sich dreimal nach oben, da sie laut Stadtverordnung den Lichteinfall auf die Straße nicht behindern durften.

Nirgendwo in New York sind Wolkenkratzer besser zu bewundern als in Midtown. Das Chrysler Building an der Ecke Lexington Avenue und 42. Straße ist wohl das Eleganteste in der New Yorker Skyline. Architekt William Van Alen (1883–1954) setzte ihm 1928 eine Art-déco-Krone aus rostfreiem Stahl auf. Wie der Zierrat an den Autos der Goldenen Zwanzigerjahre hat auch diese Krone kantige Zacken und abgerundete Kuppen. Grimmig dreinblickende Adler schießen wie die Wasserspeier einer gotischen Kathedrale an den Ecken des 61. Stockwerks aus dem Gebäude. Sie wurden im Jahr 1929 in Kleinversion auch als Kühlerfigur auf alle Chrysler-Autos gesetzt.

Ein Deutscher schafft eine Ikone

Ludwig Mies van der Rohe (1886–1969), einer der wichtigsten Architekten der Moderne, schuf das braun getönte Seagram Building im Jahr 1957 an der Ecke Park Avenue und 52. Straße. Der einfach wirkende Quader gilt als der Prototyp des internationalen Stils. An sein Stahlgerüst wurden Glas-

wände gehängt, die den Großteil des Gebäudes ausmachen. Form folgt hier Funktion: Das Seagram Building sollte ursprünglich Werbung für den Alkoholmulti sein, in dessen Besitz es war. Mies van der Rohe verwendete braun getönte Scheiben für den Bau, sodass der Wolkenkratzer wie ein riesiges Whiskyglas aussieht. All jene Wolkenkratzer, die in den Fünfziger- und Sechzigerjahren im Schachtelstil der internationalen Moderne gebaut wurden, verjüngten sich nicht mehr dreimal nach oben. Architekten wie Mies van der Rohe planten offene und öffentlich zugängliche Plätze im unmittelbaren Umkreis der Wolkenkratzer, die der Begegnung dienen.
Das von Hugh Stubbins (1912–2006) gestaltete Citigroup Center an der 53. Straße zwischen der Lexington und der Third Avenue hebt sich markant von der Skyline ab. Sein Dach verläuft diagonal in einem 45-Grad-Winkel. Der 1977 erbaute Riese steht auf 35 Meter hohen Säulen, die nicht an die Ecken des Gebäudes, sondern in die Mitte der vier Seitenwände gestellt wurden. Dadurch scheint es fast über dem Boden zu schweben.

Ein Haus wie ein Kosmetikaccessoire

Vollkommen kantenlos ist ein Nachbar des Citigroup Center, Philip Johnsons 1986 fertiggestelltes Lipstick Building. Wie ein Lippenstiftetui scheinen sich seine drei nach oben verjüngenden ovalen Teile ineinanderschieben zu lassen. In seiner Farbgebung ließ sich der Architekt ebenfalls von der Kosmetik inspirieren. Die beiden dezenten Brauntöne würden gut in eine Puderdose passen. Pikantes Detail am Rande: Im 17. Stockwerk des Gebäudes prellte Bernard Madoff Investoren jahrzehntelang um 50 Milliarden Dollar.
Philip Johnson hatte 1984 bereits einen Wolkenkratzer für den Telekommunikationsgiganten

AUTORENTIPP!

JAZZ MIT AUSSICHT

Als das Time Warner Center 2004 eröffnete, übernahm die Jazzlegende Wynton Marsalis die Führung des Weltklasse-Jazz-Zentrums und dreier Veranstaltungssäle. Das Rose-Theater ist das Herzstück des Musikzentrums. Seine Architekten stellten sich der Herausforderung, den akustisch perfektesten Raum auf der ganzen Welt zu gestalten. Mithilfe einer flexiblen Schalung kann der Saal den akustischen Bedürfnissen von Opern, Symphonieorchestern und Tanzveranstaltungen angepasst werden. Intimer ist Dizzy's Club Coca Cola. Besucher lauschen hier hervorragenden Jazzmusikern und blicken durch die Glasfassade auf das Lichtermeer rund um den Central Park.

Jazz at Lincoln Center. Broadway at 60th Street, Time Warner Center, New York, NY 10019, Tel. 212 258 9800, www.jalc.org

Das Lipstick Building fasziniert mit seiner runden Form.

Spaziergang zwischen Skyscrapern

Zwischen den vielen Wolkenkratzern in New York verliert man oft den Überblick. Auf diesem Spaziergang erkunden Reisende die architektonisch interessantesten Gebäuderiesen.

A Chrysler Building. Lexington Ave. 405/42nd St.

B Seagram Building. Park Ave 375/52nd St.

C Citigroup Center. 53rd St. 599/Lexington & Third Ave.

D Lipstick Building. Third Ave. 885/53rd St.

E Hearst Tower. West 57th St. 300/8th Ave.

F Time Warner Center. Columbus Circle 10

Postmoderne Formgebung im Sony Tower

AT&T an der Madison Avenue Ecke 55th Street konzipiert, der sich heute im Besitz von Sony befindet. Dieser Gigant sticht ebenfalls sofort ins Auge, denn sein dreieckiges Dach hat ein kreisrundes Loch. In seiner postmodernen Phase hatte Johnson Anleihen beim Möbeldesign des 18. Jahrhunderts genommen. Dieses aus negativem Raum bestehende Ornament findet sich auch auf barocken Kästen von Thomas Chippendale (1749 bis 1822).

Wolkenkratzer als Passivhäuser

Wandert man auf die 57. Straße und Eighth Avenue, besticht ein weiteres, 2006 eröffnetes Supergebäude. Das Hearst Building ist der Sitz des gleichnamigen Medienimperiums. Der briti-

AUTORENTIPP!

LEBEN WIE EIN KAISER

Eines der elegantesten Hotels New Yorks belegt 19 Stockwerke des Time Warner Center. Vom 35. bis zum 54. Stock genießen Gäste des »Mandarin Oriental« eine weite Sicht auf die Baumspitzen des Central Park. Bei der Gestaltung des Mobiliars kommt der asiatische Ursprung der Hotelkette zum Vorschein: Die Kissen könnten in einem Sultanspalast nicht schöner sein, die schwarz lackierten Tische erinnern an chinesische Schmuckkästchen. Vom Pool im 36. Stock genießt man den Blick auf den Hudson River. Die Skyline ist auch vom geräumigen Spa aus sichtbar. Wer einen Hauch von Luxus einatmen will, sollte zumindest der Bar einen Besuch abstatten.

Mandarin Oriental. 80 Columbus Circle, Time Warner Building, New York, NY 10023, Tel. 212 805 8800, www.mandarinoriental.com/newyork/

Im »Mandarin Oriental« blickt man vom Pool auf den Central Park.

Oben: Die Kolumbusstatue nimmt sich vor dem Time Warner Building etwas klein aus.
Unten: Ausblick von der Lobby des Time Warner Building

sche Stararchitekt Norman Foster (*1935) setzte einen 46 Stockwerke hohen Glasturm auf das Art-déco-Gebäude, das der österreichische Baukünstler Joseph Urban 1928 hochgezogen hatte. Auf den ersten Blick springen die vielen Dreiecksglaspaneele ins Auge, für einen Wolkenkratzer ungewöhnlich. Der Wolkenkratzer ist auch umweltfreundlich. Das auf dem Dach gesammelte Regenwasser wird zum Kühlen und Beheizen des Gebäudes verwendet. Es macht damit dem *New York Times*-Gebäude in der 43. Straße Ecke Eighth Avenue Konkurrenz. Bei dem von Renzo Piano (*1937) entworfenen, kreuzförmigen Turm blocken Keramikstäbe an der Außenfassade den direkten Sonneneinfall ab und entlasten dadurch die Klimaanlage.

Ein Riese am Central Park

Beim Columbus Circle öffnete 2004 ein neuer Gigant seine Pforten. Das Time Warner Center wurde von David Childs (*1941) vom renommierten Architekturbüro Skidmore, Owings & Merrill gestaltet. Die beiden Wolkenkratzertürme waren die ersten Monumentalbauten, die nach der Zerstörung der Twin Towers aus dem Boden gestampft wurden. Auf subtile Weise lassen sie sich von der Stadtlandschaft Manhattans inspirieren: Das gitterförmige Muster ihrer Glasfassade imitiert das Straßenraster von New York. Von 69 Stockwerken blickt man hier auf den Central Park. All jene, die an den Türmen vorbeigehen, bleiben mit ihrem Blick zuerst an einem vollständig verglasten, 20 Stockwerke hohen Vorgebäude und einigen Nebengebäuden hängen. Die Time-Warner-Türme ragen aus diesen verschachtelten Strukturen wie Bergriesen aus einem Gebirge heraus. 1,7 Milliarden Dollar flossen in den Bau dieses Komplexes. Der Konstruktionskünstler komponierte hier eine Ode an New York – aus Glas, Stahl und Beton.

Infos und Adressen

Time Warner Center. Im Time Warner Center kann man einen ganzen Tag verbringen, ohne dass es langweilig wird. Neben edlen Geschäften und Restaurants hat auch der Mediengigant Time Warner hier ein Heim gefunden. Im Einkaufszentrum ist auch Raum für große Skulpturen. Wenn erwachsene Besucher an Fernando Boteros Adamsfigur vorbeigehen, sind sie genau auf Augenhöhe mit seinem männlichsten Teil.

Exklusive Schuhe und Handtaschen locken in der Auslage.

ESSEN UND TRINKEN

Bar Masa. Japanische Gourmetküche von Küchenchef Masa Takayama. Time Warner Center, 10 Columbus Circle, 4. Stock, Tel. 212 823 9800, New York, NY 10019, www.masanyc.com

Landmarc. Französisch-amerikanische Küche zu angemessenen Preisen. Time Warner Center, 10 Columbus Circle, 3. Stock, Tel. 212 823 6123, New York, NY 10019, www.landmarc-restaurant.com

Per Se. Thomas Keller führt in New Yorks wichtigstem Gourmettempel Regie. Reservierung unbedingt erforderlich. Time Warner Center, 10 Columbus Circle, 4. Stock, New York, NY 10019, Tel. 212 823 9335, www.perseny.com

EINKAUFEN

Cole Haan. Elegantes Schuhwerk mit klugem Komfortdesign. Time Warner Center, 10 Columbus Circle, Erdgeschoss, New York, NY 10019, Tel. 212 823 9420, www.colehaan.com

True Religion. Bestickte Jeans für Möchtegern-cowboys. Time Warner Center, 10 Columbus Circle, 1. Stock, New York, NY 10019, Tel. 212 209 5970, www.truereligionbrandjeans.com

Thomas Pink. Maßgeschneiderte Hemden aus London. Time Warner Center, 10 Columbus Circle, Erdgeschoss, New York, NY 10019, Tel. 212 823 9650, www.thomaspink.com

Whole Foods. Biosupermarkt mit feinen Produkten und gutem Selbstbedienungsrestaurant. Time Warner Center, 10 Columbus Circle, Kellergeschoss, New York, NY 10019, Tel. 212 823 9600, www.wholefoods.com

Williams-Sonoma. Geschirr für Liebhaber feiner Küche. Time Warner Center, 10 Columbus Circle, Erdgeschoss, New York, NY 10019, Tel. 212 581 1146, www.williams-sonoma.com

ANFAHRT

U-Bahn-Linien A, C, 1, 2, 3 bis 59th Street/ Columbus Circle

Weihnachtssterne in der Lobby des Time Warner Building

UPTOWN

Sehenswürdigkeit, Denkmal
Aktivität, Ausgehen, Theater
Museum, Galerie
Shopping
Restaurant, Bar, Café
Übernachtungsmöglichkeit
Kirche, Synagoge
0
100 m
N
Central Park
Guggenheim Museum
Neue Galerie
Metropolitan Museum
Jill Newhouse Gallery
De Vera
Olive & Bettes
Everything but Water
The Mark Hotel
Loeb Boathouse Restaurant
Kenneth W. Rendell Gallery
Whitney Museum of American Art
Asia Society
Americas Society
Central Park Zoo
Central Park Carousel
Le Pain Quotidien
Bethesda Terrace
Sheep Meadow
Strawberry Fields
The Ramble
Belvedere Lake
Heckscher Playground
American Museum of Natural History
New York Historical Society
Nylo
Verdi Square
Sherman Square
Lincoln Towers
Lincoln Center
Lincoln Square
Metropolitan Opera House
Empire Hotel
Museum of Biblical Art
Columbus Circle
Museum of Arts and Design
JW Marriott Essex House
Ritz Carlton Hotel
Plaza Hotel
FAO Schwartz
David Burke Townhouse
Roosevelt Island Tramway
Neely's Barbecue Parlor
Hospoda
JBird Cocktails
Sushi of Gari
Franklin Hotel
Marmara Hotel
Academy Museum
Rockefeller University
Franklin D. Roosevelt Island
FDR Four Freedoms Park
Queensboro Bridge
West Channel
UPPER EAST SIDE
Franklin D. Roosevelt Drive (East River Drive)
Miller Highway
Riverside Boulevard
Freedom Place
Broadway
Amsterdam Avenue
Columbus Avenue
Central Park West
West End Avenue
Fifth Avenue
Madison Avenue
Park Avenue
Lexington Avenue
Third Avenue
Second Avenue
First Avenue
York Avenue
Seventh Avenue
(Museum Mile)
Transverse Road No1
Transverse Road No2
81st St Museum of Natural History
72nd St
66th St Lincoln Center
59th St Columbus Circle
57th St 7th Av
57th St
7th Av
5th Av 59th St
59th St
Lexington Av 63rd St
68th St Hunter College
86th St
79th St
27
28
29
30
31
33
35

Charles County Pan Fried Chicken
37 Cloisters
Harlem's Heaven Hat Boutique
Hip Hop Church
Montefiore Square
Hamilton Pl.
W. 145th St.
Cotton Club
Abyssinian Baptist Church
Miss Maude's Spoonbread
Schomburg Center
Abyssinia
Harlem
36
Roosevelt Square
Apollo Theater
Atmos NYC
Hue-Man Bookshop
Aloft Hotel
Red Rooster
Sylvia's
Studio Museum in Harlem
Nicholas
East 125th St.
Harlem Underground
Efuru Guest House
Eugene McCabe Way
Mount Morris Park West
Columbia University
Saint Nicholas Terr.
Frederick Douglass Blvd.
Adam Clayton Powell
Lenox Avenue
Fifth Avenue
Henry Hudson Parkway
Riverside Drive
St. John's the Divine Kathedrale
Miss Mamie's Spoonbread Too
Smoke
Marrakech
Ding Dong Lounge
Cathedral Pkwy (110th St)
103rd St
96th St
86th St
116th St
Central Park North (110th St)
Amy Ruth's
Harlem Heritage Tourism & Cultural Center
Cuchifritos 116
Casa LAtina Music Shop
Settepani
Ellington Circle
Harlem Meer
The Great Hill
North Meadow
El Museo del Barrio
Museum of the City of New York
Transverse Road No4
Jacqueline Kennedy Onassis Reservoir
Jewish Museum
Wales
Cooper-Hewitt National Design Museum
Fifth (Museum Mile)
UPPER WEST SIDE
34
Mermaid Inn
Barney Greengrass
Children's Museum of Manhattan
Artie's
Ditch Plains
Hudson River

Oben: Über New York zu schweben ist ein unbeschreibliches Gefühl.
Unten: Wie ein Boudoir in New Orleans sieht Neely's Barbecue Parlor aus.

28 59th Street Bridge & Gondel

Hoch über dem East River

Die Roosevelt Island Tramway ist die einzige Gondel in Nordamerika, die als öffentliches Verkehrsmittel genutzt wird. Wer mit ihr eine Fahrt zu der zwei Kilometer langen Roosevelt Island antritt, schwebt fünf Minuten lang 80 Meter hoch durch den urbanen Hochhausdschungel und über den Fluss. Von der Gondel aus genießt man den Blick auf die UNO-Gebäude und die fein verästelte Queensboro Bridge.

Eine von New Yorks am wenigsten beachteten Attraktionen befindet sich an der Ecke 59th Street und Second Avenue. Eine knallrote Gondel schwebt hier über die Köpfe aller von Manhattan nach Roosevelt Island. Das gute Stück könnte einem Tiroler Skiort entsprungen sein. Berggefühl kommt jedoch keines auf. Eher ein »Blade-Runner-Feeling«. Wie ein Raumschiff schwebt die Gondel dicht an den Hochhäusern vorbei. Passagiere bekommen einen kurzen Einblick in das Privatleben der New Yorker: Ein Single isst sein Abendbrot auf dem Sofa vor der Mattscheibe. Eine alte Dame frisiert ihren Pudel. Ein viel beschäftigter Generaldirektor diktiert am Telefon.
Roosevelt Island Tramway heißt die an New Yorks U-Bahnnetz angeschlossene Gondel. Sie verbindet die Einwohner der Insel seit 1976 mit Manhattan. Auf der 0,59 Quadratkilometer großen Insel stand im 19. und frühen 20. Jahrhundert ein Krankenhaus für Sträflinge sowie für geisteskranke Menschen. Auch heute herrscht auf Roosevelt Island mit den Hochhäusern aus den Siebzigerjahren noch eine institutionelle Atmosphäre. Die Architekten Philip Johnson (1906–2005) und John Burgee (*1933)

entwarfen Ende der Sechzigerjahre einen Raumplan, der die Insel in drei Zonen teilte. Dieser Plan sah eine vollkommen verkehrsfreie Insel vor, was bis zum heutigen Tag auch zum Großteil noch immer der Fall ist. Die Bewohner fahren mit Kleinbussen zu den Anschlusspunkten ans Verkehrsnetz nach Manhattan und Queens. Wer die Insel im East River kennenlernen will, sollte sie ebenfalls mit dem roten Shuttlebus erkunden. Am südlichen Ende steht die Ruine des Smallpox Hospital aus dem Jahr 1854, in dem pockenkranke Menschen interniert waren. Vom neu restaurierten Four Freedoms Park hat man eine gute Sicht auf das UNO-Hauptgebäude.

Eine Brücke wie aus Matador

Von der Gondel genießt man auch den Blick auf die Queensboro Bridge, die im Volksmund 59th Street Bridge genannt wird. Ihr dicht verzweigtes Netz von Stahlträgern verbindet Manhattan mit Queens schon seit dem Jahr 1909. Simon & Garfunkel besangen sie in ihrem Lied *Feeling Groovy*, und Woody Allen ließ die erste Szene seines Kultfilms *Manhattan* mit George Gershwins *Rhapsody in Blue* als Hintergrundmusik hier spielen. F. Scott Fitzgerald bewegt die Brücke im Roman *The Great Gatsby* zu der Aussage: »Von der Queensboro Bridge aus betrachtet, sieht man die Stadt immer wieder wie zum ersten Mal.«
Wer von Gondelfahrt und Inselbesuch hungrig geworden ist, sollte einen Abstecher zu »Neely's Barbecue Parlor« auf der First Avenue machen, denn Roosevelt Island hat in Sachen Restaurant nicht viel zu bieten. Mit seinen Ziergittern und roten Seidentapeten ist das Lokal ganz auf New Orleans gestylt. Hier steht »southern food« auf dem Programm, also *spare ribs* und *deep fried pickles*, große, in Panade frittierte Essiggurken. In New York so einzigartig wie die Roosevelt Island Tramway!

Infos und Adressen

SEHENSWÜRDIGKEITEN

FDR Four Freedoms Park. Am südlichen Ende von Roosevelt Island, zu Fuß ca. 15 Minuten von der Gondelstation entfernt. Besucher können von der Gondelstation zu Fuß zur Main Street gehen und für 25 Cents mit einem der roten Busse fahren. Die Ruine des Smallpox Hospital steht am Eingang zum Park.
Tgl. 9–17 Uhr, Di geschlossen,
New York, NY 10044,
www.fdrfourfreedomspark.org

ESSEN UND TRINKEN

JBird Cocktails. Exzellente Drinks, z. B. Moscow Mutt mit Wodka und Heidelbeersirup. 339 E 75rd St.,
New York, NY 10021,
Tel. 212 288 8033, www.jbirdny.com

Neely's Barbecue Parlor. Schmackhaftes Soul Food. 1125 First Ave.,
New York, NY 10065,
Tel. 212 832 1551,
www.neelysbbqparlor.com

INFORMATION

Queensboro Bridge. Hat auch einen Fußweg. Der Zugang ist auf der 60. Straße zwischen First und Second Avenue.

Roosevelt Island Tramway. Station in der Second Avenue/59th St. Verkehrt 24 Stunden lang. Kosten wie für eine normale U-Bahntahrt.

ANFAHRT

U-Bahn-Linien 4, 5, 6, N, R bis 59th St./Lexington Ave.

Oben: Eine Wohnung mit Parksicht ist heiß begehrt.
Unten: Auch Hunde fühlen sich im Central Park wohl.

29 Central Park

Die grüne Lunge der Metropole

In ihrem liebsten Naherholungsgebiet entkommen New Yorker dem geschäftigen Treiben der Stadt. Sie joggen um das Wasserreservoir oder besuchen mit ihren Kindern einen der weitläufigen Spielplätze. Besonders Sportliche rollerbladen durch die Alleen oder schwingen beim Baseball den Schläger. Im Winter zieht der Eislaufplatz am Woolman Rink all jene an, die gern über glattes Eis gleiten. Und das vor einer beeindruckenden Skyline.

Mit seinen 3,6 Quadratkilometern nimmt der Central Park sechs Prozent der Fläche von Manhattan ein. Seine Größe entspricht der des gesamten Zwergstaats Monaco. Bis zum Jahr 1853 war die Gegend noch Sumpfland. Dann beschloss die Stadtverwaltung, ein Erholungsgebiet für die immer stärker anwachsende Bevölkerung zu errichten. Die Landschaftsarchitekten Frederick Law Olmsted

MAL EHRLICH

ESSEN IM CENTRAL PARK

In ganz Manhattan kurven Food Trucks herum, die das herrlichste Essen – von chinesischen Klößen bis zu Kimchi-Tacos – vor den Augen der hungrigen Massen zubereiten. Will man sich im Central Park an einem schnellen Happen laben, kommt man allerdings in Verlegenheit: Auf weiter Flur gibt es nur Hotdogs, Brezen und Eis. Mit etwas Glück ergattert man ein Souvlaki gleich außerhalb des Parks. Wer diese Essverordnung schrieb, dachte nicht daran, welch feine Geschmacksknospen die New Yorker besitzen.

Vom Top of the Rock sieht man auch auf den Central Park.

(1822–1903) und Calvert Vaux (1824–1895) wurden damit beauftragt, das riesige Areal zu gestalten. Sie wollten einen Park schaffen, der von Menschen aus allen sozialen Klassen genutzt werden kann. Um eine möglichst ruhige Anlage zu kreieren, hatten Olmsted und Vaux die geniale Idee, die den Park durchquerenden Straßen auf einer niedrigeren Ebene anzulegen als die Erholungsflächen und sie teilweise sogar durch Tunnel zu führen.

Fauna und Flora

Was so von Natur geschaffen erscheint, ist das Ergebnis eines langen Gestaltungsprozesses. 26 000 Bäume spenden hier heute Sauerstoff. 36 Brücken und Bögen winden sich malerisch über Bäche. Zugvögel haben den Central Park zur Raststation auserkoren. Hin und wieder wird auch ein Weißkopfseeadler, der Nationalvogel der Vereinigten Staaten, gesichtet. Diese Adler waren schon fast ausgestorben, doch aufgrund von Rettungsmaßnahmen haben sie sich im Bereich des oberen Hudson River wieder vermehrt und statten dem Central Park hin und wieder einen Besuch ab. Sogar eine für Amerika neue Art von Tausendfüßler wurde im Central Park im Jahr 2002 entdeckt. Das im Laub lebende, ein Zentimeter große und mit 84 Beinen ausgestattete Tierchen kam wahrscheinlich mit einer Pflanzenladung aus Ost-

AUTORENTIPP!

MUSEUM OF ARTS AND DESIGN

Das Museum of Arts and Design widmet sich der angewandten Kunst. Hier befinden sich riesige, bunte Kronleuchter von Amerikas wichtigstem Glaskünstler Dale Chihuly sowie kunstvoll gestaltete Bioartefakte aus Insekten, Federn, Knochen und Haaren. Auch eine »Teen Night« gibt es hier, bei der Jugendliche sich die Ausstellungen ansehen, tanzen und basteln können. Das Museumsrestaurant »Robert« ist ebenfalls einen Abstecher wert. Digitale Knospen öffnen sich auf riesigen Bildschirmen und spiegeln sich in der Fensterfassade des mit Designklassikern bestückten Lokales wider. Schöner Blick über den Central Park!

Museum of Art and Design. Di, Mi, Sa, So 10–18 Uhr, Do/Fr 10–21 Uhr, Columbus Circle 2, New York, NY 10019, Tel. 212 299 7777, www.madmuseum.org
Robert. Columbus Circle 2, New York, NY 10019, Tel. 212 299 7730, www.robertnyc.com

AUTORENTIPP!

PUTTIN' ON THE RITZ

Verträumt-romantisch gibt sich das Ritz-Carlton am Central Park South. In den Zimmern mit antikem Ambiente zählen die Leintücher 400 Fäden pro Quadratzentimeter und der Sound kommt aus Geräten von Bang & Olufsen. In den Deluxe Park View Rooms steht ein eigenes Teleskop bereit. Ein Technik-Butler ist jederzeit zur Stelle, um etwaige Computerprobleme zu lösen. Vor dem Haus steht ein Bentley, in dem Gäste gratis in der Gegend herumkutschiert werden. Ein paar Tropfen Frédéric-Fekkai-Badeessenzen fließen in die Marmorbadewanne, und schon kann man seine Muskeln entspannen, falls man einen Lauf im Central Park dem Bentley vorgezogen hat. Außerdem gibt es hier eines der wenigen La Prairie Spas außerhalb der Schweiz.

Ritz-Carlton Hotel. Central Park South 50, New York, NY 10019. Tel. 212 308 9100, www.ritzcarlton.com

Erdbeeren mit Schokoladetunke sind eine Spezialität des Ritz-Carlton Hotels.

asien nach New York. Auch auf seine 1700 Ulmen kann der Park stolz sein. In den restlichen Vereinigten Staaten fiel der Großteil dieser Baumart einer Seuche zum Opfer.
Der Central Park war schon zweimal dem Verfall preisgegeben: Anfang des 20. Jahrhunderts und in den Sechzigerjahren, als New York am Rand des Bankrotts stand. Er schien damals mehr Diebe anzuziehen als Spaziergänger. Heutzutage ist der Park tagsüber sicher. Mit einem Budget von 150 Millionen Dollar pro Jahr stellt die Central Park Conservancy sicher, dass er gehegt und gepflegt wird und Touristen nichts passiert.

Rundgang durch den Park

Viele Besucher betreten den Park vom südöstlichen Ende, genauer vom »Plaza Hotel« an der Ecke Fifth Avenue und Central Park South (59th Street) aus. Auf dem nach dem Philanthropen Lawrence Wien benannten Spazierweg schlendern sie in nördliche Richtung, vorbei am Wollman Rink, einem 1949 angelegten Eislaufplatz. Wenn der Atem wie Rauch in der Luft hängen bleibt, gleiten New Yorker gern über die spiegelglatte Oberfläche. Hier bietet sich ihnen ein unwiderstehliches Panorama:
Am Südrand des Parks ragen monumentale, über 100 Jahre alte Steinriesen in den Himmel.
Auf der Ostseite, auf Höhe der 65. Straße, liegt der Zoo des Central Park. Der ist zwar nicht so groß und weitläufig wie jener in der Bronx, fasziniert jedoch Klein und Groß mit seinen 150 Tierarten. Der Zoo ist in drei Bereiche unterteilt, in eine tropische, eine gemäßigte und eine arktische Zone. Staunende Kinderaugen beobachten dickfellige Eisbären, wie sie vom Felsen springen und unter Wasser tauchen. Da das gesamte Becken verglast ist, kommen die Kleinen dem größten Raubtier der Welt ganz nah. Mit ihrem krächzenden Gequieke und gierigen Geschnappe nach Fischen

Rundgang im Central Park

New Yorks grüne Oase will erkundet werden. Auf einem Spaziergang durch den Park begegnen Besucher vielen verschiedenen Tieren und Pflanzen.

A Woolman Rink. Romantischer Eislaufplatz mit tollem Blick auf die Wolkenkratzer rundherum. Höhe West 64th St./Sixth Ave.

B Heckscher Playground. Der größte Spielplatz im Central Park umfasst über 12 000 Quadratmeter. Die Kleinen schwingen hier gern auf den Schaukeln, die Großen üben sich auf ein paar großen Felsen im Klettern.

C Central Park Zoo. Hübscher kleiner Zoo mit 150 Tierarten.
Höhe East 65th St.

D Sheep Meadow. Riesige Liegewiese, von April bis Mitte Oktober geöffnet. Hier finden auch politische Demonstrationen statt.
Höhe 66th bis 69th St./zwischen 7th und 8th Ave.

E Rumsey Playfield & Bandshell. Austragungsort der Gratis-»Summerstage«-Konzerte.
Höhe West 72nd St./5th–6th Ave.

F Bethesda Terrace. Hier tanzten die Hippies im Filmmusical *Hair*.
Höhe West 72nd St./6th–7th Ave.

G Strawberry Fields. Kleiner Gedenkpark für John Lennon.
Höhe West 72nd St./Central Park West

H Loeb Boathouse. Restaurant mit schönem Blick über die Teichanlage.
Höhe West 74nd St./6th–7th Ave.

I Delacorte Theater. Freilufttheater für *Shakespeare in the Park*.
Höhe West 81st St./7th Ave.

J Jacqueline Kennedy Onassis Reservoir. Riesiger Wasserteich mit Geh- und Radweg.
Höhe West 85th St.–West 97th St./5th Ave.–7th Ave.

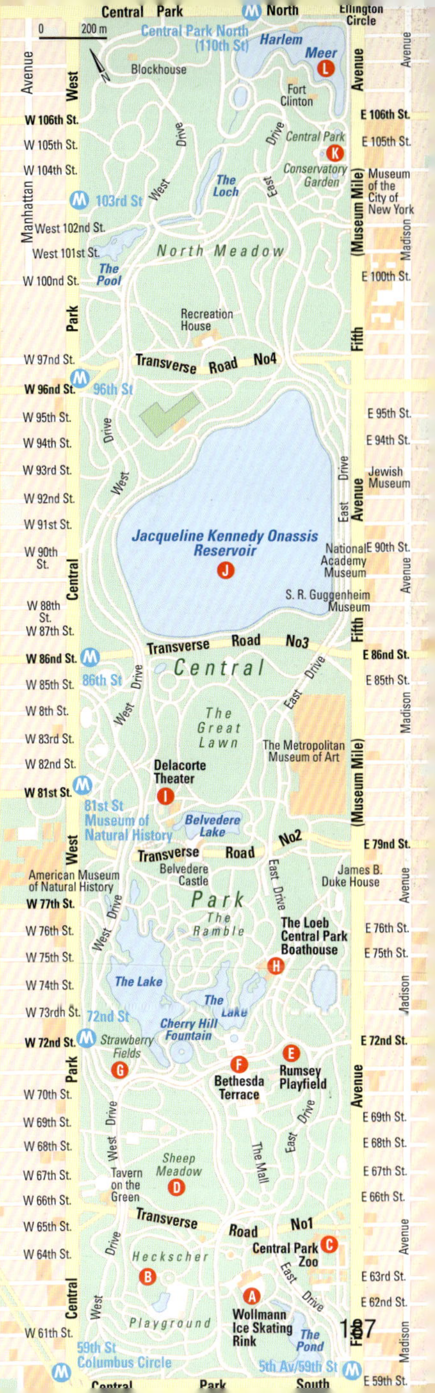

Oben: Manchmal fühlt man sich im Central Park wie in der Wildnis.
Mitte: Beim Imagine-Denkmal hinterlassen Fans Andenken an John Lennon.
Unten: Auch Friedrich von Schiller erhielt im Central Park eine Büste.

bringen die Pinguine Besucher oft zum Lachen. Die beiden Männchen Roy und Silo sind die Stars im Becken. Wissenschaftler verfolgten jahrelang ihre gleichgeschlechtliche Liebesbeziehung. Sie wollten viele Jahre von keinem Weibchen etwas wissen. Als sie sich daranmachten, einen Stein auszubrüten, gaben ihnen die Wärter ein Ei, und tatsächlich schlüpfte nach einigen Wochen ihr Baby Tango, das sie zweieinhalb Monate zärtlich umsorgten.

The Age of Aquarius begann hier

Die Bethesda Terrace auf Höhe der 72. Straße diente als Filmkulisse für das Musical *Hair*. Rund um ihren Engelsbrunnen, das Herzstück des Parks, tanzten langhaarige Hippies und beschworen den Anbruch des Wassermannzeitalters. In eine englische Parklandschaft fühlen sich Spaziergänger versetzt, wenn sie den Teich nördlich der Bethesda Terrace erkunden. Wagemutige rudern hier eine Runde. Rund um den Teich verläuft The Ramble, eine Waldlandschaft mit hohen Bäumen. Die beste Sicht auf das Wasser haben Besucher vom Boathouse. Auf seiner Terrasse werden saftige Krabbenküchlein und Tuna-Sashimi serviert, eine kulinarisch raffinierte Alternative zu den Hotdog- und Brezen-Ständen. Der Weg rund um das Reservoir auf Höhe der 85. bis 95. Straße und Fifth Avenue war die bevorzugte Joggingstrecke von Jacqueline Kennedy Onassis. Dort ging sie auch mit ihren Enkelkindern spazieren. Oder sie führte sie auf einen der 21 Spielplätze im Central Park. Jener auf Höhe der 81. Straße und Central Park West wurde von Poplegende Diana Ross gestiftet, die von ihrem Apartment im gegenüberliegenden Beresford Building den Kleinen beim Schaukeln und Rutschen zuschauen kann.
Eine gute Sicht auf den Park genießen Besucher vom Belvedere Castle in der Mitte des Parks, einer viktorianischen Märchenfantasie aus dem

Um den Bethesda-Brunnen spielt sich immer etwas ab.

Jahr 1865. Die Granitburg dient aber auch einem nützlichen Zweck. Von hier werden die Wetterdaten an Rundfunkstationen gesendet.

Theater im Park

Wenn die Temperaturen im Sommer die 30-Grad-Grenze überschreiten, zieht es die New Yorker ins Delacorte-Freilufttheater auf Höhe der 81. Straße. Kevin Kline mimt hier Richard III. und Heinrich IV., Anne Hathaway die Viola. Auf der Summerstage beim Rumsey Playfield bei der 72. Straße geht im Juli und August die Post ab. Für Gratiskonzerte mit World-Music-Stars wie dem Brasilianer Jorge Ben Jor kommen Musikliebhaber aus allen Bezirken hierher, viele von ihnen sind Immigranten.
Wer den Park von Harlem aus betritt, entdeckt ebenfalls einige Attraktionen. Das »Harlem Meer« ist eine renovierte Teichanlage, in der Besucher fischen können. Haben sie die Forellen einmal gefangen, müssen sie diese jedoch wieder aussetzen. Auch Schildkröten und Enten tummeln sich hier. Der Conservatory Garden ist in einen französischen, italienischen und englischen Bereich unterteilt. Im Frühling und Sommer duftet es hier herrlich!

AUTORENTIPP!

EIN MAGNET FÜR KINDER
Zwei rote Zinnsoldaten salutieren am Eingang von New Yorks berühmtestem Spielzeuggeschäft, FAO Schwartz. Seit über 150 Jahren finden Kinder hier die schönsten Puppen und Teddybären. Nach vorheriger Buchung können Besucher mit den zu Menschen gewordenen Zinnsoldaten das Riesengeschäft erkunden. Interaktiv geht es im Big Piano-Raum zu, wo Klein und Groß auf den Tasten eines überlebensgroßen Klaviers herumhüpfen. Im Muppet What-Not Workshop modellieren Eifrige eine Handpuppe nach ihrem Ebenbild. Ansonsten können sich Besucher natürlich dem Kaufrausch hingeben: Von Babyspielzeug bis zu ausgeklügelten Lego-Robotern gibt es hier einfach alles.

FAO Schwartz. 5th Ave./58th St., New York, NY 10153, Tel. 212 644 9400, www.fao.com

Infos und Adressen

SEHENSWÜRDIGKEITEN

Central Park Zoo. Ein hübscher Zoo mit Eisbären, Pinguinen, Schneeleoparden und roten Pandas. Anfang Nov. bis Anfang April tägl. 10–16.30 Uhr, danach Mo–Fr 10–17 Uhr, Wochenende und Feiertage 10–17.30 Uhr, Fifth Ave 830, New York, NY 10065, Tel. 212 439 6500, www.centralparkzoo.com

Auch auf einer Kutschenfahrt lässt sich der Park gut erkunden.

ESSEN UND TRINKEN

Le Pain Quotidien. Die beliebte französisch-rustikale Kette hat sich im Mineral Springs Pavilion nördlich der Sheep Meadow niedergelassen. Gratis-Wi-Fi. 69th St., New York, NY 10023, Tel. 646 233 3768, www.lepainquotidien.com

Loeb Boathouse Restaurant. Von diesem hübschen Restaurant überblicken Besucher den Teich im Central Park. Das Restaurant vermietet auch Fahrräder und Ruderboote oder animiert zu einer Gondelfahrt. Die Küche serviert Quiche Lorraine und Räucherfischplatte. Für den schnellen Hunger gibt es das »Express Café«. East 72nd St./East Drive, New York, NY 10021, Tel. 212 517 2233, www.thecentralparkboathouse.com

ÜBERNACHTEN

JW Marriott Essex House. Art-déco-Luxuswolkenkratzer. Angelina Jolie gehört das Penthouse. Central Park South 160, New York, NY 10019, Tel. 212 247 0300, www.marriott.com

Sushi Shop. Ein minimalistisches, in Schwarz- und Beigetönen gehaltenes Lokal auf der vornehmen Madison Avenue serviert Sushi-Skulpturen. Die Verpackung gestaltete Rock-Legende Lenny Kravitz. West 52nd St. 31, New York, NY 10019, Tel. 212 840 5555, www.mysushishop.com

AKTIVITÄTEN

Central Park Carousel. Auf 57 prächtig geschnitzten Pferden reiten Kinder im Kreis. Das Karussell stammt von Coney Island und wurde im Jahr 1908 fertiggestellt. Mi geschlossen. 65th St. Transverse, New York, NY 10023, Tel. 212 439 6900.

Fahrradverleih. Die Central Park Bike Rental and Tour Company veranstaltet Radtouren durch den Park, auf denen Teilnehmer viele Plätze sehen, an denen Szenen von Filmen wie *Hannah & Her Sisters* gedreht wurden. 57th St. 348/Ninth Ave., New York, NY 10019, Tel. 212 664 9600, www.bikerentalcentralpark.com

Kutschenfahrt durch den Central Park. Obwohl Tierschützer es als eine Quälerei betrachten, dass Pferde bei jedem Wetter Dutzende Male pro Tag durch den Central Park gehetzt werden, mindert das die Popularität der Kutschenfahrt nicht. Sie sind jedoch ziemlich teuer und sollten im Voraus gebucht werden. Auf Wunsch werden in der Kutsche auch Rosen und Schokolade bereitgestellt. Carrie und Big hätten auch Sekt gewünscht, aber das geht in den USA wegen der strengen Alkoholvorschriften nicht. www.centralpark.com/tours/horse-carriage

Pedicab Tour. Auch auf einer Rischka können sich Besucher durch den Central Park fahren lassen. www.centralpark.com/guide/tours/pedicab.html

Kissenparade im Ritz-Carlton Hotel

INFORMATION

Der **Central Park** erstreckt sich über den Bereich 59th St./Fifth Avenue bis zur West 110th St./ Eighth Avenue. Besucher können sich innerhalb des Parks leicht an den Laternenmasten orientieren. Die ersten zwei Zahlen auf einer kleinen Metalltafel zeigen an, auf welcher Straßenhöhe sie sich befindet. Bei Tageslicht ist der Park sehr sicher. Nachts ist Vorsicht geboten.
Die Parkverwaltung organisiert auch verschiedene Aktivitäten, von Schachspielen über Eislaufen und Fischen bis hin zu Baseball- und Basketballspielen, Hockey und Vogelbeobachtungstouren. Auf diese Weise lernt man Einheimische kennen!
Fünf **Visitor Center** befinden sich im Park, das Dairy Visitor Center, eine viktorianische Schäferhütte in der Mitte des Parks auf der Höhe der 65. Straße, das Cheese & Checkers House in der Mitte des Parks auf Höhe der 64. Straße, das Belvedere Castle auf der Höhe der 79. Straße, das Charles A. Dana Discovery Center auf der Höhe der 110. Straße zwischen Fifth und Lenox Avenue und das North Meadows Recreation Center auf der Höhe der 97. Straße in der Mitte des Parks. Die meisten von ihnen sind täglich von 10 bis 17 Uhr geöffnet.

ANFAHRT

U-Bahn-Linien N, R bis Fifth Avenue/59th St., A, B, C, D, 1 bis 59th St./Columbus Circle:
Von der East Side. Linie 6 bis 68th, 77th, 96th, 103rd und 110th St., Linien 4, 5, 6 bis 86th.
Von der West Side. Linie C bis 72nd, 81st, 86th, 96th, 103rd St. und bis Cathedral Parkway/110th St.

Die vornehme Lobby des »JW Marriott Essex House«

Oben: Antike Skulpturen im überdachten Garten des Met-Museums.
Unten: Grimmig blickt die Maske drein.

30 Metropolitan Museum
Auf zum Kunstmarathon

Die zweitgrößte Kunstsammlung der Welt sticht auf der »Museum Mile« auf der Fifth Avenue mit ihrem imposanten Bau im Beaux-Arts-Stil hervor. Von perfekt proportionierten griechischen Jünglingen aus gleißendem Marmor bis zu skorpionförmigen aztekischen Goldbroschen, filigranen japanischen Holzschnitten und dem Punktemeer pointilistischer Landschaftsmaler findet sich hier alles.

»Aus diesem Museum könnte eines Tages etwas werden«, prophezeiten Newland Archer und Ellen Olenski 1872 in Edith Whartons Roman *Zeit der Unschuld*. Mit »diesem Museum« ist das Metropolitan Museum of Art gemeint, das damals noch in den Kinderschuhen steckte. Eine Gruppe von Philanthropen folgte dem für ihre Zeit neuartigen Trend und ließ ein Gebäude errichten, wo auch die Öffentlichkeit ihre Kunstsammlung bestaunen konnte. In einem nicht allzu großen neugotischen Bau auf der Fifth Avenue und der 81. Straße, am Rande des 1859 entstandenen Central Park, wurde das Museum 1870 angesiedelt.

Kunst für Kenner

Fast 150 Jahre später ist aus dem Metropolitan Museum wirklich etwas geworden: Mit zwei Millionen Werken und einer Gesamtfläche von fast 200 000 Quadratmetern ist es nach dem Louvre das zweitgrößte Museum der Welt. Das neugotische Exterieur wich 1902 einer klassizistischen Beaux-Arts-Fassade. Amerikas Crème de la crème ist mittlerweile aus ihren Palais um das Museum ausgezogen. Von ihren historischen Villen haben

In der Lobby des Metropolitan Museum ist immer was los.

andere Kunstinstitutionen Besitz ergriffen, weshalb der Abschnitt der Fifth Avenue zwischen 70. und 105. Straße »Museum Mile« genannt wird. Das Metropolitan Museum zieht jährlich fast fünf Millionen Besucher an. Sie verlaufen sich in den Hallen des weiträumig angelegten, imposanten Kunstpalasts. Seine Sammlung umfasst bedeutende Werke aus 5000 Jahren und zahlreichen Kulturen.

Ins alte Ägypten

Besucher unter zwölf Jahren schätzen besonders die ägyptische Abteilung im ersten Stock. Über 35 000 ausgestellte Exponate können sie ihren Blick schweifen lassen, von Amuletten des heiligen Skarabäus-Käfers bis zu Sarkophagen für Katzenmumien und einer Büste von Pharao Tutanchamun. Sogar ein ägyptischer Tempel ist hier zu bestaunen. Der aus dem Jahr 15 v. Chr. stammende, reich mit Hieroglyphen verzierte Tempel von Dendur wurde den Vereinigten Staaten vor dem Bau des Assuan-Staudamms 1963 geschenkt. Dekorative Papyrus- und Lotospflanzen sind in seine Mauern gemeißelt, ein Zeichen dafür, dass er aus dem fruchtbaren Niltal stammt.
Ins ferne China entführt der Ming-Garten in der chinesischen Abteilung im zweiten Stock. Dort schwimmen Goldfische in einem kleinen Teich unter einem Wasserfall, und eine hübsche Pagode zeugt vom Ahnenkult des Reichs der Mitte.

AUTORENTIPP!

FRICK COLLECTION
Die »Museum Mile« beginnt an der Ecke Fifth Avenue und 70. Straße. Dort residierte zu Beginn des 20. Jahrhunderts der Kohle- und Stahlmagnat Henry Clay Frick (1849–1919). Er veranlasste, dass sein Palais und seine Sammlung alter Meister nach seinem Tod in ihrem Originalzustand erhalten bleiben. Besucher wandeln durch Zimmer, die mit französischen Rokokomöbeln bestückt sind. Jean-Honoré Fragonards Bilderserie *Der Fortschritt der Liebe* hing einst im Boudoir von Madame DuBarry, der Favoritin Ludwigs XV. Gemälde von Holbein, Tizian und Velazquez finden sich hier ebenso wie Emailwerke aus Limoges, Perserteppiche und jede Menge Porzellan. Besucher genießen den liebevoll angelegten Garten mit seinen riesigen Magnolienbäumen. Kindern unter zehn Jahren ist der Zutritt jedoch nicht gestattet.

Frick Collection. Di–Sa 10–18 Uhr, So 10–17 Uhr, East 70th St. 1, New York, NY 10021, Tel. 212 288 0700, www.frick.org

Oben: Auf Du und Du mit der Sphinx
Mitte: Auch die alten Rittersleut' reiten durch das Metropolitan Museum.
Unten: Besucher lauschen dem Vortrag mit Interesse.

Beeindruckend ist auch die Sammlung alter Meister im zweiten Stock. Vom Holländer Johannes Vermeer (1632–1675) sind weltweit nur 40 Werke erhalten. Als einziges Museum der Welt besitzt das Metropolitan Museum fünf seiner Gemälde. Genial erfasste der frühbarocke Künstler Interieurs und Stimmungen in niederländischen Städten.

Amerikanische Meisterwerke

Das Metropolitan Museum zeigt sich in Sachen amerikanischer Kunst von seiner stärksten Seite. Emanuel Leutzes (1816–1868) General Washington überquert heldenhaft den Delaware-Fluss. Zu einem Ausflug ins nahe gelegene, romantische Hudson Valley inspirieren Thomas Coles (1801–1848) Malereien. Wie fast kein anderer Amerikaner verstand es John Singer Sargent (1856–1925), hochrangige Mitglieder der Gesellschaft ausdrucksvoll darzustellen. Sein *Porträt von Madame X* rief in Paris 1884 einen Skandal hervor. Wie Elfenbein muten die entblößten Schultern von Virginie Amélie Gautreau an, die sich lasziv zur Seite gedreht hat. Dem Publikum waren ihre grazil gerundeten Formen zu suggestiv. Sargent hielt es für sein bestes Porträt und verkaufte es 1916 an das Metropolitan Museum. Im amerikanischen Flügel verfolgen Besucher, wie sich Interieurs des Landes im Lauf von über 200 Jahren geändert haben. 25 Räume wurden mit Möbeln und Accessoires aus verschiedenen Epochen eingerichtet – der Gegend entsprechend nur mit Mobiliar der obersten Bevölkerungsschichten. Seine Vorstellung von »organischer Architektur« lebte Frank Lloyd Wright (1867–1959) schon vor dem Ersten Weltkrieg aus. Im Wohnzimmer der Villa Little House blickte man einst durch zwei lange Fensterwände auf den Minnetonka-See. Heute sieht man von hier den Central Park. Die geradlinigen Eichenpaneele erinnern an die Wälder des Bundesstaats an der kanadischen Grenze.

Infos und Adressen

ESSEN UND TRINKEN

Roof Garden Café im Metropolitan Museum of Art. Im Sommer eine Oase der Ruhe. Blick über den Central Park und die historischen Hochhäuser von Central Park West. Besucher sind nicht verpflichtet, etwas zu konsumieren, aber die Martinis haben es in sich. Mai bis Spätherbst, Mo–Do, Fr/Sa 10–20 Uhr, So 10–16.30 Uhr, Fifth Ave. 1000/82–86th St., New York, NY 10028, www.metmuseum.org

Ruhepause im Rooftop Garden

ÜBERNACHTEN

The Mark Hotel. So nah beim Metropolitan Museum wird es teuer. Designer Jacques Grange ließ sich von Pariser Wohnungen der Dreißigerjahre inspirieren. Madison Ave./77th St., New York, NY 10075. Tel. 212 744 4300, www.themarkhotel.com

EINKAUFEN

De Vera. Federico De Vera verkauft ein edles Sortiment an venezianischen Glasobjekten, barocken Heiligenfiguren und Schmuck mit antiken Elementen. East 81st St. 26., New York, NY 10028, Tel. 212 288 2288, www.deveraobjects.com

Met Store. Museumsshop des Metropolitan Museum. Schmuckstücke wie aus Byzanz und der französischen Belle Époque. Fifth Ave. 1000/82–86th St., New York, NY 10028, store.metmuseum.org

Olive & Bettes. Legere Designermode von Nanette Lepore und Amanda Uprichard. 1070 Madison Ave., New York, NY 10028, Tel. 212 717 9655, www.oliveandbettes.com

GALERIEN

Jill Newhouse Gallery. Diese Galerie ist auf Zeichenkunst spezialisiert und verkauft Werke von Rodin, Matisse und Picasso. East 81st St. 4, New York, NY 10028. Tel. 212 249 9216, www.jillnewhouse.com

INFORMATION

Metropolitan Museum of Art. Mit zwei Millionen Sammlungsobjekten das zweitgrößte Museum der Welt. Mo–Do So 10–17.30 Uhr, Fr/Sa 10–21 Uhr, Fifth Ave. 1000/82–86th St., New York, NY 10028, Tel. 212 535 7710, www.metmuseum.org

ANFAHRT

U-Bahn-Linien 4, 5, 6 bis 86th St.

Schön fällt das Licht auf den Tempel von Dendur.

Oben: Klimt, Kokoschka und Konsorten in der Neuen Galerie
Unten: Manhattans goldene Frau: Adele Bloch-Bauer

31 Neue Galerie

Art nouveau auf Hochglanz

In einem einstigen Vanderbilt-Palais werden Meisterwerke des österreichischen und deutschen Jugendstils und Expressionismus ausgestellt. Besucher bekommen hier ein über und über mit Blattgold belegtes Porträt von Adele Bloch-Bauer, der »Mona Lisa Manhattans«, zu Gesicht. Museumsbesitzer Ronald Lauder kaufte dieses Gemälde im Jahr 2006 für 135 Millionen Dollar.

Eine ähnliche Idee wie der Industriemagnat und Museumsgründer Henry Clay Frick hatte der österreichische Emigrant und Kunsthändler Serge Sabarsky (1912–1996), als er Anfang der Neunzigerjahre das ehemalige Palais der Familie Vanderbilt an der Ecke Fifth Avenue und 86. Straße kaufte. Er wollte seine wertvolle Sammlung von Werken des deutschen und österreichischen Jugendstils und Expressionismus in einem angemessenen Rahmen der Öffentlichkeit zugänglich machen. Leider erlebte er die Verwirklichung seines Traumes nicht mehr. Nach Sabarskys Tod im Jahr 1996 eröffnete sein Partner, Kosmetikzar Ronald Lauder, im Jahr 2001 die Neue Galerie. Die deutsche Architektin Annabelle Selldorf gestaltete die Interieurs des neobarocken Hauses äußerst feudal. Die Sammlung umfasst Gemälde, Zeichnungen, dekorative Objekte, Skulpturen und Fotografien aus Österreich und Deutschland aus den Jahren 1890 bis 1940. Die Kuratoren stellen in Ausstellungen immer besonders heraus, wie eng Maler wie Gustav Klimt und Oskar Kokoschka mit den Künstlern der Wiener Werkstätte zusammenarbeiteten. Was Deutschland betrifft, so konzentriert sich die Sammlung auf Künstler der Blauen-Reiter-Gruppe wie Wassily Kandinsky sowie auf das Bauhaus und die Neue Sachlichkeit. Die Sonderausstellungen im zweiten Stock gehen auf Themen wie Kolo Mosers Einfluss auf das Wien der Moderne ein.

Manhattans Mona Lisa

Ein großer Coup gelang Ronald Lauder, als er 2006 Gustav Klimts goldenes Porträt von Adele Bloch-Bauer kaufte, nachdem es die österreichische Republik der Bloch-Erbin Maria Altmann zurückerstatten musste. 135 Millionen Dollar wurden als Kaufpreis kolportiert, was das Gemälde aus dem Jahr 1907 zu einem der teuersten auf der Welt machte. Jetzt strahlt Adele im ersten Stock, und keiner kann sich ihrem geheimnisvollen Lächeln entziehen. Stark ist der Kontrast zwischen ihrem realistisch dargestellten Gesicht und der mit viel Blattgold und -silber bedeckten Bildfläche, in die ihr Kleid gleichsam hineinzufließen scheint. Klimt ließ sich von byzantinischen Mosaiken inspirieren, die er auf einer Reise nach Ravenna gesehen hatte. Das Porträt beweist auch deutlich, dass Klimt mit dem französischen Impressionismus vertraut war.

Cappuccino und Klimttorte

Im Café »Sabarsky« fühlen sich Besucher geradewegs so, als könnten Kokoschka und Schiele jede Minute zur Tür hereinspazieren und sich einen Apfelstrudel mit Melange bestellen. Besucher sitzen hier an kleinen Marmortischen auf Thonet-Bugholzsesseln. Der aus Österreich stammende Küchenchef Kurt Guttenbrunner führt hier Regie und kreierte eine verführerische Klimt-Schokoladentorte, die sich auf die Sinne genauso auswirkt wie der Anblick der kurvigen Schönheiten des Jugendstilkünstlers.Im Kellergeschoss betreibt Guttenbrunner das Café »Fledermaus«. Es ist einem Wiener Kabarett der Zwischenkriegszeit nachempfunden und zeichnet sich besonders durch seine exzellenten Sandwiches aus.

Infos und Adressen

ESSEN UND TRINKEN

Café Fledermaus. Das kleine Café im Kellergeschoss der Neuen Galerie erinnert an Wiens berühmtes Kabarett. Dieselbe Speisekarte und Öffnungszeiten wie im Café »Sabarsky«. Fifth Ave. 1048/86th St. New York, NY 10028, Tel. 212 628 6200, www.neuegalerie.org

Café Sabarsky. Herrliche österreichische Spezialitäten wie Gulasch und Palatschinken in der Neuen Galerie. Mo/Mi 9–18 Uhr, Do, Fr, Sa, So 9–21 Uhr, Di geschlossen, Fifth Ave. 1048/86th St. New York, NY 10028, Tel. 212 288 0665, www.cafesabarsky.com

EINKAUFEN

Design Shop in der Neuen Galerie. Kunstobjekte der Jahrhundertwende, neu produziert. Kimonos mit Wiener Werkstätte-Muster, exklusiv für die Neue Galerie entworfen. Yoko Ono ist eine gern gesehene Kundin. Fifth Ave. 1048/86th St. New York, NY 10028, www.neuegalerie.org

INFORMATION

Neue Galerie. Do–Mo 11–18 Uhr, Di/Mi geschlossen. Fifth Ave. 1048/86th St. New York, NY 10028, Tel. 212 628 6200, www.neuegalerie.org

ANFAHRT

U-Bahn-Linien 4, 5, 6 bis 86th St.

32 Guggenheim Museum & Co.

Nichts für müde Füße!

Das schneckenförmige Guggenheim Museum gilt als eines von New Yorks beliebtesten Wahrzeichen. Wer nach der Begehung der Spirale noch Lust auf mehr Schauen hat, kann die nächsten 20 Blocks zum Jewish Museum, Cooper-Hewitt Design Museum, Museum of the City of New York und zum Museo del Barrio hochwandern. So bekommt man einen wirklich abgerundeten Einblick in die Kulturlandschaft der Metropole.

Frank Lloyd Wright (1867–1959) ist einer der bedeutendsten amerikanischen Architekten. Seine Vorstellung von »organischer Architektur« lebte er schon vor dem Ersten Weltkrieg aus. Eines der wichtigsten Prinzipien seiner Lehre war die Bewahrung der Einfachheit und Ruhe im Raum. Deshalb finden sich in seinen Bauwerken auch fast keine Innenwände. Öffnungen sind als schlichte Ornamente in den Raum integriert.

Formvollendet: das Guggenheim Museum

Drehwurm nicht ausgeschlossen

Im Jahr 1959, im reifen Alter von 92 Jahren, verwirklichte Frank Lloyd Wright diese Grundsätze an der Ecke Fifth Avenue und 88. Straße. Mit einem Schneckenhaus und dem Inneren eines Ohres wurde sein Guggenheim Museum schon verglichen. Eine ungebrochene Welle schwebte Wright vor. Tatsache ist, dass hier die Architektur die darin ausgestellte Kunst übertrumpft. »Wow«, hört man Besucher ausrufen, wenn sie das Haus zum ersten Mal betreten. Durch die blumenförmige gläserne Decke fällt Tageslicht in den Raum. Kunstliebhaber

In das Museum dringt durch das Dachfenster Tageslicht.

wandern den spiralförmigen Gang entlang und bewundern Werke moderner Kunst. Wer seine Beine schonen will, sollte jedoch mit dem Aufzug bis zum obersten Stockwerk fahren und dann langsam den Gang nach unten wandern.
Solomon Guggenheim (1861–1949) war der Sohn eines jüdisch-schweizerischen Einwanderers, der es mit Silber- und Kupferminen zu unermesslichem Reichtum brachte. Nach seiner Pensionierung im Jahr 1919 widmete er sich ganz seiner Kunstsammlung. Auf Anraten der deutschen Malerin Hilla Rebay begann er Ende der Zwanzigerjahre abstrakte Kunst anzukaufen: Picasso, Braque, Kandinsky, Mondrian und wie sie alle heißen. Nachdem er die Werke einige Jahre im »Hotel Savoy Plaza« ausgestellt hatte, zeigte sich der Bedarf für ein eigenes Haus. Der Rest ist Geschichte. Im Lauf der Zeit konnte die Guggenheim Foundation mehrere Privatsammlungen übernehmen. Damit wurde das Museum zu einem der bedeutendsten für die Kunst des späten 19., 20. und 21. Jahrhunderts. Bereits 1948 kaufte es den gesamten Nachlass des deutschen Kunsthändlers Karl Nierendorf und erweiterte seine Sammlung so unter anderem um 50 Werke von Paul Klee. 1978 bekam das Museum die Sammlung von Justin K. Thannhauser geschenkt, hervorragende Werke von

AUTORENTIPP!

EIN HEIM FÜR ANGEWANDTE KUNST

Ein weiteres Kleinod auf der Museum Mile ist das Cooper-Hewitt Design Museum an der Ecke zur 90. Straße. Das riesige Anwesen mit Garten war einst im Besitz von Stahlbaron Andrew Carnegie (1835–1919), dessen Unternehmen es im Jahr 1972 der Smithsonian Institution zur Verfügung stellte. Sein schwülstig-dunkles viktorianisches Interieur steht oft in krassem Gegensatz zu den hier ausgestellten minimalistischen Exponaten. Unter seinen 250 000 Objekten findet sich auch ein Michelangelo-Entwurf für einen siebenarmigen Kerzenleuchter. Der Kunsthistoriker Sir Timothy Clifford ordnete ihn erst 2001 bei einem Forschungsaufenthalt eindeutig dem Künstler zu.

Cooper-Hewitt National Design Museum. Fifth Ave./91st St., New York, NY 10128, Tel. 212 849 8400, www.cooperhewitt.org

Oben: Wie ein riesiger Ohrstöpsel sieht das Guggenheim Museum aus.
Unten: Das Jewish Museum hat ein altes Stadtpalais bezogen.

Impressionisten und Post-Impressionisten wie Monet und Cézanne. Der letzte große Coup war 1992 der Ankauf der Sammlung von Panza di Biumo. Durch den Erwerb minimalistischer und futuristischer Werke aus den Sechziger- und Siebzigerjahren rundete das Museum seinen Bestand ab.

Weiter auf der »Museum Mile«

Geht man auf der Fifth Avenue weiter nördlich, gelangt man an der Ecke zur 92. Straße zum Jewish Museum, dem größten jüdischen Museum außerhalb Israels. Es ist im Palais des ursprünglich aus Deutschland stammenden Bankiers Felix Moritz Warburg angesiedelt. Warburg war vor dem Zweiten Weltkrieg maßgeblich daran beteiligt, vielen deutschen Juden die Ausreise in die USA zu ermöglichen. Die Kontinuität einer über 3000 Jahre alten Kultur zeigt das Museum anhand von 25 000 Exponaten, darunter jüdische Grabsteine aus dem alten Rom und moderne Chanukka-Lampen von Karim Rashid.
Die Geschichte New Yorks zu dokumentieren hat sich das Museum of the City of New York an der Ecke zur 103. Straße zum Ziel gesetzt. Im fünften Stockwerk befindet sich eine Sammlung von Einrichtungsgegenständen, viele auch aus eben jenen Stadtpalais, die in den Zwanzigerjahren der Spitzhacke zum Opfer fielen. Zu seinen Glanzstücken zählt ein »einfaches« Puppenhaus. Die kunstbeflissene Societylady Carrie Walter Stettheimer (1869–1944) stellte es binnen zwei Jahrzehnten fertig. Bei ihren Salons bat sie Künstler wie Marcel Duchamp und Gaston Lachaise, jeweils eines ihrer Bilder klitzeklein zu kopieren. Die Maler leisteten ihrem Wunsch Folge. Auch das gibt es auf der Museum Mile: Meisterwerke in Miniaturform. An der Ecke Fifth Avenue und 104. Straße befindet sich das Museo del Barrio, das sich seit 1969 auf lateinamerikanische und karibische Kunst spezialisierte.

Infos und Adressen

ESSEN UND TRINKEN

Sushi of Gari. Eines der besten Sushi-Lokale in New York. Mo 17–22.45, Di–Sa 17–23.15, So 17–21.45 Uhr, East 78th St. 402/First Ave., New York, NY 10075, Tel. 212 517 5340, www.sushiofgari.com

Weissman Café im Jewish Museum. Gutes koscheres Essen. Fifth Ave. 1109/92nd St., New York, NY 10128, www.thejewishmuseum.org

ÜBERNACHTEN

Hotel Wales. Nettes Boutiquehotel in historischem Ambiente. Madison Ave. 1295, New York, NY 10128, Tel. 212 876 6000, www.hotelwalesnyc.com

MUSEEN

El Museo del Barrio. Karibische und lateinamerikanische Kunst vom Feinsten. Mi–Sa 11–18 Uhr, Mo, Di, So geschlossen. Fifth Ave. 1230/105th St., New York, NY 10029, Tel. 212 831 7272, www.elmuseo.org

Guggenheim Museum. Frank Lloyd Wrights »Schneckenhaus« ist eine Legende. So–Mi, Fr 10–17.45 Uhr, Sa 10–19.45 Uhr, Mi geschlossen. Fifth Ave. 1071/88th St., New York, NY, 10128, Tel. 212 423 3500, www.guggenheim.org

Immer verlockend: ein frisches Sashimi

In New York wurde die Moderne geboren.

Jewish Museum. Das größte jüdische Museum außerhalb von Israel. Fr–Di 11–17.45 Uhr, Do 11–20 Uhr, Mi geschlossen, Fifth Ave. 1109/92nd St., New York, NY 10128, Tel. 212 432 3200, www.thejewishmuseum.org

Museum of the City of New York. Mit seiner Sammlung angewandter Kunst verfolgt dieses Museum die Entwicklung der Stadt. Tägl. 10–18 Uhr, Fifth Ave. 1220/103rd St., New York, NY 10029, Tel. 212 534 1672, www.mcny.org

National Academy Museum. Dieser Akademie haben berühmte Künstlerinnen wie Marina Abramovic und Cindy Sherman Werke gespendet. Mi–So 11–18 Uhr, Mo/Di geschlossen. Fifth Ave. 1083/89th St., New York, NY 10128, Tel. 212 369 4880, www.nationalacademy.org

ANFAHRT

U-Bahn-Linie 6 bis 86th, 96th und 103rd St.

Oben: Die hübschen Townhouses auf der Upper East Side
Unten: Türsteher öffnen Betuchten alle Pforten.

33 Upper East Side

Hier lebt der Geldadel

***Ladies who lunch, Dogwalkers* und *Doormen* prägen das Stadtbild auf dem teuersten Pflaster New Yorks. Um die Madison und Park Avenue finden sich neben Eliteschulen jedoch auch Kulturinstitutionen wie das Whitney Museum und die Asia Society. Woody Allen spielt jeden Montag im »Carlyle Café« auf. Jede Menge »Gossip Girls« ziehen durch die Straßen und shoppen in exklusiven Geschäften.**

Ladies who lunch sind eine eigene New Yorker Gattung. In Chanel gekleidet und perfekt frisiert treffen sie sich zum Mittagessen in feinen Restaurants auf der Upper East Side, jenem geografischen Rechteck zwischen der 59. und 96. Straße sowie der Fifth Avenue und dem East River. Viele von ihnen sind Ehefrauen von Industriekapitänen oder haben ihren eigenen Treuhänderfonds.

Wie angelt man sich einen Milliardär?

Mit einem Durchschnittseinkommen von 165 000 Dollar pro Haushalt zählt die Upper East Side zu einer der reichsten Gegenden in den Vereinigten Staaten. Viele Erbinnen wohnen hier: Aerin Lauder, Dylan Lauren sowie Ivanka Trump. Während sich Aerin Lauder als Kreativchefin im familieneigenen Kosmetikimperium behauptet, haben sich Dylan Lauren und Ivanka Trump selbstständig gemacht. Die Tochter des Modezaren betreibt Dylan's Candy Bar, das angeblich größte Bonbongeschäft der Welt. 5000 Arten von Süßwaren bietet sie in diesem poppigen Paradies für Naschkatzen an der Ecke Third Avenue und 60th Street an: von giftgrünen

Die Dogwalkers: Herren über viele Hunde

Gummischlangen bis zu salzig-süßen Schokobrezen. Im opulenten Juwelierladen von Immobilienerbin Ivanka Trump an der Madison Avenue glitzern nicht die Zuckerkristalle, sondern echte Edelsteine. In der teuersten Einkaufsstraße Amerikas suchen sich zukünftige *ladies who lunch* ihren Brautschmuck aus.
Townhouses, historische Einfamilienhäuser, werden auf der Upper East Side für bis zu 75 Millionen Dollar gehandelt. Lieblich sehen ihre Fassaden aus: Riesige dreiteilige Fenster im Stil von Andrea Palladio und geschwungene Balustraden erblicken Spaziergänger in den Seitenstraßen der Madison und Lexington Avenue. Daneben prangen riesige Apartmenthäuser, viele von ihnen »pre-war buildings«, wie die feudalen, vor dem Zweiten Weltkrieg hochgezogenen Gebäude heißen. Wer in ihnen wohnt, kann sich über dicke Wände, hohe Decken und interessante architektonische Details wie offene Kamine freuen. Eine Riege von *Doormen* wacht über die Geschicke der Häuser, nimmt Post entgegen und lässt die *Dogwalker* sein.

Wo Marilyn mit JFK turtelte

Eine Institution auf der Upper East Side ist das »Carlyle Hotel« in der Madison Avenue. Der Art-déco-Wolkenkratzer mit der historischen Patina aus dem Jahr 1930 birgt viele Geheimnisse.

AUTORENTIPP!

MARMARA HOTEL

In dem Thriller *Sliver* (1993) wohnt Sharon Stone in einem sehr schlanken Wolkenkratzer, der fast komplett aus Glas besteht. Sie kämpft gegen einen unsichtbaren Feind an, der ihr gesamtes Apartment per Video überwacht. Das Aparthotel »Marmara Manhattan« ist zwar ähnlich schlank und gläsern, verletzt glücklicherweise jedoch nicht die Privatsphäre seiner Gäste. Von den farbenfrohen und geräumigen Zimmern genießen Gäste eine herrliche Aussicht auf ganz Manhattan. Das Hotel bietet auch ein Paket für frisch Geschiedene an. Suddenly Splitsville heißt es. All jene, die nach einer Scheidung oder Trennung eine neue Bleibe suchen müssen, können sich hier auch länger einmieten. Das Hotel auf der Upper East Side hat auch ein Schwesternhotel in Midtown East, das Marmara Park Avenue. Hier relaxen Gäste nach einem langen Sightseeing-Tag am Swimming Pool.

Marmara Hotel. E. 94th St. 301, New York, NY 10128, Tel. 212 427 3100, www.marmarahotels.com

Die Terrasse im »Marmara Hotel«

Oben: Die elegante Kuppel des »Carlyle Hotel«
Mitte: Schöne Gesichter werben für exklusive Mode.
Unten: Über den Eingang zum »Carlyle Hotel« ist sogar ein Baldachin gespannt.

John F. Kennedy traf sich heimlich mit Marilyn Monroe in seiner privaten Suite im 34. Stock. Nach seiner Ermordung wohnte Jackie Kennedy mit ihren Kindern eine Zeit lang hier. Sein Sohn John junior aß im hauseigenen Café vor seinem fatalen Flugzeugabsturz im Jahr 1999 sein letztes Frühstück. Das Hotel vermietet 180 Zimmer, darunter die Roger-Federer-Suite, in der das Tennisass immer zwei Wochen während der US Open absteigt. Woody Allen spielt mit seiner Jazzband im »Café Carlyle« jeden Montag auf. Wer sich die gesalzenen Preise im Hotel nicht leisten kann, sollte sich jedoch zumindest ein paar Salzmandeln in der »Bemelmans Bar« gönnen. Ludwig Bemelmans (1898–1962) ging als Illustrator der *Madeline*-Kinderbücher in die Geschichte ein. Die nach ihm benannte Bar ist der einzige Ort auf der Welt, an dem man eine seiner Wandmalereien öffentlich bewundern kann.
Gleich neben dem Hotel befindet sich die Kenneth W. Rendell Gallery. Sie widmet sich dem Verkauf von historisch wertvollen Briefen und Unterschriften. Kenneth Rendell ist seit 50 Jahren im Geschäft. Er stöberte Briefe von Marie Antoinette und Napoleon auf. Einen Fotodruck mit den Unterschriften von John, Paul, George und Ringo verkauft er für über 20 000 Dollar.
Das Taschen- und Accessoiregeschäft VBH Luxury gegenüber dem »Carlyle Hotel« ist so exklusiv, dass es nicht einmal eine eigene Website betreibt. Valentino-Kompagnon Vernon Bruce Hoeksema verkauft hier seine Einzelanfertigungen. Seine hübsche silberne Unterarmtasche hätte perfekt zu Audrey Hepburn gepasst. Obwohl die meisten Artikel für mehrere Tausend Dollar zum Verkauf stehen, lohnt sich der Besuch des Geschäfts allein wegen des Interieurs. Das alte Bankgebäude mit den hohen Wänden und riesigen Fenstern ist dezent mit modernen Skulpturen bestückt.
In krassem Gegensatz zu den hübsch dekorierten

Spaziergang durch die Upper East Side

Auf einem Spaziergang durch die Upper East Side kann es schon vorkommen, dass man mit einem Multimillionär oder auch mit Woody Allen gemeinsam den Zebrastreifen überquert.

Ⓐ **Bloomingdale's.** 1886 begann dieses Kaufhaus nur einige wenige Produkte theatralisch in der Auslage auszustellen. Auch heute noch ist es für seine gehobene Warenauswahl bekannt. Von der U-Bahnstation auf der Lexington Avenue kommt man direkt ins Art-déco-Gebäude.
Third Ave. 1000/59th St.

Ⓑ **Dylan's Candy Bar.** Pippi Langstrumpf hätte an diesem Geschäft von Ralph Laurens Tochter ihre Freude gehabt. Knallbunte Lollipops, Bonbons und Zuckerwatte warten hier darauf, von einem Leckermaul gekauft zu werden. Ganz skurril: Sogar Hochzeiten fanden schon in diesem »Emporium« statt.
Third Ave. 1011/60th St.

Ⓒ **Barney's.** Dieses Kaufhaus positionierte sich in den Siebzigerjahren als »high-end«-Unternehmen. Nicht Ramsch, sondern edle Mode aus Italien wurde eingeführt. Als erstes Kaufhaus bot es die gesamte Kollektion von Giorgio Armani an.
Madison Ave. 660/61st St.

Ⓓ **Asia Society.** Die Aufgabe dieser Gesellschaft ist es, die Welt über Asien zu informieren. In dem Gebäude befindet sich auch ein interessantes Museum, das Wechselausstellungen zeigt.
Park Ave. 725/70th St.

Ⓔ **Tom Ford.** Modedesigner Tom Ford machte in den letzten Jahren auch als Filmemacher Schlagzeilen. In diesem Geschäft gibt es seine ultracoolen Anzüge und Hemden. Wer wie James Bond aussehen will, ist hier richtig.
Madison Ave. 845/70th St.

Ⓕ **Ralph Lauren Flagship Store.** Zwei wunderschöne alte Herrenhäuser auf der Madison Avenue gestaltete Polo-Shirt-Stylist Ralph Lauren in zwei Flagship-Stores um. Nummer 867 ist der Herrenmode vorbehalten, Nummer 888 der Damenmode. Schnäppchen lassen sich hier durchaus finden.
Madison Ave. 867 und 888/71st St.

Ⓖ **Whitney Museum.** Marcel Breuers brutalistisches Bauwerk hebt sich sehr von den Herrenhäusern in der Umgebung ab. Ab 2014 wird das Metropolitan Museum das Gebäude als Ausstellungsraum nutzen.
Madison Ave. 945/75th St.

Wer beim Spaziergang auf der Upper East Side Hunger bekommt, sollte einen Abstecher zu François Payards Konditorei machen: Herrliche Opéra-Schokotörtchen und Makronen. Payard.
Third Ave. 1293, New York, Ny 10021.
Tel. 212 717 5252. Mo–Sa 8–21 Uhr, So 9–16 Uhr.
www.payard.com

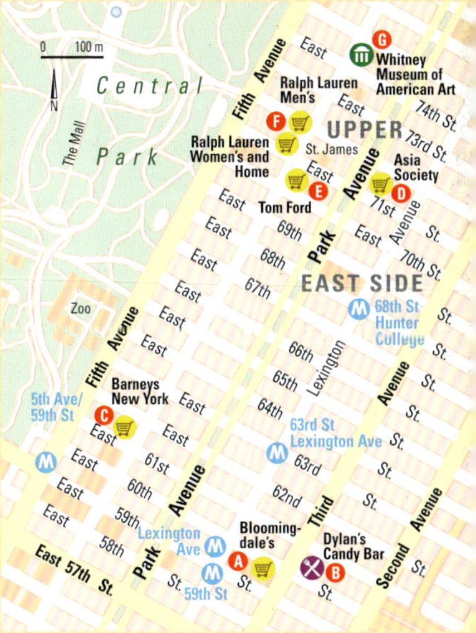

AUTORENTIPP!

HOPFEN & MALZ

Tschechisches Pilsner Urquell dient dem Restaurant »Hospoda« als Inspirationsquelle. Kein Wunder, ist das Lokal doch in der über 100 Jahre alten Bohemian National Hall und neben dem tschechischen Kulturzentrum gelegen. Die moderne Einrichtung – eine durchsichtige Bar, hinter der man die Bierfässer sieht – bildet einen interessanten Kontrast zu dem vom Stil der Renaissance beeinflussten Gebäude. Küchenchef René Stein stimmt hübsch angerichtete Spezialitäten wie Beef Tartare auf verschiedene Biersorten ab. Hopfen und Malz verwendet er als Zutaten für Saucen und Marinaden. Durstige Gäste setzen sich gern an den riesigen Gemeinschaftstisch, um verschiedene Pilsnerarten zu probieren: Mliko – ein süßes Bier, das nur aus Schaum besteht, Snyt – bitter und samtig mit vier Finger dick Schaum und Neat, ganz schaumlos, aber gehaltvoll.

Hospoda. Mo–Sa 17.30–0 Uhr, So 17.30–22 Uhr, East 73rd St. 321, New York, NY 10021, Tel. 212 861 1038, www.hospodanyc.com

Anna Normalverbraucherin im Whitney Museum

»townhouses« und Apartmenthäusern steht das Whitney Museum Ecke Madison Avenue und 75. Straße. Marcel Breuers Meisterwerk des Brutalismus erregte bei seiner Eröffnung im Jahr 1966 großes Aufsehen. Deutlich heben sich seine grauen Granitmauern von der Kalk- und Sandsteinarchitektur der Umgebung ab. Wie eine umgedrehte, dreistufige Pyramide ragt es in den Raum. Das Museum wurde 1931 von einer weiteren Erbin, Gertrude Vanderbilt Whitney (1875–1942), gegründet. Sie interessierte sich für junge amerikanische Künstler wie Edward Hopper und Stuart Davis. 1929 wollte sie ihre Sammlung dem Metropolitan Museum of Art schenken. Dieses lehnte sie jedoch als zu avantgardistisch ab. Das Whitney Museum besitzt jetzt eine hervorragende Sammlung von 18 000 Werken. Im Jahr 2014 siedelt es in ein neues, von Renzo Piano geschaffenes Gebäude an der High Line über. Marcel Breuers Bau nutzt das Metropolitan Museum. Die Avantgarde kann nämlich auch in die Jahre kommen.

Infos und Adressen

ESSEN UND TRINKEN

David Burke Townhouse. Nobel-Amerikaner mit tollem Ambiente. Mo 12–16.30, 17–22 Uhr, Di–Fr 12–16.30, 17–22 Uhr, Sa 12–16.30, 17–23 Uhr, So 12–16.30, 17–22 Uhr. E. 61st St. 133, New York, NY 10065, Tel. 212 831 2121, www.davidburketownhouse.com

Sfoglia. Rustikales, jedoch edles italienisches Restaurant. Sechs Wochen im Voraus reservieren, denn auch Tom Cruise speist hier. Di–So 12–14.30, 17.30–22.30 Uhr, Mo 17.30–22 Uhr. Lexington Ave., 1402, New York, NY 10128. Tel. 212 831 1402, www.sfogliarestaurant.com

ÜBERNACHTEN

Franklin Hotel. Renoviertes Boutiquehotel mit historischem Anstrich. Spezielle »Gossip-Girl«-Angebote. East 87th St. 164, New York, NY 10128. Tel. 212 369 1000, www.franklinhotel.com

EINKAUFEN

Kenneth W. Rendell Gallery. Einzigartiges Geschäft für historische Unterschriften und Briefe. Madison Ave. 989/76th St., New York, NY 10075, Tel. 212 717 1776, www.kwrendell.com

MUSEEN

Americas Society. Wechselausstellungen iberischer, lateinamerikanischer und karibischer Kunst.

Zeit für einen schnellen Lunch in einem Diner

Umfangreiches Veranstaltungsprogramm. 680 Park Ave., New York, NY 10065, Mo–Fr 9–17 Uhr, Tel. 212 249 8950, www.as-coa.org

Asia Society. Wechselausstellungen asiatischer Kunst in modernem Ambiente. Di–So 11–18 Uhr, Mo geschlossen. Park Ave. 725, New York, NY 10021, Tel. 212 288 6400, www.asiasociety.org

Whitney Museum of American Art. Meisterwerke von Edward Hopper, Alexander Calder und Georgia O'Keefe. Mi, Do, Sa, So 11–18 Uhr, Fr 13–21 Uhr, Mo/Di geschlossen. Madison Ave. 945, New York, NY 10021, Tel. www.whitney.org

ANFAHRT

U-Bahn-Linie 6 bis 68th, 77th, 86th, 103rd St., Linien 4, 5, 6 bis 86th St.

Zigarettenschachtel und Sandwich als Kulturikonen

34 Upper West Side

Hort der Freidenker

Rund um die Amsterdam und Columbus Avenue siedelten sich Emigranten aus Deutschland und Österreich an, die dem Zweiten Weltkrieg entkommen waren. Zu ihnen gesellten sich in der zweiten Hälfte des 20. Jahrhunderts linksliberale Intellektuelle und Künstler. Sie alle wohnen in den hübschen Brownstones und Pre-War-Buildings und nehmen das kulturelle Angebot des Lincoln Center wahr.

»Woran arbeitest du gerade?« »An einer Biografie über Rigoberta Menchù. Und du?« »Ich schreibe ein Drehbuch über die Harlem-Renaissance.« Solcherlei Gespräche laufen auf der Upper West Side ständig ab. In Aufzügen, auf Kinderspielplätzen und in diversen Cafés westlich des Central Park. Schon seit Jahrzehnten fühlen sich Literaten, darstellende Künstler und Medienleute in der Gegend zwischen der 59. bis zur 96. Straße wohl. Die Gebäude rund um Broadway, Amsterdam und

Oben: Die San Remo Buildings ragen auf der Upper West Side in die Landschaft.
Unten: Central Park West ist eine gute Adresse.

MAL EHRLICH

IMMER IN EILE

Die Met ist als eines der besten Opernhäuser der Welt bekannt. Viele Besucher stylen sich ganz vornehm, wenn sie eine Aufführung besuchen. Umso verwunderlicher ist es, dass sie im Winter ihre dicken Mäntel in den Zuschauerraum mitnehmen. Obwohl es Garderoben gibt, ist niemand willens, seinen Mantel abzugeben. Grund dafür ist, dass man gleich nach der Aufführung so schnell wie möglich woanders hin will. Manchmal kann die New Yorker Hektik auch zu weit gehen.

Columbus Avenue wurden nach der Eröffnung des Central Park im Jahr 1859 errichtet. Das wohl berühmteste ist das Dakota Building an der Ecke Central Park West und 72. Straße. Wie ein überdimensioniertes hanseatisches Rathaus sieht der achtstöckige Baukoloss aus dem Jahr 1884 aus. Roman Polanski siedelte hier 1967 die Handlung seines Horrorfilms *Rosemarys Baby* an. Auch im wirklichen Leben erlangte der Apartmentkomplex traurige Berühmtheit: Direkt vor der Eingangstür wurde Wohnungsbesitzer John Lennon 1981 von einem Verrückten erschossen. Das in der Nähe gelegene Areal Strawberry Fields im Central Park ist seinem Andenken gewidmet.

Von Emigranten bevorzugt

Der Ex-Beatle und Yoko Ono zogen in die Gegend, weil sie ihr kreatives Flair schätzten. Künstler siedeln sich hier an, weil sie Amerikas Entertainment-Epizentrum, den Broadway, leicht mit der U-Bahn erreichen können. Auch literarisch aktive Exilanten wählten die Upper West Side als ihre Heimatstätte, nachdem sie aus Deutschland und Österreich geflüchtet waren: Der Schriftsteller Frederic Morton, der mit seiner Biografie über die Rothschilds zu internationaler Berühmtheit gelangte, Else Pappenheim-Frishauf, die letzte Studentin an der Wiener Schule der Psychoanalyse vor dem Ausbruch des Zweiten Weltkriegs, Lore Segal, die bereits als junge Schriftstellerin ihre Vertreibung aus Österreich im renommierten Magazin *New Yorker* verarbeitete, sowie die Wissenschaftlerin Eva Kollisch, die gemeinsam mit Gerda Lerner die akademische Disziplin Women's Studies begründete.
Heutzutage fühlen sich auch viele junge, der Intelligenzija entstammende Familien auf der Upper West Side wohl. Frischluft tanken sie nicht nur im Central Park, sondern auch im Riverside Park, der am Hudson von der 62. bis zur 129. Straße entlang-

AUTORENTIPP!

SCHWIMMEN AUF DEM DACH

Das »Empire Hotel« neben dem Lincoln Center besteht bereits seit 1890 und erhielt vor ein paar Jahren ein Facelift. Die erdigen Töne des Central Park inspirierten die Designer bei ihrer Farbwahl. Hier treffen sich junge Leute gern auf einen Cocktail. Im Schein von Dutzenden Kerzen sitzen sie auf goldenen Hockern und lauschen den neuesten Lounge-Klängen. Das Hotel ist besonders im Sommer beliebt. Als eines der wenigen in New York hat es einen Freiluftpool auf dem Dach. Gäste können sich auch in eine der Cabañas zurückziehen und so tun, als wären sie in Miami. Das zwölfstöckige »Empire« durchweht auch ein Hauch von Afrika: Decken und Kissenbezüge mit exotischem Zebramuster liegen auf den bequemen Sofas und Betten.

Empire Hotel. West 63rd St. 44,
New York, NY 10023.
Tel. 212 265 7400,
www.empirehotelnyc.com

Im »Empire Hotel« wurden goldene Akzente gesetzt.

Das Lincoln Center: eine moderne Kulturtempelanlage

AUTORENTIPP!

DA RAUCHT'S!

Rund um die Columbia University wimmelt es von Musikclubs. In Sachen Jazz gibt Smoke den Ton an. Saxofonstar Chris Potter und Pianist Brad Mehldau geben sich hier ein regelmäßiges Stelldichein. Der Club bietet nur 50 Personen Platz und verfügt über eine hervorragende Akustik. Der deutsche Besitzer Paul Stache und sein amerikanischer Partner Frank Christopher übernahmen das Lokal von Augusto Cuartas, der mehrere Jahrzehnte den Club unter dem Namen »Augie's« betrieb. Schriftsteller Paul Auster war dort ein gern gesehener Gast und nannte die Hauptfigur in *Auggie Wren's Christmas Story* nach dem Clubbesitzer. Aus rechtlichen Gründen konnten Stache und Christopher den Namen jedoch nicht übernehmen.

Smoke. 2751 Broadway/107th St., New York, NY 10025, Mo–Sa 17–3 Uhr, So 11–3 Uhr (leckerer Jazz-Brunch!), Tel. 212 864 6662, www.smokejazz.com

läuft. Auf einen schnellen Happen kehren sie in eines der traditionellen »New York Delis« ein. Bei »Barnie Greengrass« und »Artie's« Delikatessen stehen Spezialitäten der jüdischen Küche auf dem Programm: Chicken Matzo Ball Soup, Cheese Blintzes und Pastrami Sandwiches bei »Artie's« und geräucherter Stör, Lachs und Hering bei »Barnie Greengrass«. Und natürlich darf der Hackleberaufstrich bei beiden nicht fehlen.

Eine Akropolis der Künste

An künstlerischen Inspirationsquellen für schöpferische Geister mangelt es auf der Upper West Side nicht. Dort, wo sich Broadway, Columbus Avenue und 65. Straße kreuzen, prangt erhaben die künstlerische Akropolis Amerikas. Mit ihren schlanken weißen Säulen erinnern die drei Hauptgebäude des Lincoln Center an eine antike Tempelanlage. Tatsächlich folgten die Architekten der Metropolitan Opera, des New York State-Theater und der Avery Fisher Hall dem Vorbild des römischen Kolosseums und verwendeten weißen Kalksinter und Marmor für die drei Ikonen moderner Baukunst. Die Metropolitan Opera thront in der Mitte des 6,6 Hektar großen Areals. Wenn ihre Swarovski-Kristalllüster abends aufleuchten, kann man von außen durch die riesigen Glasfenster einen Blick auf Marc Chagalls fast 100 Quadratmeter große Tapisserien werfen. In dem links hängenden Kunstwerk *Der Tri-*

umph der Musik fliegen Sänger, Ballerinen und der Künstler selbst über die rote Skyline von Manhattan. Im gelben Monumentalbild *Die Quellen der Musik* schweben Beethoven, Bach, Wagner und Verdi über dem Hudson River.

Über die eleganten weißen Marmorfreitreppen im Inneren der Met fließt ein burgunderroter Teppich. Die goldenen Balustraden im vierrangigen Zuschauerraum verstärken den festlichen Eindruck. 27 verschiedene Produktionen führt das Ensemble von Mitte September bis Mai auf. Wenn *Carmen* auf dem Programm steht, trabt sogar ein echter Esel auf die Bühne. Passiert ihm dann ein übel riechendes Missgeschick, kommt sofort ein in spanische Tracht gekleideter Komparse angetanzt und kehrt den Kot auf. Die Inszenierung bemüht sich, realistisch zu wirken: Carmens Kolleginnen in der Tabakfabrik rauchen Zigarillos und treten sie auf dem Bühnenboden aus.

Das David H. Koch-Theater zur Linken der Met ist Spielstätte des New York City Ballett. In der Avery Fisher Hall hat die New York Philharmonic ein Heim gefunden. Aber auch außerhalb der Spielsaison, von Mai bis September, ist das Lincoln Center ein populärer Treffpunkt. Im Juli wiegen Tanzwütige beim Midsummer Night Swing auf dem riesigen Platz ihre Hüften zu heißen Salsa- und Merengue-Rhythmen. Im Damrosch Park hinter der Met findet im August das Festival Out of Doors statt. Afrobeat-Gruppen, Mummenschanzspieler und Slam-Poeten geben dann im Freien ihr Bestes. Und das alles gratis!

Nichts zu bezahlen brauchen Besucher ebenfalls, wenn sie das MOBIA – Museum of Biblical Art an der Ecke Broadway und 61. Straße besichtigen. Das Museum zeigt drei ständig wechselnde Ausstellungen, die den Einfluss der Bibel auf die judeo-christliche Weltanschauung beleuchten. Da Bibelkenntnisse zur Allgemeinbildung gehören, lohnt sich ein Besuch.

Oben: Wolkenkratzer aus dem frühen 20. Jahrhundert
Mitte: Ein Picknick im Park
Unten: Marc Chagalls Wandteppiche leuchten durch die Glasfassade.

Oben: Ein Hort des Wissens: die Bibliothek der Columbia University
Unten: Skulpturen auf der Kathedrale St. John the Divine

Die Unvollendete

Da die Upper West Side umfasst auch die Gegend Morningside Heights bis zur 125. Straßet. Hier befindet sich die Eliteuniversität Columbia. Besucher, die an der neoklassizistischen Universitätsbibliothek vorbeigehen, sehen Studenten auf Steintreppen oder im Gras sitzen und Ideen spinnen, die ihnen vielleicht auch einmal den Nobelpreis einbringen könnten. Viele Professoren haben es ihnen bereits vorgemacht. Literaturnobelpreisträger Derek Walcott und Orhan Pamuk gaben und geben hier ihr kreatives Wissen weiter und Edward Said prägte hier den Begriff des Orientalismus. Mehrere Nobelpreisträger – Martin Luther King und der Dalai Lama – hielten in der Kathedrale von St. John's the Divine in der Amsterdam Avenue eine Rede. An der viertgrößten Kirche der Welt wird seit 1893 gebaut. Die neugotische Kathedrale ist für ihre progressiven Aktivitäten bekannt. So hält sie am 1. Dezember eine Gedenkveranstaltung zum Weltaidstag ab. Ihr schönstes Kunstwerk wurde denn auch von einem Künstler geschaffen, der der Krankheit 1990 zum Opfer fiel: Auf Keith Harings silbernem Triptychon fliegen Graffiti-Engel über Menschen, die auf Erlösung warten.

Infos und Adressen

Die Bar des »Empire Hotel«

SEHENSWÜRDIGKEITEN

Columbia University. Eine der Eliteuniversitäten der USA. West 116th St./Amsterdam Ave., New York, NY 10025, www.columbia.edu

Lincoln Center. 13 Veranstaltungssäle, darunter die Metropolitan Opera. 10 Lincoln Center Plaza, New York, NY 10023. Tel. 212 875 5456, www.lincolncenter.org.

Kathedrale St. John's the Divine. Nach über 100 Jahren noch immer unvollendet. Tgl. 7.30–18 Uhr, Amsterdam Ave. 1047/110th St., New York, NY 10025, Tel. 212 316 7540, www.stjohndivine.org

ESSEN UND TRINKEN

Artie's. Traditionelles New Yorker Deli. Tgl. 9–23 Uhr, Broadway 2290/83rd St., New York, NY 10024, Tel. 212 579 5959, arties83rd.net

Barney Greengrass. Traditionelles jüdisches Fischrestaurant und -geschäft. Di–So 8.30–17 Uhr, Amsterdam Ave. 541/86th St., New York, NY 10024, Tel. 212 724 4707, www.barneygreengrass.com

Mermaid Inn. Eines von New Yorks besten Fischrestaurants. Tgl. ab 17 Uhr, Sa/So Brunch. 568 Amsterdam Ave./87th St., New York, NY 10024, Tel. 212 799 7400, www.themermaidnyc.com

ÜBERNACHTEN

Hotel Marrakech. Dieses Boutiquehotel entführt nach Marokko. Broadway 2688, New York, NY 10025, Tel. 212 222 2954, www.marrakechhotelnyc.com

AUSGEHEN

Ding Dong Lounge. Punkbar mit Livebands. 929 Columbus Ave./106th St., New York, NY 10025, www.dingdonglounge.com

MUSEEN

Museum of Biblical Art. Wechselausstellungen über judeo-christliche Kunst. Di–So 10–18 Uhr. Broadway 1865, New York, NY 10023, Tel. 212 408 1500, www.mobia.org

ANFAHRT

U-Bahn-Linien A, B, C, D, 1 bis Columbus Circle, Linie 1 bis 66th St. und 79th St., Linien 1, 2, 3, C bis 72nd St., Linie C bis 81st St., Linien 1, C bis 86th St. und Linien 1, 2, 3, C bis 96th St.

Die Metropolitan Opera bei Nacht

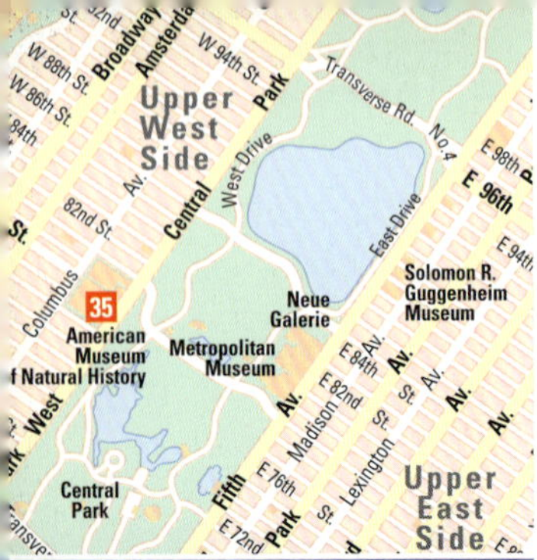

Oben: Eine Reiterskulptur vor dem Museum of Natural History
Unten: Die Vorhalle des Museums ziert eine hübsche Kassettendecke.

35 Museum of Natural History

Auf Du und Du mit Dinos

Ein Kindermagnet ist das größte Naturkundemuseum der Vereinigten Staaten. Mineralien, Meteoriten und Mammutbäume bekommen Besucher hier in interaktiven Ausstellungen zu sehen. Auf eine Reise zu anderen Planeten und Sternen begeben sich Wissensdurstige im Hayden Planetarium. Und wer danach noch nicht genug hat, kann in der New York Historical Society noch mehr über die Geschichte der Stadt erfahren.

In Ben Stillers Komödie *Nachts im Museum* erwachen ein prähistorisches Mammut, eine Riesenkobra sowie der Bären jagende Präsident Teddy Roosevelt zu neuem Leben. Als der Film im Jahr 2006 Premiere hatte, erhöhte sich der Zustrom zum American Museum of Natural History um 100 Prozent. Fünf Millionen Besucher kommen pro Jahr in das größte Naturkundemuseum der Welt. Blickt man auf seinen triumphbogenartigen Haupteingang, bemerkt man nicht, dass es

MAL EHRLICH

NUR FAST FOOD?

Das American Museum of Natural History mag zwar das größte Naturkundemuseum auf der Welt sein, doch hat es in seinen 27 Gebäuden noch keinen Platz für ein hochwertiges Food-Konzept gefunden. In der Hauptsache finden sich Chicken Nuggets und Pommes frites auf der Speisekarte, so als ob Kinder nichts anderes essen würden. Zum Essen sollte man daher ins »Café con Leche« (s. Infos und Adressen) oder zu »Barnie Greengrass« (s. S. 213) gehen.

Imposante Tierpräparate hängen im Museum von der Decke.

eigentlich aus 27 miteinander verbundenen Gebäuden besteht, die seit 1874 aneinander gebaut wurden. Präsident Theodore Roosevelt (1858–1919), ein Naturliebhaber, bekannter Großwildjäger und Gründer mehrerer Nationalparks, hatte tatsächlich eine enge Verbindung zum Museum: Sein Vater war einer der Gründer, und er selbst zog die Kuratoren des Hauses zurate, als er Nationalparks wie den Grand Canyon und den Yosemite unter Naturschutz stellte.

30 Millionen Ausstellungsstücke

Besucher betreten das Museum heute durch die Theodore Roosevelt Memorial Hall. Zwei Dinosaurier begrüßen sie bereits in diesem Saal. Einer davon hat einen meterlangen Hals – erstaunlich, dass dieser nur einen ziemlich kleinen Kopf trägt. 150 Millionen Exponate besitzt dieses Naturkundemuseum, darunter gigantische Brontosaurus- und T-Rex-Skelette im vierten Stock, ein »must-see« für Kinder. Der gesamte vierte Stock ist so ausgelegt, dass Besucher die Entwicklung der Wirbeltiere über Millionen von Jahren verfolgen können. Ein Schmetterlingsglashaus ist von Oktober bis Ende Mai geöffnet.

AUTORENTIPP!

ES BEGANN MIT MARMELADE

Im Jahr 1981 begann die Hausfrau Sarabeth Levine eine Orangen-Aprikosenkonfitüre nach einem Rezept zuzubereiten, das ihre Vorfahren im Laufe von 200 Jahren perfektioniert hatten. Sie eröffnete auf der Upper East Side eine kleine Bäckerei, und es sprach sich herum, wie gut ihre Marmeladen schmeckten. Mehr als 30 Jahre später betreibt sie allein in Manhattan fünf Restaurants.
In der Zweigstelle in der Nähe des American Museum of Natural History serviert sie außerdem schmackhafte Gerichte: In ihre Pfannkuchen kommen Zitrone und Ricottakäse, in ihr Goldie Lox-Omlette Räucherlachs und Cream Cheese. Besonders empfehlenswert: der Afternoon Tea!

Sarabeths. Tgl. 8–22.30 Uhr, Amsterdam Ave. 423/80th St., New York, NY 10024, Tel. 212 496 6280, www.sarabeths.com

Oben: Auch Kulturgüter aus der Frühgeschichte des Menschen gibt es hier zu sehen.
Unten: Immer wieder faszinierend: die Dinosaurier

Gleich an die Eingangshalle schließen Räume an, die sich der Fauna und Flora unterhalb der Meeresoberfläche sowie nordamerikanischen Säugetieren widmen. Die Nationalparks inspirierten die Kuratoren wohl zur Schaffung eines Raumes, der amerikanische Waldgebiete ins Zentrum stellt. Der Stamm eines Sequoiabaums zeigt, dass er zum Zeitpunkt seiner – heutzutage ungesetzlichen – Fällung 1400 Jahre alt war. Während im ersten Stock der Kultur der Völker des Nordwestens Aufmerksamkeit geschenkt wird, stehen im zweiten Stock Mittel- und Südamerika sowie Asien und Afrika im Vordergrund. Mineralien sind wiederum im ersten Stock ausgestellt. In der Hall of Gems findet sich zum Beispiel der zwölfseitige Patricia-Smaragd, der mit seinen 632 Karat zu den größten der Welt zählt. Rund um den 34 Tonnen schweren Cape York-Meteoriten wird die Entstehung des Sonnensystems erklärt.

Den Sternen so nah

Im Jahr 2000 baute das Museum eine Sternwarte, wie sie die Welt noch nicht gesehen hat. Das kugelrunde Hayden Planetarium scheint im sechs Stockwerke hohen gläsernen Rose Center for Earth and Space wie ein Himmelskörper zu schweben. Besucher treten im Planetarium eine Reise in den Weltraum an. Ein Zeiss Mark IX, der weltweit größte Virtual-Reality-Simulator, wirft 9100 Sterne auf die Kuppel des Planetariums. Das All ist so nah und doch so fern. In den im American Museum of Natural History verschachtelten Gebäuden arbeiten Hunderte von Wissenschaftlern. Im Rose Center verfolgt ein Team von Astrophysikern zum Beispiel die Geschehnisse im Weltall.
Auf die Geschichte von New York haben sich die wissenschaftlichen Mitarbeiter der benachbarten New York Historical Society spezialisiert.

Infos und Adressen

ESSEN UND TRINKEN

Café con Leche. Dominikanische Spezialitäten wie Arroz con Pollo (gelber Reis mit Huhn und Bohnen), Mofongo (Kochbananen mit Speckgrieben) und tropische Fruchtsäfte. Mo–Fr 10–0 Uhr, Sa/So 9–0 Uhr, Amsterdam Ave. 424, New York, NY 10024, Tel. 212 595 7000, www.cafeconlechenewyork.net

Ditch Plains. Amerikanische Fisch- und Fleischspezialitäten von Starkoch Marc Murphy. Shrimpcocktails, Burger und Austern. Tgl. 16–0 Uhr, West 82nd St. 100, New York, NY 10024, Tel. 212 362 4815, www.ditch-plains.com

Ding Dong Lounge. Punkbar mit Livebands. 929 Columbus Ave./106th Street, New York, NY 10025, Tel. 212 6632600, www.dingdonglounge.com

ÜBERNACHTEN

Hotel Nylo. Ein bisschen Dreißigerjahre-Design, ein bisschen Loft Living, ein bisschen Coolness – das alles macht den Erfolg der jungen Hotelkette aus. Broadway 2178, New York, NY 10024. Tel. 212 362 1100, www.nylohotels.com

MUSEEN

Children's Museum of Manhattan. Dieses interaktive Museum ist besonders auf Kleinkinder zugeschnitten. Sie tollen in einem eigenen Spiellaboratorium namens PlayWorks herum. Di–Fr, So 10–17 Uhr, Sa 10–19 Uhr, West 83rd St. 212, New York, NY 10024, Tel. 212 721 1223, www.cmom.org

New York Historical Society. Dieses Museum beleuchtet die Geschichte der Stadt in Sonderausstellungen. Di–Do, Sa 10–18 Uhr, Fr 10–20 Uhr, So 10–17 Uhr, Central Park West 170, New York, NY 10024, Tel. 212 873 3400, www.nyhistory.org

INFORMATION

American Museum of Natural History. Dinosaurier, Schmetterlinge, geologische Exponate und das technisch ausgeklügeltste Planetarium der Welt. Tgl. 10–17.45 Uhr, Central Park West/79th St., New York, NY 10024, Tel. 212 769 5100, www.amnh.org

ANFAHRT

U-Bahn-Linien B, C bis 81st St., Linie 1 bis 79th St.

Im Hayden Planetarium reisen Besucher virtuell ins All.

Oben: Eine Basketball-Wandmalerei auf der 125th Street
Unten: Jazz und Blues werden in Harlem perfekt gespielt.

36 Harlem

Eine neue Renaissance

»Noch bevor ich nach Harlem gekommen bin, war ich in das Viertel schon verliebt«, meinte einst der afroamerikanische Dichter Langston Hughes. Er trug seit den Zwanzigerjahren 40 Jahre lang dazu bei, dass Harlem als Zentrum afroamerikanischer Kultur in die Geschichte einging. Nach Jahrzehnten der Vernachlässigung ist das Viertel jetzt wieder zu einer begehrten Wohngegend geworden.

Als Bill Clinton im Jahr 2000 aus seinem Job ausstieg, musste er sich nach einem neuen Büro umsehen. Da seine Frau als Senatorin von New York kandidierte, beschloss er, sich unter Freunden niederzulassen. Wer ihn bei beiden Wahlen sehr unterstützt hatte, war die afroamerikanische Bevölkerung. Deshalb schlug er in Harlem, dem traditionellen Zentrum der schwarzen Kultur, seine Zelte auf. Heute residiert Bill Clinton in einem Bürohaus an der West 125th Street Nr. 55. Seitdem ist Harlem zum Immobilienmekka aufgestiegen: Majestätische Backsteinreihenhäuser werden für mehrere Millionen Dollar gehandelt. Gentrifizierung nennt man den Prozess. Da Manhattan aus allen Nähten platzt, mischen sich von der 100. bis zur 145. Straße immer mehr einkommensstarke Neuankömmlinge unter die alteingesessene Bevölkerung. Seit 1995 sind die Immobilienpreise in der Gegend um 337 Prozent angestiegen, während die Mordrate um 77 Prozent sank.

Ein Wiedererwachen der Kunst

Die afroamerikanische Bevölkerung zog Anfang des 20. Jahrhunderts aus dem Süden zu, als die

Slow Dance im Cotton Club

Fabriken im Norden jede Menge Arbeitskräfte suchten. 40 Jahre nach der Beendigung des Amerikanischen Bürgerkriegs wohnten Schwarze und Weiße noch streng getrennt, und die deutschen und irischen Einwanderer, die hier hübsche Häuserzeilen errichtet hatten, verließen fluchtartig die Gegend. Harlem erlebte nach dem Ersten Weltkrieg eine kulturelle Blüte: Schriftsteller wie Langston Hughes und Zora Neale Hurston ergründeten in ihren Werken die afroamerikanische Identität. Musiker wie Duke Ellington und Count Basie schufen in der Zeit um den Zweiten Weltkrieg Meisterwerke des Jazz.
Musik ist auch heute noch ein wichtiges Bindeglied, das die Community zusammenhält. Am Sonntagvormittag ertönt ein lautes »Halleluja« aus Hunderten Gotteshäusern in Central Harlem zwischen Fifth Avenue und Frederick Douglass Boulevard. Der wöchentliche Kirchgang gehört für viele »Harlemites« zum Programm wie das Amen im Gebet. Frauen ziehen sich hübsche Kostüme und Kleider an und setzen sich breitkrempige Hüte auf, im Sommer aus Seide und Stroh, im Winter aus Filz und Fell. Hunderte Menschen strömen am Tag des Herrn in die Abyssinian Baptist Church auf dem Odell Clark Place (vormals 138. Straße), eine der traditionsreichsten Kirchen

AUTORENTIPP!

ESSEN FÜR DIE SEELE

Richtiges Soul Food, wie sie es von ihrer Tante Maud in Alabama gelernt hat, bereitet Norma Jean Darden, ein ehemaliges Model, in zwei einfachen Restaurants zu: »Miss Mamie's Spoonbread Too« liegt in der 110. Straße in der Nähe der Columbia University, »Miss Maude's Spoonbread Too« in der Lenox Ave. zwischen der 137. und der 138. Straße. Bill Clinton aß in der Zeit vor seiner Herzoperation am liebsten den Miss Mamie Sampler, bei dem man sowohl frittiertes Huhn als auch Shrimps und Spare Ribs kosten kann. Dazu werden Maismehlbrot, Maisgrütze mit Käse und Macaroni & Cheese serviert. Wer nur auf eine kleine Portion Lust hat, sollte den Meeresfrüchte-Gumbo aus New Orleans probieren.

Miss Mamie's Spoonbread Too.
West 110th St. 366/Columbus Ave.,
New York, NY 10025,
Tel. 212 865 6744.

AUTORENTIPP!

EIN GOCKELHAHN IN HARLEM
Ausgerechnet ein schwedischer Koch äthiopischer Herkunft hat Soul Food auf ein Haute-Niveau gehoben, in dem er bekannte Ingredienzien der Südstaatenküche neu zusammenstellt. Markus Samuelsson eröffnete sein Restaurant »Red Rooster« im Jahr 2010. Seitdem trifft sich old und new Harlem in dem ultraschicken Lokal, das jedoch auch viel Wärme ausstrahlt. Neben Süßkartoffelsuppe mit Chipotle und Chili-Limonen-Erdnüssen serviert er Dirty Rice & Shrimp mit Curryblättern, Mandeln, Kohlgemüse und ofengetrockneten Tomaten. Im Keller dieses Hotspots hat sich der Supper Club Ginny's angesiedelt: Bei einem guten Essen können Besucher hier auch Live-Jazz-Musik und DJ-Line-ups hören und bei Comedy Nights lachen.

Red Rooster. Lenox Ave. 310/125th St., New York, NY 10027, Tel. 212 792 9001, www.redrooster.com

Freundliche Gesichter am Malcolm Shabazz Market

in Harlem. Die Pastoren predigen hier schon seit über 200 Jahren das Evangelium. Auch Touristen sind hier gern gesehene Gäste. Besonders an Thanksgiving, dem Erntedankfest Ende November, schreit sich Pastor Calvin O. Butts die Seele aus dem Leib. »Wer will einen Truthahn für eine arme Familie spenden?«, feuert er seine Gemeinde an. »Der Herr in der roten Jacke in der dritten Reihe. Gott segne Sie!« »This little light of mine, I'm gonna let it shine«, stimmt daraufhin der mächtige Chor auf dem Balkon an.

Home in Harlem

Lana Turner ist schon jahrelang Mitglied der Kongregation. Die ehemalige Event-Organisatorin von Bill Clinton sattelte auf Immobilienmaklerei um und profitierte vom Boom. Doch auch zu Zeiten, als Harlem brach lag, veranstaltete sie in ihrer Wohnung auf der Convent Avenue Filmfestivals und Lesegruppen. Das Lokalkolorit ihres Heimatbezirks weiß sie zu schätzen: Am Montagabend kann man sie im legendären »Cotton Club« dabei bewundern, wie sie einen flotten Boogie-Woogie aufs Parkett legt. Der »Cotton Club« befindet sich zwar nicht mehr an seiner ursprünglichen Stelle, die Post geht an der Ecke 125. Straße und Riverside Drive aber noch immer ab.
Wo Charlie Parker einen über den Durst trank und Langston Hughes seine Gedichtvignetten *Shakespeare in Harlem* schrieb, haben jetzt schicke Läden und Cafés eröffnet. An der Ecke Lenox Avenue und 120. Straße wird im italienischen Café »Settepani« Cappuccino mit einer großen Schaumhaube serviert. Und dann darf natürlich auch nicht das »Soul Food« vergessen werden. In gemütlichen Lokalen wie »Sylvia's« und »Amy Ruth's« wird allein aufgrund des Namens schon klar, dass hier jeweils eine Frau erfolgreich das Kommando führt. Wie in Alabama und Mississippi braten Köchinnen Hühn-

Spaziergang durch Harlem

Auf einem Spaziergang durch Harlem begegnen Besucher auf Schritt und Tritt der Geschichte, die dieses Viertel ausmacht.

Ⓐ **Mount Morris Park Historic District.** Um den Platz am Mount Morris (Marcus Garvey) Park wurden im ausgehenden 19. Jahrhundert hübsche Bauwerke im neo-romanischen und neo-griechischen Stil errichtet. Neben den historischen Brownstone-Reihenhäusern finden sich hier auch einige Kirchen sowie das Kloster der franziskanischen Handmaids of the Most Pure Heart of Mary auf West 124th Street 14 am Nordende des Parks. Dieses Kloster ist eines der wenigen mit ausschließlich afroamerikanischen Nonnen.
120th–124th St./Malcolm X Blvd. & Madison Ave.

Ⓑ **Red Rooster.** Seit einigen Jahren hat sich dieses schicke Lokal zum Harlemer Hotspot entwickelt. Der schwedisch-äthiopische Küchenchef Marcus Samuelsson ist der Shootingstar der amerikanischen Kulinarik. Er serviert hier »soul food« mit schwedischen Akzenten. Daher kommt in sein Schweinefleischsandwich auch eine gehörige Prise Dillkraut.
Malcolm X Blvd. 310/126th St.

Ⓒ **Sylvia's.** Nur ein paar Schritte vom »Red Rooster« entfernt befindet sich Harlems traditionellstes Restaurant. Sylvia Woods steht hier seit 1962 am Herd und bezeichnet sich als die »Queen of Soul Food«. Die Inneneinrichtung ist in die Jahre gekommen, was jedoch viele Touristen nicht davon abhält, Sylvias Spare Ribs und Kokosnusskuchen zu probieren.
Malcolm X Blvd. 328/127 St.

Ⓓ **Studio Museum in Harlem.** Als erstes Museum in den Vereinigten Staaten widmete sich das Studio Museum dem Werk afroamerikanischer Künstler. Die Idee dazu hatte ein Komitee des Museum of Modern Art. Rund 40 Jahre nach Museumsgründung ist es ein florierendes Kulturzentrum.
125th St. 144/Adam Clayton Powell Blvd. & Malcolm X Blvd.

Ⓔ **Apollo-Theater.** In diesem Theater traten die Jackson 5 beim Talentwettbewerb auf.
125th St. 253/Eighth Ave. & Adam Clayton Powell Blvd.

Ⓕ **Abyssinian Baptist Church.** Harlems populärste Kirche liegt auf der Strivers' Row, einer Häuserzeile aus dem späten 19. Jahrhundert, die unter Denkmalschutz steht.
West 138th St. 132/Malcolm X. Blvd. & Adam Clayton Powell Blvd.

Lenox Lounge. Billie Holidays Lieblingsbar soll an einem neuen Standort auf Lenox Avenue 333 wiedereröffnet werden, bringt jedoch ihre Art-Déco-Ausstattung mit. Hier werden jeden Abend erstklassige Jazz-Konzerte statt.

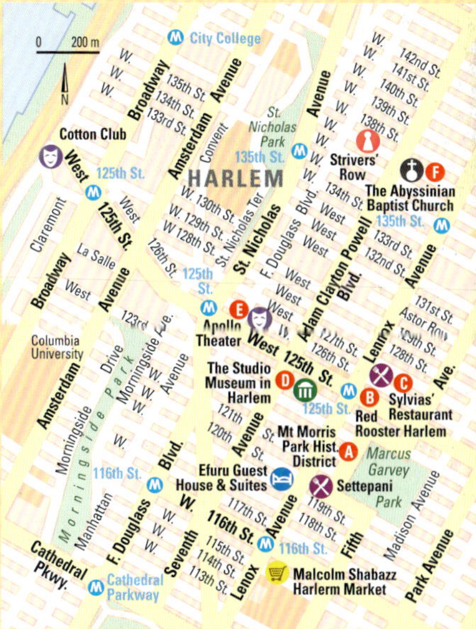

Auch Modedesigner haben in Harlem Geschäfte eröffnet.

AUTORENTIPP!

ALOFT HOTEL

Nach Jahrzehnten wurde im Jahr 2011 in Harlem wieder ein neues Hotel gebaut. Das »Aloft Hotel« ist Teil der Starwood-Gruppe und preisgünstiger als die Schwesternkette W. Das heißt aber nicht, dass das Hotel an Hipness einbüßt. Das poppige Design wurde von einem von New Yorks beliebtesten Innenarchitekten, David Rockwell, entworfen. Von den großen Fenstern im fünfstöckigen Gebäude haben Gäste einen guten Blick auf die geschäftige 125. Straße. In die höheren Etagen dringt der Lärm nicht so stark. Ein Teil der Lobby verwandelt sich abends in eine Cocktail-Lounge.

Aloft Hotel. Frederick Douglass Blvd. 2296/124th St., New York, NY 10027. Tel. 212 749 4000, www.starwoodhotels.com/alofthotels

chen in Barbecuesauce und servieren dazu Maisbrot, Süßkartoffeln und gedämpfte Kohlblätter in einer butterigen Mehlsauce. Am Sonntag stehen bei »Sylvia's« Hungrige Schlange, wenn von 11 bis 14 Uhr zum Brunch gewaltige Gospelklänge durch den Raum schweben.

Wie zu Hause fühlen sich Reisende im »Bed & Breakfast Efuru Guest House« am hübschen Mount Morris Park, wo auch Amerikas berühmteste noch lebende Dichterin, Maya Angelou, wohnt. Die Besitzer legten zwei alte Reihenhäuser zusammen und richteten sie ganz im afrikanischen Stil ein. Reisende schlafen in geräumigen Zimmern. Das Two Bedroom Apartment umfasst sogar ein Jacuzzi, eine Küche und eine Gartenterrasse.

Wer Harlem am eindrucksvollsten erfahren will, der erkundet es am besten zu Fuß. Spaziergänger schlendern an der 116. Straße entlang, wo auf dem Malcolm Shabazz Market Einwanderer aus Afrika Kunstgegenstände aus ihrer Heimat verkaufen. Oder sie bewundern die Reihenhäuser in der Strivers' Row in der 138. und 139. Straße, die Ende des 19. Jahrhunderts von berühmten Architekturfirmen wie McKim, Mead & White geschaffen wurden und in denen bis in die Vierzigerjahre Mitglieder der afroamerikanischen Elite wie der Stepptänzer Bill »Bojangles« Robinson wohnten. Oder sie gehen weiter bis zur Hamilton Grange in der 141. Straße, wo Alexander Hamilton, einer der Gründerväter der Vereinigten Staaten, ein Landgut besaß, von dem heute das Herrenhaus noch erhalten ist.

Auch die bildende Kunst hat in Harlem ein Heim gefunden. Das Studio Museum in Harlem in der 125. Straße zeigt seit 1968 Werke afroamerikanischer Künstler. In Wechselausstellungen wird immer wieder das Werk bedeutender Maler wie von Romare Bearden präsentiert. Der Schüler von George Grosz war in der Bürgerrechtsbewegung der Sechzigerjahre aktiv. In seinen Collagen vermischte er Szenen aus dem ländlichen Süden mit dem urbanen Norden und Mythen der Antike.

Ein griechischer Gott wacht auch seit mehr als 75 Jahren über Harlems traditionsreichsten Veranstaltungsort, das Apollo-Theater. Jeden Mittwoch um 19.30 Uhr kommt Spannung im Saal auf. Da versuchen junge Talente ihr Glück auf der Bühne. Die Amateur Night ist so etwas wie ein Vorbild für Shows wie *Deutschland sucht den Superstar*. Die Karriere von Musiklegenden wie Sammy Davis junior und Michael Jackson nahm hier ihren Anfang. »New York, are you ready? Make some noise!«, feuert der Master of Ceremonies in der karierten Jacke und dem riesigen Pelzhut die Zuschauer an. Im neobarocken Ambiente versucht heute die zehnjährige Michelle Marie, ein stoppellockiges Mädchen im Glitzerkleid, ihr Glück. »You're gonna love me«, aus dem Musical *Dreamgirls*, schmettert sie mit ihrer Bombenstimme. Das Publikum johlt. Zuschauer aus der »neighborhood« sowie aus Vermont, dem »weißesten« Bundesstaat der USA, geben sich ein High Five. In Obamas Amerika rücken alle ein wenig näher zusammen.

Oben: An jeder Ecke gibt es eine Kirche.
Unten: Die U-Bahn verkehrt in Harlem auch oberirdisch.

Infos und Adressen

SEHENSWÜRDIGKEITEN

Abyssinian Baptist Church. Eine der ältesten afroamerikanischen Kirchen in den USA. Touristen sind bei Messen sonntagvormittags um 11 Uhr gern gesehen. Früh anstellen! Odell Clark Place 132, New York,
NY 10031. Tel. 212 862 7474, www.abyssinian.org

Schomburg Center. Diese Zweigstelle der New York Public Library ist das wichtigste Forschungszentrum für afroamerikanische Kultur in den Vereinigten Staaten. Es enthält 10 Millionen Dokumente und veranstaltet Sonderausstellungen, zum Beispiel zum Leben von Malcolm X. Mo, Fr, Sa 10–18 Uhr, Di, Mi, Do 10–20 Uhr, So geschlossen. Malcolm X Blvd. 515, New York, NY 10037, Tel. 212 491 2200, www.nypl.org/locations/schomburg

Soul Food – frittiertes Hähnchen & Macaroni & Cheese

ESSEN UND TRINKEN

Abyssinia. Äthiopisches Restaurant. Die Berbere-Gewürzmischung macht jede Speise lecker. West 135th St. 268, New York, NY 10030,
Tel. 212 281 2673, www.harlemethiopianfood.com

Amy Ruth's. Southern Style Breakfast mit Waffeln und Fried Chicken. W. 116th St. 113, NY,
NY 10026, Tel. 212 280 8779,
www.amyruthsharlem.com

Charles County Pan Fried Chicken. All-you-can-eat-Buffet mit dem angeblich besten frittierten Hähnchen – dünne, würzige Panade mit wenig Fett. Am besten auch einen Bananenpudding zur Abrundung probieren. Frederick Douglas Blvd. 2839, New York, NY 10038, Tel. 212 281 1800.

Cuchifritos 116. Portorikanische frittierte Häppchen mit viel Schweinefleisch, Kochbananen und Maniokmehl. East 116th St. 168, New York,
NY 10029, Tel. 212 876 4846,
www.puertoricanfoodny.com

Settepani. Treffpunkt von Harlems Hautevolee. 196 Lenox Ave./120th St., New York, NY 10027, Tel. 917 492 4806, www.settepani.com

Sylvia's. Die Besitzerin rühmt sich, die »Queen of Soul Food« zu sein. Der Sonntags-Gospel-Brunch ist besonders beliebt. Lenox Ave. 328, New York, NY 10027, Tel. 212 996 0660,
www.sylviasrestaurant.com

ÜBERNACHTEN

Efuru Guest House. Schmuckes Bed & Breakfast mit geräumigem »Two Bedroom Apartment«. W. 120th St. 106, New York, NY 10027,
Tel. 212 961 9855, efuru-nyc.com

EINKAUFEN

Atmos NYC. Die neuesten Tennis- und Basketballschuhe werden hier garantiert geliefert.
West 125th St., New York, NY 10027,
Tel. 212 666 2242, www.atmosnyc.com

Casa Latina Music Shop. Salsa- und Merengue-CDs und Instrumente in El Barrio, wie der von Latinos bewohnte Ostteil von Harlem genannt wird. East 116th St. 151, New York, NY 10029,
Tel. 212 427 6062.

Harlem's Heaven Hat Boutique. Wer für die Sonntagsmesse einen passenden, ausgefallenen Hut sucht, ist hier richtig. Adam Clayton Powell Jr. Blvd/147th St, New York, NY 10039,
Tel. 212 491 7706, www.harlemsheaven.com

Harlem Underground. T-Shirts mit Harlem-Schriftzug und Porträts von berühmten afroameri-

Bei der Schönheitspflege kann man sich gut unterhalten.

kanischen Persönlichkeiten. East 125th St. 20, New York, NY 10029. Tel. 212 987 9385.
Hue-Man Bookshop. Widmet sich afroamerikanischen AutorInnen. Frederick Douglass Blvd. 2319/125th St., New York, NY 10027, Tel. 212 665 7400, www.huemanbookstore.com
Nicholas. Alles, was man für ein Rasta-Leben braucht. East 125th St. 5, New York, NY 10035, Tel. 212 289 3628, www.nicholasreggae.com

AUSGEHEN

Cotton Club. Montagabends Swing Night mit Liveband. W 125th St. 656, New York, NY 10027, Tel. 212 663 7980, www.cottonclub-newyork.com
Hip Hop Church @ Greater Hood Memorial AME Zion Church. Jeden Donnerstag ab 18.30 Uhr rappen Gläubige im Dienste des Herren. 146th St. 160, New York, NY 10037, Tel. 212 281 3130

MUSEEN

Studio Museum in Harlem. Harlems Kunstmekka. Mo, Di, Mi geschlossen, Do/Fr 12–21 Uhr, Sa 10–18 Uhr, So 12–18 Uhr. W. 125th St. 144, New York, NY 10027. Tel. 212 864 4500, www.studiomuseum.org

TOUREN

Harlem Heritage Tourism & Cultural Center. Ein Team von Menschen, die in Harlem aufgewachsen sind, bietet Besichtigungen des Viertels zu Fuß oder per Bus an. Besucher sehen so die wichtigsten Sehenswürdigkeiten der Harlem Renaissance. Manche Touren schließen auch einen Besuch im Apollo-Theater, Schomburg Center oder einer Gospelmesse mit ein. Tgl. 9–18 Uhr, Malcolm X Blvd. 104, New York, NY 10026. Tel. 212 280 7888, www.harlemheritage.com
Hush Hip Hop Tours. Mit dem Bus oder zu Fuß besuchen Tourteilnehmer wichtige Stätten, wo der Hip-Hop geboren wurde, sowie Rucker Park, ein Basketballplatz, wo viele NBA-Spieler ihre ersten Körbe warfen. Tgl. außer So. 9.30–18 Uhr, Fifth Ave. 292, New York, NY 10001. Tel. 212 714 3527, www.hushtours.com

ANFAHRT

U-Bahn-Linien B, C, 2, 3 bis 116th St., A, B, C, D, 2, 3 zur 125th St., B, C, 2, 3 zur 135th St.

Die Swing-Band im »Cotton Club« spielt Jazz-Standards.

Oben: Fast wie in Frankreich fühlt man sich in den Cloisters.
Unten: In der Fuentidueña-Kapelle hängt eine 900 Jahre alte spanische Christusfigur.

37 Cloisters

Zeitreise ins Mittelalter

Hoch über dem Hudson River, auf dem höchsten Punkt der Insel Manhattan befindet sich das Museum The Cloisters, das Kunst vom 12. bis zum 15. Jahrhundert präsentiert. Der Museumsbau ist einzigartig: In den Dreißigerjahren wurde er aus Gebäudeteilen mehrerer gotischer und romanischer Abteien zusammengesetzt. So entsteht eine spirituelle Atmosphäre, wie sie kein anderes amerikanisches Museum zu kreieren schafft.

Cloister, das heißt auf Deutsch Kreuzgang. Das englische Wort deutet jedoch darauf hin, dass es eng mit dem deutschen Wort Kloster verwandt ist. Und monastisch ist auch die Stimmung in dem zum Metropolitan Museum gehörenden Museum The Cloisters in Fort Tryon Park am nördlichsten Zipfel von Manhattan.

Wie viele andere Museen in New York ist The Cloisters der Großzügigkeit eines Industriemagnaten zu verdanken: John D. Rockefeller jr. (1874–1960), der Gründer des Rockefeller Center, stiftete in den Dreißigerjahren dem Metropolitan Museum seine Sammlung mittelalterlicher Kunst. 1925 hatte er bereits die Skulpturensammlung des bekannten Bildhauers George Grey Barnard (1863–1938) aufgekauft. Nun musste ein geeigneter Ort für diesen Kunstschatz gefunden werden. Zu diesem Zweck kaufte Rockefeller gleich mehrere Gebäudeteile von Abteien in Katalonien und Frankreich auf. Charles Collens vom Architekturbüro Allen & Collens hatte bereits die Riverside Church im neugotischen Stil erbaut. Es fiel ihm also ziemlich leicht, original gotische Bauteile neu zu arrangieren. Kreuzgänge, Kapitelsäle und Kapellen der Abteien

Saint Miquel de Cuixà, Sant Guilhèlm dau Desèrt, Bonnefont-en-Comminges, Trie-en-Bigòrra und Froville wurden Stein um Stein in Europa abgetragen und im Fort Tryon Park auf dem höchsten Punkt Manhattans wieder aufgebaut. Von hier genießen Besucher einen schönen Blick auf den Hudson-Fluss sowie die Palisaden. John D. Rockefeller jr. hatte schließlich 260 000 Quadratmeter Land rund um das Museum erworben, damit kein modernes Bauwerk den Eindruck eines mittelalterlichen Klosters auf einer Bergspitze trübt. Auf den Grünflächen pflanzten Botaniker Sträucher, Gräser, Blumen und Kräuter an, wie sie im Mittelalter rund um die Klöster gewachsen wären.

Ein Ort der Stille

Eine andächtige Stimmung kommt in den einzelnen Räumen auf. Im frühgotischen Saal werfen Buntglasfenster aus dem 13. Jahrhundert vielfarbiges Licht auf den Boden. Auch eine Madonnenstatue aus derselben Zeit ist noch in ihrer ursprünglichen Farbigkeit erhalten. Von hier aus blickt man in eine gotische Kapelle, in der katalonische Grabmäler aus dem 14. Jahrhundert an die Vergänglichkeit allen Seins erinnern.

Das Herzstück des Museums sind sieben Tapisserien aus den südlichen Niederlanden, die die Jagd auf ein Einhorn, traditionellerweise ein Christus-Symbol, darstellen. Ein Muster mit Tausenden Blumen webten die Gestalter der Wandteppiche im 15. Jahrhundert in den Hintergrund. Heute »blühen« diese immer noch in unverminderter Strahlkraft.

Ein weiteres Meisterwerk ist das Mérode-Triptychon von Robert Campin (1375–1444), das die Verkündigung des Erzengels Gabriel an Maria darstellt. Zum ersten Mal in der Kunstgeschichte wird diese Szene in einem intimen häuslichen Rahmen anstatt in einer Kirche gezeigt, was den Betrachter zur Andacht in seinem eigenen Heim anhalten soll.

Infos und Adressen

ESSEN UND TRINKEN

Trie Café. Von April bis Oktober lassen sich Besucher im Kreuzgang von »Trie« Sandwiches, Salate und Desserts schmecken. Margret Corbin Drive 99, New York, NY 10040, Tel. 212 923 3700, www.metmuseum/org/en/visit/visit-the-cloisters

INFORMATION

The Cloisters. Im Museum finden auch außerhalb der Öffnungszeiten Konzerte sakraler Musik statt. Einfach auf der Website nachsehen. Das Museum veranstaltet auch Workshops für Kinder von 4 bis 12 Jahren. Tgl. März–Okt. 10–17.15 Uhr, Nov.–Feb. 10–16.45 Uhr, Margret Corbin Drive 99, New York, NY 10040, Tel. 212 923 3700, www.metmuseum/org/en/visit/visit-the-cloisters

ANFAHRT

U-Bahn-Linie A bis 190th St. In der U-Bahn-Station den Aufzug nehmen und dann den Margret Corbin Drive ca. 10 Minuten Richtung Norden bis zum Museum langgehen. Alternativ können Besucher auch mit dem M4 Bus eine Station bis vor das Museum fahren.

AUSSEN-BEZIRKE

Oben: Eine Häuserzeile auf der Willow Street in Brooklyn Heights
Unten: In Brooklyn stehen alle Zeichen auf Gemütlichkeit.

38 Brooklyn Heights

Hier gehen die Uhren langsamer

Wie ein hübsches Dorf nimmt sich der bei der Brooklyn Bridge gelegene Stadtteil Brooklyn Heights aus. Von seinem Promenadenweg genießen Spaziergänger einen umwerfenden Blick auf Lower Manhattan und die Freiheitsstatue. Hier befinden sich auch 600 historisch wertvolle Gebäude, in denen Schriftsteller wie Walt Whitman und Tennessee Williams wohnten. Auf die Geschichte der U-Bahn konzentriert sich das New York Transit Museum.

»America's first suburb«, Amerikas erster Vorort, wird das unter Denkmalschutz stehende Viertel Brooklyn Heights genannt. Tatsächlich siedelten sich in der gegenüber Lower Manhattan gelegenen Gegend bereits um 1830 Familien an, um dem Gewirr der Wall Street zu entkommen. Sie bauten sich hübsche Villen im neoklassizistischen, neugotischen und italianisierenden Stil, um deren Balkone sich ein genauso hübsches Gitterwerk rankt wie um Veranden in New Orleans. Um den Wohnsalon vor Hochwasser zu schützen, legten sie ihn zwei Meter über Straßenniveau an. Deshalb muss man auch noch heute über eine steinerne Eingangstreppe zum Haus hinaufsteigen. Diese Treppe, auf Englisch *stoop* genannt, wurde zum Symbol für Brooklyns Gemütlichkeit. Hier spielt sich das Gesellschaftsleben ab. Nachbarn setzen sich zu einem Tratsch zusammen, während ihre Kinder auf Stützfahrrädern über die kopfsteingepflasterten Straßen rattern. Zu Beginn des 20. Jahrhunderts setzte jedoch die Stadtflucht ein und viele der Gebäude verwahrlosten zusehends. Als das Viertel in den Fünfzigerjahren der Spitzhacke von Stadterneuerer Robert Moses zum Opfer fallen sollte, for-

Mit dem Fahrrad lässt sich die Gegend gut erkunden.

mierte sich eine Opposition, und geschichtsbewusste Familien begannen historische Heime zu revitalisieren.

Old Brooklyn

Reisende würden etwas verpassen, wenn sie Brooklyn die kalte Schulter zeigen. Spazieren sie einmal über die Brooklyn Bridge oder fahren sie mit der U-Bahn zur Clark Street oder zur High Street, fällt jede Großstadthektik von ihnen ab. In vielen Filmen küsst sich ein Liebespaar auf dem fast zwei Kilometer langen, autofreien Promenadenweg von Brooklyn Heights über dem Brooklyn Queens Expressway. Obwohl dieser breite Fußweg so nahe an der Autobahn verläuft, ist der Verkehr hier kaum zu spüren. Stattdessen genießen Spaziergänger den atemberaubenden Blick auf das Finanzzentrum von Manhattan, die Freiheitsstatue und das Meer.
Auf einem Spaziergang durch die historischen Straßen des Viertels kommen Besucher an Häusern vorbei, über deren Türen und Fenster griechische Göttinnen oder Füllhörner in Stein gemeißelt sind. In der Middagh Street 24 und 56 und in der Cranberry Street 25 befinden sich noch Häuser aus den Zwanzigerjahren des 19. Jahrhunderts. Ab der ersten Hälfte des 20. Jahrhunderts entdeckten auch Künstler diese Dorfatmosphäre für sich. Henry Miller (1891–1980), Autor des Romans

AUTORENTIPP!

EIN HAUCH VON LEVANTE
Wandert man auf der verträumten Hicks Street Richtung Atlantic Avenue, hat man das levantinische Zentrum von Brooklyn erreicht. Rund um das riesige libanesische Delikatessengeschäft Sahadi's bieten Händler Waren aus dem Vorderen Orient feil: Henna, eingelegte Zitronen und duftende Pitabrote mit Sesamkruste. Sahadi's ist dabei der Mittelpunkt des levantinischen Handels. Wollen Kunden eine von zwanzig Olivenarten oder über 200 Gewürz-, Bohnen-, Getreide- und Nussarten grammweise kaufen, müssen sie aus dem Automaten eine Nummer ziehen. Die eifrigen Verkäufer bieten dann gern eine Kostprobe an. Sahadi's führt auch ausgefallene Obstsorten wie grüne Mandeln oder taufrische türkische Aprikosen. Die Käseabteilung lässt ebenfalls nichts zu wünschen übrig. Noch bevor sie das Geschäft verlassen, beißen Kunden gern in ein würziges Zataar-Brot.

Sahadi's. Atlantic Ave. 187, Brooklyn, NY 11201, Tel. 718 624 4550, www.sahadisonline.com

Oben: Blick auf die Südspitze von Manhattan vom Brooklyn Bridge Park.
Mitte: Hübsche Tuniken in einem Geschäft in der Fulton Street
Unten: Dörfliche Atmosphäre herrscht auf der Cranberry Street.

Wendekreis des Krebses, wohnte von 1924 bis 1925 mit seiner Frau June Smith Mansfield in einem hübschen Backsteinhaus der Remsen Street 91, wurde jedoch delogiert, weil er die Miete nicht zahlen konnte. In der Montague Street, der Hauptstraße von Brooklyn Heights, erlebten Marilyn Monroe und Arthur Miller Ende der Fünfzigerjahre turbulente Ehejahre. Auch andere »heavyweights« der amerikanischen Literatur – Carson McCullers, W. E. B DuBois, Richard Wright, Truman Capote, W. H. Auden und Norman Mailer – wohnten hier. Die Montague Street ist nach Lady Mary Wortley Montagu (1689-1762) benannt. Sie war eine Verwandte von Hezekiah Pierrepont, der aus diesem Gebiet, das zu jener Zeit noch aus Ackerland bestand, den ersten Vorort von New York machte, indem er Grundstücke aufkaufte und 1814 eine Fährlizenz an Robert Fulton vergab. In der Orange Street zwischen der Hicks und der Henry Street kommen Besucher an der Plymouth Church of the Pilgrims vorbei. Hier predigte Henry Ward Beecher (1813–1887) gegen die Sklaverei. Schließlich war er der Bruder von Harriet Beecher Stowe (1811–1896), der Autorin von *Onkel Toms Hütte*. In einer aufgelassenen U-Bahnstation aus dem Jahr 1936 auf der Livingstone Street dokumentiert ein eigenes Museum die Geschichte des Verkehrs in New York. Das New York Transit Museum ist besonders bei Kindern beliebt. Hier können sie in mehrere historische U-Bahnwaggons und Busse klettern und Schaffner spielen. Eine lehrreiche Ausstellung informiert darüber, wie die Tunnel für die *subway* durch den Gesteinsgrund von Manhattan und unterhalb des East und Hudson River gedrillt wurden. Von hier ist es auch nicht weit bis nach Downtown Brooklyn. Im Verwaltungszentrum des Bezirks befindet sich die mächtige Brooklyn Borough Hall aus dem Jahr 1848, in dem die politischen Entscheidungen für 2,5 Millionen Bürger getroffen werden.

Infos und Adressen

SEHENSWÜRDIGKEITEN

Brooklyn Heights Esplanade. Promenadenweg mit fantastischem Blick auf die Südspitze von Manhattan. Von der Brooklyn Bridge rechts abbiegen.

Plymouth Church of the Pilgrims. Scheunenartige Kirche aus dem Jahr 1850. Hier predigte Henry Ward Beecher gegen die Sklaverei. Schutzhaus auf der Sklavenfluchtroute Underground Railroad. Hicks St. 75, Brooklyn, NY 11201, Tel. 718 624 4743, www.plymouthchurch.org

ESSEN UND TRINKEN

Heights Café. Neue amerikanische Küche. Einen Block von der Promenade entfernt. Schöne Terrasse. Mo–So 12–0 Uhr, Brunch Sa 11 Uhr und So 10 Uhr, Montague St. 84, Brooklyn, NY 11201, Tel. 718 625 5555, www.heightscafeny.com

MUSEEN

Brooklyn Historical Society. Dieses Museum dokumentiert die Entwicklung des neu-holländischen Dorfs Breukelen zu Brooklyn. Auch Pläne für einen Spaziergang zu historisch bedeutsamen Häusern in Brooklyn Heights sind hier gratis erhältlich.

Alte Zugmodelle im New York Transit Museum

Zeit für einen gemütlichen Brunch in Downtown Brooklyn

Mi–So 12–17 Uhr, Mo/Di geschlossen. Pierrepont St. 128, Brooklyn, NY 11201, Tel. 718 222 4111, www.brooklynhistory.org

New York Transit Museum. In einer aufgelassenen U-Bahnstation erleben Besucher die Geschichte des Baus der öffentlichen Verkehrsmittel hautnah. Di–Fr 10–16 Uhr, Sa/So 11–17 Uhr, Mo geschlossen, Boerum Place/Schermerhorn Street, Brooklyn, NY 11201, Tel. 718 694 1600, www.mta.info/mta/museum

ANFAHRT

U-Bahn-Linien 2, 3 bis Clark St., Linien A, C bis High St.

Oben: Auf der Smith Street befinden sich viele Boutiquen.
Unten: Auch alte Metzgereien haben sich hier noch gehalten.

39 Smith Street

Old meets new

Geht man von Brooklyn Heights auf der Atlantic Avenue nach Süden, gelangt man in die historischen Bezirke von Cobble Hill (»Kopfsteinpflasterhügel«) und Boerum Hill. Die Smith Street verwandelte sich im letzten Jahrzehnt zu einem kulinarischen Mekka. Das neuerbaute Barclays Center über dem Bahnhof der Long Island Railroad brachte moderne Bauwerke und Basketball nach Brooklyn.

Die Smith Street ist zu neuem Leben erwacht. Wo einst italienische und portorikanische Männer reifen Alters in mit kitschigen Trophäen bestückten »social clubs« zusammenkamen, bereiten Baristas Cappuccino mit Schaumhaube zu und backen Patissiers Napoléon-Schokotörtchen mit Goldstaub.

Mozzarella und Mortadella

Auch Hollywood-Stars haben die Cobble Hill und Boerum Hill genannten Gegenden für sich entdeckt. Michelle Williams wohnt mit ihrer Tochter Mathilda in einem etwa 100 Jahre alten Brownstone-Haus auf der Dean Street mit kunstvoll geschmiedetem Zaun und Garten im Hinterhof. Wie auch in vielen anderen Gegenden kamen Künstler schon vor Jahrzehnten in das Viertel unterhalb von Brooklyn Heights. In einer alten Fabrik auf der Bergen Street öffnete das Invisible Dog Art Center, in dem neben Ausstellungen avantgardistischer bildender Kunst auch Theater-, Tanz und Filmaufführungen stattfinden.
Schlendert man auf der Smith oder der Court Street nach Westen, gelangt man nach Carroll Gardens. Die Gegend ist nach Charles Carroll

benannt, dem einzigen Katholiken, der die Amerikanische Unabhängigkeitserklärung 1776 unterzeichnete. Hier ließen sich vor über 100 Jahren viele Italo-Amerikaner nieder. Im Gegensatz zu Cobble Hill stehen hier die Brownstone-Gebäude zehn Meter von der Straße entfernt. Hübsche Vorgärten ziehen die Blicke der Spaziergänger auf sich, ein untypisches architektonisches Merkmal für Brooklyn. Dazwischen finden sich immer wieder riesige kitschige Heiligenfiguren, die die Dankbarkeit der Bewohner für einen erfüllten Wunsch versinnbildlichen. In Geschäften wie Esposito & Sons häufen sich Berge von frischen Mozzarella-Kugeln, und ein Verkäufer mit dickem, schwarzem Schnurrbart bietet einer jungen Frau ein Stück Mortadella als Kostprobe an. Und erlaubt sich natürlich die Bemerkung, welch schöne Augen sie hat.

Das neue Brooklyn

Nicht unweit dieser idyllischen Gegend, an der Kreuzung der Hauptstraßen Atlantic Avenue und Flatbush Avenue, wird an den Atlantic Yards gebaut, einem Komplex mit modernen Wohn- und Geschäftsgebäuden. 34 000 der 89 000 Quadratmeter Bauareal befinden sich direkt über dem Bahnhof der Long Island Railroad. Mit großem Pomp und Trara wurde im Jahr 2012 das Barclays Center eröffnet, eine Sportarena, in der das Basketballteam Brooklyn Nets ein Heim gefunden hat. Zur Eröffnung gab Jay-Z ein Konzert. Und machte für die Veranstaltungshalle kräftig Werbung. Schließlich gehört ihm ein Anteil am Team. Vielleicht sollte er auch einen Abstecher in das Museum of Contemporary African Diasporan Arts (MoCADA) machen. Dieses Museum stellt das Werk von Künstlern aus, die die soziale und politische Stellung von Menschen in der afrikanischen Diaspora ins Zentrum ihres Werkes stellen. So beschäftigte sich eine Ausstellung mit den Kunstformen im Post-Hip-Hop-Zeitalter.

Infos und Adressen

SEHENSWÜRDIGKEITEN

Barclays Center. Sportarena und Veranstaltungshalle mit 19 000 Plätzen. Atlantic Ave. 620, Brooklyn, NY 11217, Tel. 917 618 6100, www.barclayscenter.com

Invisible Dog Art Center. Zeitgenössische Kunst in vielen Medien. Do–Sa 13–19 Uhr, So 13–17 Uhr, Bergen St. 51, Brooklyn, NY 11201, Tel. 347 560 3641, www.theinvisibledog.org

ESSEN UND TRINKEN

Bar Tabac. Dieses Lokal ist das Epizentrum der Feiern anlässlich des französischen Nationaltages am 14. Juli auf der Smith Street. Smith Street 128, Brooklyn, NY 11201, Tel. 718 923 0918, www.bartabacny.com

MUSEEN

Museum of Contemporary African Diasporan Art. Museum für zeitgenössische Kunst der afrikanischen Diaspora. Mi, Fr, Sa 12–19 Uhr, Do 12–20 Uhr, So 12–18 Uhr, Hanson Place 80, Brooklyn, NY 11217. Tel. 718 230 0492, www.mocada.org

ANFAHRT

Cobble Hill, Boerum Hill. U-Bahn-Linie F bis Bergen Street

Carroll Gardens. U-Bahn-Linie F bis Carroll Street

Barclays Center. U-Bahn-Linien Q, 2, 3, 4, 5 bis Atlantic Avenue

Der imposante Eingang zur Brooklyn Public Library

40 Park Slope
Der andere Central Park

Fährt man mit den U-Bahn-Linien 2 und 3 weiter in das Herz von Brooklyn, gelangt man nach Park Slope, ein Viertel, das bei hippen Jungfamilien sehr beliebt ist. In der Fifth Avenue befinden sich viele kleine Restaurants. Die nötige Dosis Kultur erhält man im Brooklyn Museum und in der Brooklyn Public Library. Viel Platz zum Toben für Kinder bieten der Prospect Park und der botanische Garten.

Wenn Besucher aus dem Tunnel der U-Bahn-Linien 2 und 3 am Grand Army Plaza nach oben kommen, erkennen sie, wieso die im 19. Jahrhundert eigenständige Stadt Brooklyn Manhattan Konkurrenz machte. Ein imposanter Triumphbogen aus dem Jahr 1892 steht in der Mitte des Platzes. Dieser erinnert an die Soldaten und Matrosen, die im Amerikanischen Bürgerkrieg ihr Leben lassen mussten. Auf dem nach Pariser Vorbild gestalteten Bogen steht Lady Columbia, das Symbol der Vereinigten Staaten, und lenkt ihren Streitwagen mit vier vor Kraft strotzenden Pferden.
An der Ostseite des Platzes scheint Spaziergängern die riesige Pforte der Brooklyn Public Library entgegen. 15 goldene Figuren aus der amerikanischen Literaturgeschichte sind hier verewigt: die Ehebrecherin Hester Prynne aus Nathaniel Hawthornes Puritanerroman *Der scharlachrote Buchstabe*, der Langschläfer Rip van Winkle aus Washington Irvings Kurzgeschichte und der mysteriöse Rabe aus Edgar Allan Poes Schauergedicht. Den Architekten des schlichten Art-déco-Gebäudes diente ein aufgeschlagenes Buch als Inspirationsquelle. Von einer schmalen Vorderseite, der Pforte, öffnet sich das Haus in Fächerform nach hinten.

Das Brooklyn Museum erhielt vor Kurzem eine moderne Eingangshalle.

Doppelgänger des Met

Gleich neben der Bibliothek prangt das Brooklyn Museum, das man beim ersten Hinsehen fast mit dem Metropolitan Museum verwechseln kann. Im Gegensatz zu dem Kunsttempel auf der Upper East Side wurde das Brooklyn Museum durch einen modernen gläsernen Eingangsbereich erweitert, der Besucher direkt in den Bauch des Hauses eindringen lässt. Auf 52 000 Quadratmetern Fläche vereint es Schätze aus vielen Epochen und Kulturen. Wie kein anderes Museum rückt es jedoch das Erbe der amerikanischen Ureinwohner in den Mittelpunkt. In der großen Halle gleich hinter dem Eingangsbereich sticht eine exzellente Sammlung von Objekten indianischer Herkunft ins Auge. Reichlich bestickte Kachina-Puppen der Pueblo-Indianer finden sich hier ebenso wie ein Porträt der Sioux-Schönheit Handsome Morning. Einzigartig ist auch die neue Sammlung feministischer Kunst. Ein ganzer Raum ist dem Kunstwerk *The Dinner Party* von Judy Chicago gewidmet. Auf einem riesigen dreieckigen Banketttisch hat die Künstlerin goldene Kelche und individuell gestaltetes Porzellan für Frauen gedeckt, die Geschichte machten. Die Naturphilosophin Hildegard von Bingen ist hier ebenso vertreten wie die Renaissancekünstlerin Artemisia Gentileschi.

AUTORENTIPP!

BLAUMACHEN IM LE BLEU

Familiär geht es im »Hotel Le Bleu« zu. Wenn Gäste das Haus betreten, begrüßt sie der Concierge gleich mit dem Vornamen. »Casual American« nennt man das. Ein blauer Streifen zieht sich durch das moderne Ambiente – von der Bettdecke zu den Kissen bis hin zum stimmungsvollen indigofarbenen Licht, das abends im Zimmer eingeschaltet werden kann. Verliebte Paare fühlen sich hier besonders wohl. Sie müssen sich keine Minute aus den Augen lassen, denn das Badezimmer ist vom übrigen Raum nur durch eine Glaswand getrennt. Frühstück ist hier im Preis inbegriffen. Und zu den Restaurants und Geschäften in der Umgebung ist es nur ein Katzensprung.

Hotel Le Bleu. Fourth Ave. 370,
Brooklyn, NY 11215,
Tel. 718 625 1500,
www.hotellebleu.com

Oben: Die U-Bahn verkehrt in Brooklyn auch oberirdisch.
Mitte: Sonnenuntergang im Prospect Park
Unten: Ein eifriger Fahrradfahrer im Brooklyn Museum

Freiraum und Spielfläche

Im Brooklyn Botanic Garden gleich neben dem Museum pflanzten Gärtner bei seiner Gründung im Jahr 1910 mehr als 200 Kirschbäume. Wenn Millionen von zartrosa Blüten im Frühjahr sprießen, kann sich niemand dem Charme des Parks und seinem Duft entziehen. Wie in Japan lustwandeln Besucher hier über eine kleine Brücke, die über einen sinnlich geschwungenen Teich führt, und fühlen, wie Mensch und Natur in Harmonie leben können.
Der Botanic Garden ist Teil des Prospect Park. Auf der 36 Hektar großen »Long Meadow«, der größten Wiese in einem amerikanischen Park, spielen Jungs gern Baseball und Mädchen üben sich im Fußball, der in den USA an Popularität gewinnt. Auf 2,4 Quadratkilometern vergessen Spaziergänger, dass sie sich in einer Metropole befinden. Sie schlendern an Wasserfällen vorbei, beobachten Vögel beim Nestbauen oder leihen sich bei den Kensington Stables ein Pferd aus.
Wenn im Winter die Temperaturen in den Keller fallen, gehen Kinder gern im Brooklyn Children's Museum auf Entdeckungsreise. Sie bauen hier ihr eigenes Spielzeug und fahren in afrikanischen Autos aus Getränkedosen um die Wette. In einem Mini-Brooklyn wandern sie an Geschäften aus aller Welt vorbei, kaufen Ghee aus Indien oder wiegen mexikanische Bohnen. Das erste Kindermuseum der Welt wurde bereits im Jahr 1899 gegründet. Die Mitarbeiter des 2008 renovierten Ökohauses sind stolz auf die 30 000 Objekte der Sammlung.
Auch ein Hauch von gebratenem Fleisch weht durch die Straßen von Park Slope. Bei »Fletcher's Brooklyn Barbecue« werden Schweinsrippen und Steaks über Ahorn- und Roteichholzstücken geschmort. Im gemütlichen Lokal wird nur Bio-Fleisch serviert. Zu Mittag kommen viele hungrige Eltern mit ihren Babys. Die Wertschätzung für ein gutes Steak muss in den USA schon früh erlernt werden!

Infos und Adressen

Das Steinhardt Conservatory im Brooklyn Botanic Garden

SEHENSWÜRDIGKEITEN

Brooklyn Botanic Garden. 11 000 Pflanzen aus der ganzen Welt. Di–So 10–18 Uhr, Washington Ave. 1000, Brooklyn, NY, Tel. 718 623 7200, www.bbg.org

Brooklyn Public Library. Beeindruckendes Art-déco-Gebäude in Buchform mit riesiger goldener Pforte. Interessante Gratisausstellungen. Mo, Fr 10–18 Uhr, Di, Mi, Do 10–20 Uhr, Cadman Plaza 280 W, Brooklyn, NY 11201, Tel. 718 230 2100, www.brooklynpubliclibrary.org

Prospect Park. 2,4 Quadratkilometer Natur, Zoo, Eislaufplatz, größte Parkwiese Amerikas. Brooklyn, New York 11215, www.prospectpark.org

ESSEN UND TRINKEN

Al Di Là. Klassischer Italiener. Spezialitäten aus dem Veneto wie Hase mit Olivensauce. Fifth Ave. 248, Tel. 718 783 4565, www.aldilatrattoria.com

Fletcher's Barbecue. Perfekt gegrilltes Rind- und Schweinefleisch. Chicken Wings! Third Ave. 433, Brooklyn, NY 11215, Tel. 347 763 2680, www.fletchersbklyn.com

AUSGEHEN

Union Hall. Riesige, jedoch gemütliche Bar mit Livemusik, offenen Kaminen, Kegelbahn. Union St. 702/Fifth Avenue, Brooklyn, NY 11215. Tel. 718 638 4400, www.unionhallny.com

MUSEEN

Brooklyn Children's Museum. Interaktives Museum für Knirpse. Di–So 10–17 Uhr, Brooklyn Ave. 145, Brooklyn, NY 11213, Tel. 718 735 4400, www.brooklynkids.org

Brooklyn Museum of Art. Zweitgrößtes Museum New Yorks. Mi, Fr, Sa, So 11–18 Uhr, Do 11–20 Uhr, Eastern Parkway 200, Brooklyn, NY 11238, Tel. 718 638 5000, www.brooklynmuseum.org

ANFAHRT

U-Bahn-Linien 2, 3 bis Grand Army Plaza

Das Brooklyn Museum im Stil der Belle Époque

Oben: Wild zusammengewürfelt ist die Architektur von Williamsburg.
Unten: Der Flohmarkt von Williamsburg ist einer der größten an der Ostküste.

41 Williamsburg
Hipster Paradise

Eine weiteres Viertel in Brooklyn, eine weitere »makeover«-Geschichte. Dass der an der Williamsburg Bridge gelegene Bezirk früher oder später von der coolen Szene entdeckt werden würde, war nur eine Frage der Zeit. Rund um die Bedford Avenue haben junge Menschen in Flohmarktklamotten Musikclubs und Galerien eröffnet. Da viele einen Treuhandfond besitzen, können sie sich ein Hipsterleben gut leisten.

Im Vergleich zu Brooklyn Heights, Cobble Hill und Park Slope besticht Williamsburg nicht gerade durch seine architektonische Schönheit. Die Stadtlandschaft rund um die Bedford Avenue erscheint zusammengewürfelt. Aus jedem Dorf ein Hund, quasi, wobei ein Großteil der Bausubstanz aus dem 19. und frühen 20. Jahrhundert in die Gegenwart herübergerettet wurde. Zusammengewürfelt präsentiert sich auch der neue »Stamm«, der die Gegend bevölkert: »Hipsters« sind Mitte 20, unverheiratet und mischen Flohmarktklamotten aus den Sechzigerjahren mit bunten Avantgarde-Designer-Accessoires. Für Männer ist der Spitzbart obligat, Frauen sind darauf bedacht, so einzigartig wie möglich auszusehen.
Williamsburg kam in den Neunzigerjahren in Mode. Damals stiegen die Mieten in den Manhattaner Vierteln East Village und Lower East Side stetig an. Die Bohemiens und Künstler flüchteten mit U-Bahn-Linie L und wurden eine Station weiter auf der anderen Seite des East River ausgespuckt. Viele von ihnen verewigten sich mit ihrer Graffitisignatur an den Mietshäusern. Die Gebäude beherbergen mittlerweile coole Lofts. Am Flussufer

schossen moderne Hochhäuser in die Höhe. Hipsters mit Treuhandfonds, die gerade die Uni abgeschlossen haben, können sich eine solche Bleibe nämlich leisten.

Bier und Indie-Music

So avancierte Williamsburg zu einem der populärsten Ausgehviertel. Eine trendige Bar reiht sich auf der Metropolitan Avenue, der Grand Street und dem Brooklyner Broadway an die nächste. In der einstigen Hafengegend wurde vor 100 Jahren auch viel Bier gebraut. Diese Tradition lässt die Brooklyn Brewery in der 11th Street wieder aufleben. Zum Erntedankfest im November wird sogar ein eigenes Kürbis-Ale gebraut. Bei den Brauereiführungen fließt Gratisgerstensaft in Strömen.
Auch die Indie-Musik fand in Williamsburg eine Heimat. Als der legendäre Musikclub »Knitting Factory« aus der Lower East Side wegzog, eröffnete er auf der Metropolitan Avenue eine neue Location. Hier treten Künstler wie der Klezmer-Jazz Multiinstrumentalist John Zorn auf. In der Williamsburg Music Hall ist sogar Madonna im Publikum, wenn die Gruppe Fischerspooner ihre elektronischen Klänge mit wilden Fashion-Statements verbindet. Und wenn Hipsters Besuch bekommen, müssen die »out-of-towners« auch eine coole Bleibe finden. Das »Whyte Hotel« auf der Waterfront ist eine ehemalige Kupferfabrik aus dem Jahr 1901, in der Kessel gefertigt wurden. Sie wurde entkernt, doch ihre ehemaligen Holzböden wurden für Bettgestelle recyclt. So durchweht der Charme des alten ein hypermodernes Ambiente. Andere Musikclubs haben kreative Namen wie Glasslands, »Trash Bar«, »Pete's Candy Store«, »Union Pool«, »Bruar Falls« und »The Lovin' Cup Café«. Die Musik ist hier schrill und laut und die Musiker zum Großteil unter 30. Wer den Stars von übermorgen begegnen will, bevor sie groß herauskommen, ist hier richtig.

Infos und Adressen

SEHENSWÜRDIGKEITEN

Brooklyn Brewery. Brauereiführungen online buchbar. N. 11th St. 79, Brooklyn, NY 11249, Tel. 718 486 7422, www.brooklynbrewery.com

ESSEN UND TRINKEN

Baci i Abbracci. Authentische italienische Küche aus Sorrent. Schöner Garten im Hinterhof. Grand St. 204, Brooklyn, NY 11211, Tel. 718 599 6599, www.baciny.com

ÜBERNACHTEN

Whyte Hotel. Ein altes Fabrikgebäude erwacht zu neuem, coolem Leben. Whyte Ave. 80, Brooklyn, NY 11249, Tel. 718 460 8000, www.whytehotel.com

EINKAUFEN

Brooklyn Industries. Hippe Klamotten mit dem Brooklyn-Logo. Bedford Ave. 162, Brooklyn, NY 11211, Tel. 718 486 6464, www.brooklynindustries.com

AUSGEHEN

Knitting Factory. Eine Legende unter Musikclubs. Metropolitan Ave. 361, Brooklyn, NY 11211, Tel. 347 529 6696, www.knittingfactory.com

Williamsburg Hall of Music. Live-Bands bis in die frühen Morgenstunden. N 6th St. 66, Brooklyn, NY 11211, Tel. 718 486 5400, www.musichallofwilliamsburg.com

ANFAHRT

U-Bahn-Linie L bis Bedford Ave., Lorimer St. oder Grand St.

Oben: Wer will schon in die Karibik, wenn man Coney Island hat?
Unten: Strandschönheiten am Brighton Beach

42 Coney Island

Hotdogs & Hochschaubahnen

Sonne und Strand erwarten New Yorker nur 45 Minuten außerhalb von Manhattan. All jene, die sich die Hamptons (s.S. 264) nicht leisten können, setzen sich in die U-Bahn D, F, N oder Q und fahren bis zur Endstation Coney Island/Stillwell Avenue. Sind sie einmal der Metro entstiegen, strömt ihnen nicht nur die salzige Meeresbrise, sondern auch der würzige Geruch von Hotdogs und Krautsuppe entgegen.

Life's a beach am äußersten Zipfel von Brooklyn, im Arbeiterstrandbad Coney Island. Hier tun Sonnenanbeter so, als wären sie in Miami und legen sich an den breiten Atlantikstrand. Kurvige Latinas tanzen zur neuesten Reggaeton-Nummer, während ihre Sprösslinge eifrig im Sand herumgraben.
Auf dem Boardwalk, der fünf Kilometer langen Holzpromenade, spielt sich einiges ab, wurde hier doch vor über hundert Jahren der Rummelplatz Luna Park errichtet. Die grellbunten Verkaufskioske erinnern an eine Zeit, als Coney Island Anfang des 20. Jahrhunderts einer der größten Vergnügungsparks in den Vereinigten Staaten war. Dass hier Kirmesatmosphäre herrscht, riechen die Besucher schon, sobald sie die U-Bahnstation verlassen:

MAL EHRLICH

MENÜ BEI PRIMORSKI

Den Touristen wollen die Kellner bei »Primorski« die À-la-carte-Gerichte aufschwatzen. Dass dies mehr kostet, erwähnen sie dabei nicht. Gäste sollten daher bei ihrer Bestellung darauf beharren, dass sie das Mittags- oder Abendmenu wollen.

Der Duft von Zuckerwatte vermischt sich mit dem Aroma von frittierten Muscheln. Corndogs, Hotdogs im Maisteigmantel sind hier ebenso beliebt wie Shish Kebab mit Barbecuesauce.
Luna Park wurde im Jahr 2010 renoviert. Hinter den Buden ragt der Cyclone in die Höhe, eine hölzerne Achterbahn aus dem Jahr 1927, mehrmals von der Spitzhacke bedroht, doch 1988 unter Denkmalschutz gestellt. Wagemutige stürzen sich 28 Meter in die Tiefe!

Politischer Zirkus

An Zeiten, als Damen ohne Unterleib, zweiköpfige Kälber und Elefantenmenschen zur Schau gestellt wurden, erinnert die »Coney Island Circus Sideshow« auf der Surf Avenue. Hier verschluckt Heather Holiday spitze Schwerter, und der ganz auf Eidechse gestylte Lizard Man zeigt seine gespaltene Zunge. Die Artisten mögen zwar die Sensationsgier des Publikums befriedigen, geben jedoch oft auch ein politisches Statement ab. Jennifer Miller, die Dame mit dem Vollbart, widersetzt sich auf charmant-intelligente Weise dem Diktat der Geschlechternormen.

Under the Boardwalk

Doch nicht nur im Sommer ist der Strand ein beliebtes Ziel für Schwimmer. Von November bis April treffen sich hier auch die »Polar Bears«. Diese Kaltwasserfanatiker glauben, dass ein Bad im Atlantik bei Minustemperaturen abhärtet und Krankheiten vorbeugt. Sie treffen sich immer am 1. Januar mittags um eins, um das neue Jahr mit großem Gespritze und Hallo zu begrüßen.
Viele junge Familien fahren nach Coney Island, um das New York Aquarium zu besuchen. 350 Arten von Wassertieren haben auf 56 000 Quadratmetern ein Heim gefunden. Kinderaugen werden größer,

AUTORENTIPP!

HEISSE HUNDE

Gleich gegenüber der weltweit größten oberirdischen Metrostation verköstigt »Nathan's Famous« Wurstliebhaber bereits seit 1916. Schon Al Capone und Cary Grant liebten den riesigen Laden mit der bunten Neonleuchtschrift. Auf die Hotdogs kommen Zutaten wie Sauerkraut, Chili con Carne oder Käsesauce. Das übervolle Brötchen wird dann am besten mit gewellten Pommes frites und gebackenen Zwiebelringen verschlungen. Am 4. Juli, dem Tag der Amerikanischen Unabhängigkeit, findet hier alljährlich ein Wettessen statt. Geeichte Bäuche verschlingen dann über 60 »heiße Hunde« in zehn Minuten. Nach einem Strandbesuch und Schwimmen im Atlantik schmeckt das Junk-Food wunderbar. Kindern schmecken auch die Corn-Dogs, im Maisteig gebackene Wiener Würstchen.

Nathan's Famous. Surf Ave. 1310, Brooklyn, NY 11224, Tel. 718 946 2705, www.nathansfamous.com

Auch Motorradfahrer müssen sich mal stärken.

Oben: Eine schaurig grinsende Fratze lädt zum Besuch des Luna Park ein.
Mitte: Die Cyclone-Achterbahn steht seit 1988 unter Denkmalschutz.
Unten: Menschenstrom im Vergnügungspark

wenn sie Haie mit ihren spitzen Zähnen im Becken herumschwimmen sehen. Über das ganze Gesicht lachen die Knirpse, wenn Seelöwen bei der Wassershow in die Hände klatschen und dabei ulkig rülpsen.
Coney Islands schäbiger Charme könnte jedoch bald der Vergangenheit angehören. Bürgermeister Bloomberg genehmigte Pläne, denen zufolge das Areal in ein kleines Las Vegas verwandelt werden soll. Riesige Hotels werden dann aus dem Boden schießen, die vorhandenen alten Achterbahnen sollen jedoch in den Plan integriert werden.

Die Ukraine lässt grüßen

Über diese Wertsteigerung des Bezirks werden sich die Immobilienbesitzer in dem an Coney Island angrenzenden Brighton Beach freuen. »Little Odessa« wird das Viertel auch genannt. Auf der Brighton Beach Avenue reihen sich russische und ukrainische Delikatess- und Souvenirläden dicht aneinander. Calvin-Klein-Lederjacken finden hier zu 150 Dollar reißenden Absatz. In Delikatessenläden türmen sich Räucherlachse, Weißfische und unzählige Arten von Essiggurken in der Auslage. »Primorski« hingegen serviert schmackhafte georgische Gerichte: mit Walnuss gefüllte Auberginenrollen, duftendes warmes Käsefladenbrot und dickflüssigen Borschtsch mit einem Klecks saurer Sahne. Dazu fließt der Wodka in Strömen.

Infos und Adressen

ESSEN UND TRINKEN

Café Glechik. Dieses einfache Café ist bekannt für seine Vareniki-Teigtaschen mit Fleisch und Käse oder süß mit Marmelade und saurer Sahne gefüllt. Coney Island Ave. 3159, Brooklyn, NY 11235, Tel. 718 616 0494, www.glechik.com

National. Riesiger russischer Supper Club wie aus einem James-Bond-Filmimitat. Live Entertainment mit russischen Sängern. Szenisch! Brighton Beach Ave. 273, Brooklyn, NY 11235, Tel. 718 646 1225, www.nationalrestaurantny.com

Primorski. Georgisches Restaurant mit Spezialitäten wie Huhn in Walnusssauce, geräuchertem Stör und Kaviar. Brighton Beach Ave., 282, Brooklyn, NY 11235, Tel. 718 891 3111, www.primorskiny.com

AKTIVITÄTEN

Luna Park. Rummelplatz mit Dutzenden schaurigen Achterbahnen. Von Mitte April bis Herbst geöffnet. Surf Ave. 1000, Brooklyn, NY 11224, Tel. 718 373 1087, www.lunaparknyc.com

New York Aquarium. Spaß mit Meerestieren nur einige Dutzend Meter vom Atlantik entfernt. Tgl. 10–16.30 Uhr, Surf Avenue 602/8th St. Brooklyn, NY 11224, Tel. 718 265 3474, www.nyaquarium.com

Moderne Nixen bei der Mermaid Parade im Juni

Auch Kinder amüsieren sich hier köstlich.

VERANSTALTUNGEN

Coney Island Circus Sideshow. Das Varieté will die soziale Revolution anfachen. Surf Ave. 1208/12th St., Brooklyn, NY 11224, Tel. 718 372 5159, www.coneyisland.com

Hotdog-Wettessen. Am 4. Juli bei Nathan's. Nathan's Famous. Surf Ave. 1310, Brooklyn, NY 11224, Tel. 718 946 2705, www.nathansfamous.com

Mermaid Parade. Jährl. an dem Samstag, der dem 21. Juni am nächsten ist.

Polar Bear Swimming. Kaltwasserfanatiker begrüßen das neue Jahr mit einem Sprung in den Atlantik. Jährl. 1. Januar, 13 Uhr

ANFAHRT

U-Bahn-Linien D, F, N, Q bis Coney Island/Stillwell Avenue, Linie F bis West 8th Street/NY Aquarium, Linie B bis Brighton Beach.

Oben: Simpel, aber eindrucksvoll: Isamu Noguchis Skulpturen
Unten: Die Kunst ist im Museum geschmackvoll angeordnet.

43 Noguchi Museum

East meets West

Reisende aus Europa betreten amerikanischen Boden oft zum ersten Mal in Queens. Bei einer schnellen Durchfahrt beeindruckt die »hässliche Schwester« von Manhattan und Brooklyn nicht gerade, doch sie hat allerlei zu bieten. Zum Beispiel ein Museum für die abstrakten Skulpturen eines japanisch-amerikanischen Bildhauers.

Der japanisch-amerikanische Bildhauer Isamu Noguchi (1904–1988) ist für seine schlichten Stein- und Holzskulpturen bekannt, die tief in der japanischen Landschaftskunst verwurzelt sind. Zu einer Zeit als sich andere Künstler einen Arbeitsraum in den verlassenen Lofts in SoHo schufen, zog er im Jahr 1960 in ein Atelier in Long Island City in Queens. In dem Arbeiterbezirk hatte er leichten Zugang zu Handwerkern, die ihm im Umgang mit Rohmaterialien wie Stein, Holz und Metall helfen konnten. 1985 kaufte er ein Industriegebäude auf der anderen Seite der Straße, um 250 seiner Werke in einem Museum auszustellen. Long Island City ist ein am East River gelegener Stadtteil von Queens, von dem man einen guten Blick auf die Skyline von Manhattan hat. In die Industriegebäude sind viele Museen und Galerien gezogen. Neue Hochhäuser schossen ebenfalls aus dem Boden. Das Viertel hat sogar einen eigenen Strand bei Hunters Point mit guter Sicht auf die UNO-Gebäude.

Lampenschirm und Kaffeetisch

Noguchi arbeitete mit Künstlern zusammen, die sich in anderen Medien ausdrückten. Für Martha

Auch eine einfache Treppe wird hier zur Skulptur.

Graham (1894–1991), eine der größten Innovatorinnen des modernen Tanzes, schuf er simpelabstrakte, jedoch ausdrucksstarke Requisiten, die ihre expressionistische Gebärdensprache unterstrichen. Nochugi war auch ein begnadeter Möbeldesigner und arbeitete gemeinsam mit Ray und Charles Eames für die amerikanische Designfirma Herman Miller. Beim Entwurf seiner einfachen, fächerförmigen Lampenschirme ließ er sich vom rumänischen Künstler Constantin Brancusi (1876 bis 1957) inspirieren, bei dem er in Paris im Jahr 1927 als Gehilfe gearbeitet hatte. Die Lampenschirme wurden später von Ikea imitiert. Im Museumsshop können die Fans moderner Formgebung auch kaufen. Auch sein berühmter Kaffeetisch ist über das Museum erhältlich. Durch seine abgerundete Glasoberfläche sieht man zwei horizontale Holzteile, von denen sich eines nach oben und eines nach unten verjüngt und die sich jeweils an ihren spitzen Seiten treffen.
Besucher, die sich auf den Weg zum Museum machen, finden eine Oase der Ruhe vor. Noguchi ließ sich von den nach Prinzipien der Zen-Philosophie gestalteten japanischen Gärten inspirieren, als er den Indoor-Outdoor-Space sowie den Garten des Museums schuf. Besucher werden hier der Mysterien gewahr, die einfachen Materialien innewohnen. Während der Kies unter ihren Füßen knirscht und das Laub an den Mauern im Wind weht, meditieren sie über die Sprache der Steine.

Infos und Adressen

INFORMATION

Noguchi Museum. An diesem meditativen Ort können sich Besucher mit dem Werk eines einzelnen Künstlers auseinandersetzen. Im Gegensatz zu großen Museen gibt es hier keine Hyperstimulation. Mi–Fr 10–17 Uhr, Sa/So 10–18 Uhr, Mo/Di geschlossen, 33rd Rd. 9-01/Vernon Blvd., Long Island City, NY 11106, Tel. 718 204 7088, www.noguchi.org

ANFAHRT

Mit der Gondel von Manhattans 59th Street/Second Ave. nach Roosevelt Island, dort don Shuttlebus zum Ende der Roosevelt-Brücke nehmen, zu Fuß den Vernon Blvd. bis zu 33rd Road entlanggehen.
Jeden Sonntag fährt um 12.30 Uhr, um 13.30 Uhr und um 14.30 Uhr ein Shuttlebus von der Asia Society an der Ecke Park Avenue und 70th St. zum Museum. Er fährt um 13, 14, 15, 16 und 17 Uhr zurück – gebührenpflichtig.

Oben: Bunte Exponate im MoMA P.S. 1
Unten: Transparente Kunst von Isa Genzken

44 MoMA P.S. 1
Heimat der Ultramoderne

Ein Labor für Gegenwartskunst ist MoMA P.S. 1 in Long Island City. Seit seiner Gründung im Jahr 1971 bietet es Künstlern in einem alten Schulgebäude Platz für Experimente. Im Jahr 2000 übernahm das Museum of Modern Art die Geschicke der Kulturinstitution. Seitdem pilgern Kunstkenner auch nach Queens. Hier erleben sie multimediale Kunst, die provozieren will.

Auch Museen platzen manchmal aus den Nähten. Dieser Umstand veranlasste die Kuratorin Alanna Heiss im Jahr 1971, nach Ausstellungsraum für zeitgenössische Kunst zu suchen. In Long Island City, jenem Stadtteil von Queens, der genau gegenüber von Manhattan liegt, stand zu der Zeit schon länger ein Schulgebäude leer, das unter dem Namen P.S. 1 bekannt war. Der neuromanische Ziegelbau aus dem Jahr 1892 bot viel Platz: Künstler konnten auf fast 8000 Quadratmetern ihren kreativen Gedanken Gestalt verleihen. Die Schulraumstruktur wurde dabei beibehalten, und auch die langen Gänge, der Schulhof, die Toiletten, das Dach und der Heizraum wurden in den Ausstellungsbereich integriert.
Seit 1971 ist P.S. 1 zur größten Kulturinstitution für zeitgenössische Kunst avanciert. Im Jahr 1997 renovierte der amerikanische Architekt Frederick Fisher den mehrflügeligen Bau und erhöhte den Ausstellungsraum auf fast 12 000 Quadratmeter. Auch das Museum von Modern Art zeigte an der Initiative Interesse. Es lagerte seine Sammlung von 2002 bis 2004 nach Queens aus, als es das Haupthaus in Midtown Manhattan renovierte. Besucher werden hier der Mysterien der einfachen Materialien gewahr.

Im Museumsgarten spielen im Sommer die D Js auf.

Raum für Experimente

Das MoMA P.S. 1 legt seinen Schwerpunkt auf Ausstellen und nicht auf Sammeln. Besucher, die mit der U-Bahn nach Queens fahren, sehen das Kunstzentrum schon von Weitem. Die schwarzen Initialen P.S. 1 prangen groß auf dem weißen Hintergrund einer der Wände des Gebäudes. Sie betreten das Gebäude durch einen vom New Yorker Architekten Andrew Berman gestalteten Eingangsbereich aus Gussbeton, der direkt an den Schulhof anschließt. 50 Ausstellungen finden hier pro Jahr statt. Besucher können sich darauf gefasst machen, Eindrücke mit all ihren Sinnen wahrzunehmen. David Adamo zum Beispiel legt einen Raum mit dicht aneinandergereihten Baseballschlägern aus und nennt die Installation *Untitled (rite of spring)* (Unbetitelt [Frühlingsritual]), da die Baseballsaison im März beginnt. Besucher gehen über die Schläger, und bis die Ausstellung zu Ende ist, hat sich die Farbe der Schläger geändert. Ganz schafft es P.S. 1 doch nicht, sich nur auf das Ausstellen zu konzentrieren. Zu den ständigen Installationen zählen Werke von Richard Artschwager sowie der Schweizer Künstlerin Pippilotti Rist.

Besonders beliebt ist das Young Architects Program im Sommer. Der Preisträger unter den jungen Architekten darf dann den Hof gestalten. An Samstagen spielen DJs aus aller Welt ihre Musik.

Infos und Adressen

INFORMATION

MoMA P.S.1. Ausstellungshaus für Gegenwartskunst. Im Sommer an Samstagen hippe Warm-up-DJ-Partys. An Sonntagnachmittagen während des gesamten Jahres »Sunday Sessions« mit Vorträgen, Konzerten, Performances, Filmen und Tanzveranstaltungen. Einlass gratis, wenn man zuvor eine Eintrittskarte für das MoMA gekauft hat. Do–Mo 12–18 Uhr, Jackson Ave. 22–25/46th Ave., Long Island City, NY 11101, Tel. 718 784 2084, www.momaps1.org

Um das MoMA P.S. 1 haben sich auf der Jackson Avenue und der 45th Road einige **innovative Galerien** angesiedelt.

ANFAHRT

U-Bahn-Linien E, M bis Court Square/23rd St., Linie G bis 21st St./Jackson Ave., Linie 7 bis Court Square.

Oben: Wie Großmutters Wohnung sieht das Louis Armstrong House aus.
Unten: Alles ist noch wie zu Lebzeiten des Musikers erhalten.

45 Louis Armstrong House
Wo die Zeit stillsteht

30 Jahre lang wohnte die Jazz-Legende mit seiner Frau Lucille in einem Einfamilienhaus im Arbeiterbezirk Corona in Queens. In der einfachen Wohngegend spielte er Kindern aus der Nachbarschaft Musik vor und feierte in seinem Garten Geburtstag. Wenn er in seinem Arbeitszimmer saß, zeichnete er Geschichten aus seinem Leben auf Band auf. Das Wohnhaus ist bis heute erhalten.

Louis Armstrong (1901–1971) ging als der bekannteste Jazzmusiker in die amerikanische Geschichte ein. Der begnadete Trompeter wuchs unter ärmlichsten Verhältnissen in New Orleans auf, zog aber 1924 nach New York, um das Solistenspiel als wichtigen Bestandteil in der Jazzmusik zu verankern. Mit seiner vierten Frau Lucille zog er 1940 in das Arbeiterviertel Corona in Queens, in dem damals afroamerikanische und weiße Bürger in Frieden zusammenleben konnten. Aufgrund der nicht diskriminierenden Umgebung zogen auch Jazzmusiker wie Dizzy Gillespie und Ella Fitzgerald in die Gegend. Hier lebte der aufgrund seines großen Mundes Satchmo (*Satchel Mouth* – »Taschenmund«) genannte Musiker bis zu seinem Tod im Jahr 1971.

Gediegene Einfachheit

Das einfache Ziegelhaus aus dem Jahr 1910 macht nicht den Eindruck, als hätte hier ein großer Künstler gewohnt. Heutzutage leben Top-Musiker in riesigen Villen, die Bodyguards bewachen, damit auch niemand den Hausfrieden stört. Betritt man das Wohnhaus von Louis Armstrong, könnte man

meinen, dass hier in den Fünfzigerjahren vielleicht ein Angestellter im mittleren Management lebte. Keiner der Räume wurde seit den Siebzigerjahren verändert. Betreten Besucher das Haus durch die einstige Garage, in der sich jetzt der Museumsshop befindet, gelangen sie in einen Raum, der über das Leben und künstlerische Schaffen von Louis Armstrong Aufschluss gibt. Golden glänzt da eine Selmer Trompete unter dem Glassturz. Der englische König Georg V., Vater von Queen Elizabeth, schenkte Pops, wie Louis Armstrong auch genannt wurde, dieses Instrument, als er in London auftrat.

Wer das Haus betritt, beginnt eine Zeitreise in die Fünfziger- und Sechzigerjahre. Groß gemusterte Tapeten in schrillen Farben kleben an den Wänden. Im Wohnzimmer stehen Sessel mit chinesischen Ornamenten um den Esstisch, die der Interpret von *What a Wonderful World* von einer Reise nach China mitbrachte. Das Schlafzimmer, in dem der Musiker starb, ist ganz im Faux-Rokokko-Stil gehalten. Die indigoblaue Küche mit dem doppelten Herd war zu ihrer Zeit das Nonplusultra. Ganz konnten sich Louis und Lucille dem Luxus jedoch nicht verwehren: die Wasserhähne in ihrem Badezimmer sind vergoldet und mit Schneckenmuster verziert. Am interessantesten ist jedoch das Arbeitszimmer. Hier führte Louis Armstrong ein Audiotagebuch. Auf 650 Magnetbändern nahm er Erinnerungen aus seinem Leben auf. Er führte über seine Aufnahmen ein genaues Verzeichnis.

Diese Trompete erhielt das Musikgenie vom englischen König.

Infos und Adressen

ESSEN UND TRINKEN

Rund um die U-Bahnstation auf der Roosevelt Avenue gibt es **lateinamerikanische Restaurants**. Einfach ausprobieren!

INFORMATION

Louis Armstrong House Museum. Fast 30 Jahre lebte die Jazzlegende in diesem einfachen Haus. 1600 Musikaufnahmen und viele Memorabilien. Di–Fr 10–17 Uhr, Sa/So 12–17 Uhr, 34–56 107th St., Corona, NY 11368, Tel. 718 478 8274, www.louisarmstronghouse.org

ANFAHRT

U-Bahn-Linie 7 bis 103rd St./Corona Plaza. Auf der Nordseite der Roosevelt Ave. aussteigen und die Treppe nehmen. Rechts auf die 103rd St., nach zwei Straßenblöcken auf die 37th Avenue abbiegen. Nach vier kurzen Blöcken links in 107th Street einbiegen. Das Museum befindet sich auf der linken Seite, einen halben Block von der 37th St. entfernt.

Oben: Innovativ und eindrucksvoll: das American Museum of the Moving Image
Unten: Yoda wartet hier auf die Yedi-Ritter.

46 Museum of the Moving Image

Ein Paradies für Kinofans

Noch bevor sich Hollywood Anfang des 20. Jahrhunderts als Filmmetropole etablierte, wurden in New York unzählige Stummfilme gedreht. Der in New Jersey lebende Erfinder Thomas Alva Edison (1847–1931) besaß nämlich Patente auf mehrere Filmproduktionsgeräte, und in Queens entstanden mehrere Studios. In einem von ihnen verfolgt das größte Filmmuseum der Welt heute die Geschichte der laufenden Bilder.

Als die Kulturmanagerin Rochelle Slovin 1981 das verwaiste Astoria Film Studio betrat, hatten sich dort Dutzende Tauben eingenistet. Wo einst der Stummfilmstar Gloria Swanson (1899–1983) lasziv in die Kamera blickte und die Marx Brothers ihren Klamauk abzogen, sammelte sich nur Staub an. Queens war Anfang des 20. Jahrhunderts nämlich ein Zentrum der Filmindustrie gewesen. Das Gebäude war eines von 13, das die Produktionsfirma Famous Players-Lasky 1920 errichten ließ. Das Studio änderte 1927 seinen Namen in Paramount und verwendete die Astoria Studios für Dreharbeiten an der Ostküste. In den Siebzigerjahren wurde es jedoch geschlossen. 1977 trat schließlich die Astoria Motion Picture and Television Center Foundation an Rochelle Slovin heran, um das Gebäude vor dem Verfall zu retten und darin ein Museum für Filmgeschichte einzurichten.

Die Wunderwelt des Films

Dies geschah schließlich im Jahr 1985. Die bekannte Architekturfirma Gwathmey, Siegel & Associates zeichnete für die Renovierung verantwortlich. Rochelle Slovin begann auf Flohmärkten Gegenstände zu sammeln, die die Geschichte des Mediums Film illustrieren. Eine Shirley-Temple-Puppe, zum Beispiel. In der Zwischenzeit ist die Sammlung auf 130 000 Exponate angewachsen, von denen 1500 ausgestellt werden. Kinetoskope aus dem Labor von Thomas Alva Edison, alte Fan-Magazine, eine vollständige Sammlung aller Star-Wars-Figuren, Kostüme aus Filmknüllern, das gesamte Restaurant-Set aus der *Seinfeld*-Serie und jede Menge Filmausschnitte aus den verschiedenen Schaffensperioden des Kinos und Fernsehens. Im Jahr 2011 wurde das Museum für 67 Millionen Dollar renoviert. Besucher verfolgen die Geschichte des Films in der Dauerausstellung Behind the Screen im zweiten und dritten Stockwerk, die besonders durch ihre Interaktivität beeindruckt. So können Besucher zum Beispiel Robert De Niro im Film *Taxi Driver* synchronisieren. Und dabei stellt sich heraus, dass es wahre Schwerstarbeit ist, eine kurze Frage wie »You're talkin' to me?« genau den Lippenbewegungen anzupassen. Das Museum widmet sich aber auch den neuesten digitalen Technologien, die im Filmgeschäft zum Einsatz kommen. Auch an »antiken« und neueren Videospielen und Spielkonsolen können Besucher ihre Reaktionsfähigkeit testen.

Manchmal läuft Besuchern auch ein wirklicher Hollywood-Star über den Weg. So besprechen Jake Gyllenhaal und Melissa Leo ihren Film *Prisoners* in einem öffentlichen Vortrag. Das Museum fungiert auch als Kino. In einem hypermodernen Saal zeigt es Klassiker sowie neue Filme nach thematischen Schwerpunkten. Auch das Medium Fernsehen wird unter die Lupe genommen. In dem Projekt The Living Room President können Besucher auch auf der Website des Museums untersuchen, welchen Einfluss TV-Werbungen auf die Wahl der amerikanischen Präsidenten hatten.

SEHENSWÜRDIGKEITEN

Kaufmann Astoria Studios. Neben dem Museum of the Moving Image befindet sich ein renoviertes Filmstudio, in dem in jüngster Vergangenheit Dreharbeiten für Filmproduktionen wie *Men in Black* und TV-Serien wie *Nurse Jackie* stattfanden. Leider nicht öffentlich zugänglich.
34–12 36th St., Astoria, NY 11106,
www.kaufmanastoria.com

INFORMATION

Museum of the Moving Image.
Das weltgrößte Museum für das Medium Film. Mo/Di geschlossen, Mi/Do 10.30–17 Uhr, Fr 10.30–20 Uhr (freier Eintritt von 16 bis 20 Uhr), Sa/So 11.30–19 Uhr,
36-01 35th Ave./37th St., Astoria, NY 11106, Tel. 7 187 776 888,
www.movingimage.us

ANFAHRT

U-Bahn-Linie M (nur an Wochentagen) oder R bis Steinway St. Am hinteren Ende des Zugs aussteigen und den Ausgang 34th Ave. nehmen. Auf der Steinway Street bis zur 35th Ave. gehen. Das Museum befindet sich drei Straßenblöcke entfernt gleich nach der 37th Street.

Oben: Multikulti in Queens
Unten: In indischen Restaurants wird traditionelle Musik gespielt.

47 Sunnyside

Die Welt auf einem Teller

Die Bevölkerung von Queens setzt sich aus so vielen ethnischen Gruppen wie nirgendwo anders auf der Welt zusammen. 48 Prozent der 2,2 Millionen Einwohner stammen aus 100 verschiedenen Nationen. In New Yorks größtem Stadtteil werden 138 Sprachen gesprochen. In den Kochtöpfen des Bezirks Sunnyside brodeln Gerichte, die man auch in Indien, Kolumbien, Rumänien und Mexiko finden könnte.

Wenn der New Yorker *borough* Queens Stadtrecht erlangen würde, wäre er nach Los Angeles, Chicago und Brooklyn die viertgrößte Metropole in den Vereinigten Staaten. Viele Einwanderer kommen auf den zwei großen Flughäfen John F. Kennedy und LaGuardia an. Es scheint so, als ob sie auf ihrer Suche nach dem amerikanischen Glück nicht weiter als ein paar Kilometer kommen. Oft siedeln sie sich in ethnischen Enklaven in Queens an: Griechen in Astoria, Filipinos in Woodside, Koreaner und Chinesen in Flushing, Lateinamerikaner in Corona und Leute aus der Karibik – wie könnte es anders sein – in Jamaica.

Das Viertel Sunnyside im westlichen Teil von Queens ist eine der durchmischtesten *neighborhoods* in New York. Es wurde während der Zwanziger- und Dreißigerjahre als Gartenstadtgemeinde angelegt. Um die Art-déco-Häuser ranken sich hübsche Vorgärten. Vieles spielt sich rund um die Hauptstraße des Viertels, den Queens Boulevard, zwischen der 39th und der 46th Street ab. Die U-Bahn-Linie 7 verkehrt hier auf einer Trasse hoch über den Köpfen der Bewohner. Restaurantbesitzer haben bunte Schilder über dem Eingang ihrer Lokale angebracht, die über die Herkunft ihrer Küche Aufschluss geben.

Rumänen und Nepalesen, Chinesen und Kolumbianer leben hier nämlich in Eintracht nebeneinander.

Von Bogota nach »Bucharest«

Was viele Restaurants gemein haben, ist eine Vorliebe für Fleisch. Im einfachen kolumbianischen Restaurant »La Hoguera Paisa« serviert der Koch eine leckere Ochsenschwanzsuppe. Da das Lokal früher eine Bäckerei war, sind die *Arepas* genannten Maisküchlein auch besonders schmackhaft. *Tochitura*, ein Eintopf aus Rind- und Schweinefleisch in Tomatensauce, wird im »Bucharest Restaurant« mit Polenta serviert. Authentisches mexikanisches Essen kommt bei »Arriba Arriba« auf den Tisch. Neben Tacos, Burritos und Enchiladas können Gäste hier auch Pipian Verde – Huhn in Kürbiskernsauce mit gedämpften Maisteigküchlein – probieren. »Saffron Garden«, Safrangarten, heißt ein indisches Restaurant auf der Skillman Avenue. In der Küche dieses Hauses spielen Gewürze eine Hauptrolle. Gäste müssen sich jedoch nicht davor fürchten, dass sie sich ihre Geschmacksknospen verbrennen. Der Küchenchef schafft es, in Gerichten wie Lamm-Vindaloo die richtige Balance zwischen Kardamon und Ingwer zu finden. Als Dessert wird ein Reispudding mit frischen Kokosraspeln und Mangosauce serviert. Die ganze Welt auf den Teller vereinen will das Restaurant »Salt & Fat«. Küchenchef Daniel Yi serviert hier Schweinebauch mit würzigem Apfel-Kimchi-Salat und Gänseleber mit Zimt, Mandarinen und Speckkrokant. Aus vornehmen Stadtteilen kommen Hungrige angereist. Nachdem der in Korea geborene Daniel Yi in edlen Restaurants sein Handwerk lernte, kehrte er in seinen Heimatbezirk Sunnyside zurück. Essen für ein neues Amerika will er kochen und erhielt 2013 von der Zeitschrift *The Village Voice* eine Auszeichnung für den besten kulinarischen Einsatz von Schweinsfüßen.

Infos und Adressen

ESSEN UND TRINKEN

Arriba Arriba. Die mexikanischen Gerichte spülen Gäste am besten mit frischen Margaritas hinunter. 40–15 Queens Boulevard, Sunnyside, NY 11104, Tel. 718 349 5999, www.arribarriba.com

Bucharest. Restaurant. Krautrouladen aus Draculas Heimat. 43–45 40th Street, Sunnyside, NY 11104, Tel. 718 389 2300, www.buchrestrestaurant.com

La Hoguera Paisa. Kolumbianisches Restaurant mit leckeren Reis-, Bohnen- und Fleischgerichten. Sehr billig. 40–12 Queens Boulevard, Sunnyside, NY 11104, Tel. 718 392 9903.

Saffron Garden. Indisches Restaurant mit feiner Gewürzgradierung. 46–11 Skillman Ave. Sunnyside, NY 11104. Tel. 718 433 4449, www.saffrongardensunnyside.com

Salt & Fat. Küchenchef Daniel Yi vereint die ganze Welt auf einem Teller. 41–16 Queens Boulevard. Sunnyside, NY 11104. Tel. 718 433 3702, www.saltandfatny.com

ANFAHRT

U-Bahn-Linie 7 bis 40th oder 46th Street/Queens Boulevard

Oben: Der New York Botanical Garden hat eine eigene Bibliothek. **Unten:** Giraffen sind dann auch schon mal hungrig.

48 The Bronx

Wer spricht hier von Gewalt?

Der nördlichste Bezirk von New York hat in den Medien einen schlechten Ruf. Als Hort der Kriminalität ist er verschrien. Wer nur nach Zeitungsberichten geht, verpasst jedoch einiges. Die Bronx beherbergt eines der ursprünglichsten italoamerikanischen Viertel auf der Arthur Avenue sowie New Yorks größten Zoo und einen wunderschönen botanischen Garten.

In den Straßen der Bronx ist ein Film aus dem Jahr 1993, mit dem Robert De Niro sein Debut als Regisseur lieferte. Der Film erzählt von einer Freundschaft zwischen einem Mafiosi und einem italoamerikanischen Jungen. Die Handlung trägt sich rund um die Arthur Avenue zu, einer Straße, die von ihren Bewohnern »das wahre Little Italy von New York« genannt wird. Besucher erreichen die Gegend, wenn sie mit den U-Bahn-Linien D oder 4 bis zur Kingsbridge Road fahren. Dann stehen sie auf dem Grand Concourse, der Hauptstraße der Bronx, die von Jugendstil- und Art-déco-Häusern gesäumt wird. Direkt an der U-Bahnstation steht in einem Park das Edgar Allan Poe Cottage. In diesem weißen Holzhaus wohnte der berühmte amerikanische Dichter von Kriminalliteratur von 1846 bis 1849. Das Haus war damals nur von Agrarland umgeben, und Poes Frau Virginia sollte sich hier von ihrem Lungenleiden erholen. Sie starb jedoch 1847 an Tuberkulose.
Von hier geht man die Kingsbridge Road und die East Fordham Road zehn Straßenblöcke bis zur Arthur Avenue weiter. Generationen von Amerikanern italienischen Ursprungs haben diese Straße zum Leben gewählt oder kommen am Wochenende zum Einkaufen hierher. Nirgendwo kommt

das »Little Italy«-Gefühl mehr auf als im Arthur Avenue Retail Market, einem Marktgebäude, unter dessen Dach sich neun Restaurants, fünf Konditoreien, vier Metzgereien, sechs Bäckereien, drei Spezialgeschäfte für Schweinefleisch, zwei Pastageschäfte, zwei Fischgeschäfte, drei Gourmetkaffeegeschäfte und ein Wein-Shop befinden. Nachdem man Körbe von Delikatessen gekauft hat, kann man sich in einem der Restaurants frische Ravioli einverleiben.

6000 Tiere in der Stadt

Von der Arthur Avenue und ihren Geschäften mit der rot-weiß-grünen Fahne geht es über die East Fordham Road sechs Straßenblöcke weiter zum Bronx Zoo, dem größten Tiergarten New Yorks. 6000 Tiere leben auf dem 107 Hektar großen Areal, von Elefanten bis Pandas, von Gorillas bis Zebras. Besucher, die sich einen guten Überblick über den Park verschaffen wollen, können mit einer einspurigen Bahn durch ein Zoogebiet fahren, das *Wild Asia*, wildes Asien, genannt wird. Auch andere Bereiche des Tiergartens sind geografisch angelegt – einem Abstecher in den Himalaya oder in den Dschungel steht nichts im Weg. Der Bronx Zoo nimmt auch verlassene Tierbabys auf. Die Mutter des Schneeleoparden Leo wurde 2006 von einer Schlammlawine in Pakistan verschüttet. Im April 2013 wurde bereits Leos erster Sohn geboren. Gegenüber des Bronx Zoo erstreckt sich der New York Botanical Garden über 100 Hektar. Das Herzstück des Gartens ist ein 20 Hektar großer Wald, der noch aus der Zeit stammt, bevor die europäischen Siedler den amerikanischen Kontinent eroberten. In keinem botanischen Garten darf ein Glashaus fehlen. Hier ist es ein Kristallpalast aus dem Jahr 1890. Besucher können sich auch in zwei Dutzend Gärten verlaufen. In einem von ihnen blühen nur Azaleen, in einem anderen Rosen.

Infos und Adressen

SEHENSWÜRDIGKEITEN

Bronx Zoo. Einer der größten innerstädtischen Zoos. Anfang Nov.–Anfang April tägl. 10–16 Uhr, April–Nov. Mo–Fr 10–17 Uhr, Sa/So 10–17.30 Uhr, Southern Blvd. 2300, Bronx, NY 10460, Tel. 718 367 1010, www.bronxzoo.com

Edgar Allan Poe Cottage. In diesem Haus verbrachte der amerikanische Dichter seine letzten Jahre. Sa 10–16 Uhr, So 13–17 Uhr. Grand Concourse 2640, New York, NY 10458, Tel. 718 881 8900, www.bronxhistoricalsociety.org

New York Botanical Garden. 28 spezielle Gärten. Di–So 10–18 Uhr, Southern Blvd. 2900, New York, NY 10458, Tel. 718 817 8700, www.nybg.org

ESSEN UND TRINKEN

Arthur Avenue Retail Market. Ein italienischer Food-Bazar. Arthur Ave. 2344, Bronx, NY 10462, Tel. 718 295 5033, www.arthuravenue.com

ANFAHRT

U-Bahn-Linien D oder 4 zur Kingsbridge Road

AUSFLÜGE

Oben: In Hyde Park wohnte Theodore Roosevelt schon, bevor er Präsident wurde.
Unten: Sein Musikzimmer ist opulent eingerichtet.

49 Hudson Valley
Amerikas Rheinland

Die liebliche Flusslandschaft entlang des Hudson River inspiriert seit dem 19. Jahrhundert viele Künstler. New Yorker mit Natursinn ziehen sich hier in ihre Landhäuser zurück. Auch Präsident Franklin D. Roosevelt wusste die Wälder im Dutchess County zu schätzen. Er ließ sich hier einen Landsitz bauen, in dem heute ein Museum dem Andenken des Präsidenten und seiner Frau Eleanor gewidmet ist.

Ende September bis Mitte Oktober steht der Wald in Flammen. Während der *fall foliage*, bekannt auch als »Indian Summer«, leuchten die Bäume im Hudson-River-Tal in allen erdenklichen Gelb-, Orange- und Rottönen. Kein Wunder, dass die Landschaftsmaler der Hudson River School diese Gegend im 19. Jahrhundert als Hauptmotiv wählten. Das Hudson Valley erinnert an das Rheinland. Nach Deutschlands längstem Fluss sind die beiden malerischen Städtchen Rhinebeck und Rhinecliff benannt. Reisende, die mit dem Zug den Hudson entlangfahren, sollten sich immer auf die linke Seite setzen, um die unmittelbare Sicht auf den Fluss zu genießen.

Roosevelts Landsitz

Ein Kind der Region war Franklin Delano Roosevelt (1882–1945), der 32. Präsident der Vereinigten Staaten, der mit seiner »New Deal«-Politik Amerika aus der Weltwirtschaftskrise und siegreich aus dem Zweiten Weltkrieg führte. Der Nachfahre eines Mayflower-Passagiers wurde auf dem zweieinhalb Quadratkilometer großen Springwood-Anwesen im Städtchen Hyde Park geboren. Hier akzeptierte

Indian Summer im Hudson Valley

er 1933 die Wahl zum Präsidenten. Wissenschaftler untersuchen Roosevelts Aufzeichnungen und Bücher in der vom Präsidenten gestifteten Bibliothek. Hier finden sich auch Gegenstände aus Roosevelts persönlichem Gebrauch. So zum Beispiel sein Rollstuhl, an den er seit 1921 gefesselt war. Zeit seines Lebens hatte er seine Kinderlähmung jedoch verheimlicht, da er fürchtete, dass die Behinderung seiner politischen Karriere ein Ende setzen würde. Seine Ehefrau Eleanor war politisch mindestens ebenso engagiert wie der Präsident. Die Verfechterin der Menschenrechte und soziale Reformerin richtete sich auf dem Anwesen das Landhaus Val-Kill ein, in dem sie bis zu ihrem Tod im Jahr 1962 mit progressiven Denkern zusammentraf. Franklin D. Roosevelts Cousine und engste Vertraute Daisy Suckley (1891–1991) bewohnte das Wilderstein-Anwesen in Rhinebeck. Die unverheiratete Societydame begleitete den Präsidenten auf vielen Reisen und war auch in der Stunde seines Todes bei ihm. Nach ihrem Tod, im Alter von fast 100 Jahren, wurde ein alter Lederkoffer unter ihrem Bett gefunden. In ihm verbarg sich der gesamte Briefverkehr zwischen Daisy und Franklin, der manchen Historiker vermuten lässt, dass ihre Beziehung mehr als nur freundschaftlich war. Der Landsitz ist ein Paradebeispiel für den »Queen-Anne«-Architekturstil des ausgehenden 19. Jahrhunderts.

AUTORENTIPP!

BEACON MUSEUM

Das weltweit größte Museum für Gegenwartskunst öffnete 2003 im Städtchen Beacon seine Pforten. Das Dia: Beacon beherbergt die Kunstsammlung von Philippa de Menil und Heiner Friedrich. Nur eine Zugstunde vom Grand Central Terminal entfernt liegt die ehemalige Keksschachtelfabrik, die das Museum für seine Zwecke umgestaltete. Viele Werke regen zum Nachdenken an. In einem großen Saal ist Andy Warhols *Shadow*-Serie ausgestellt. Ein Schatten geistert hier in poppigen Farben über 72 Bilder. Von woher kam er und wem gehört er? Und wieso berührt er uns so? Tief in die Seele graben sich Louise Bourgeois' schwarze, wabenförmige Skulpturen ein. Sie erinnern an eine Gebärmutter, unser allererstes Heim. Im halbdunklen Dachgeschoss des Museums hängen sie wie Gestalten in einem lang vergessenen Traum.

Dia:Beacon. Do–Mo 11–18 Uhr. Beekman St. 3, Beacon, NY 12508, Tel. 845 440 0100, www.diabeacon.org

Oben: Teure Antiquitäten dienten Eleanor und Franklin D. Roosevelt als Möbel.
Unten: Der Campus des Culinary Institute of America im Frühling

Dachfenster, Giebel und Türmchen aus der Tudorzeit sind wichtige Bestandteile dieses Stils. Besucher wandern durch die Zimmer und erfahren, mit welch exquisiten Einrichtungsgegenständen die amerikanische Noblesse lebte.

Wein & Gourmetessen

Auch das CIA hat im Hudson Valley eine Niederlassung. Nein, nicht der amerikanische Geheimdienst, sondern das Culinary Institute of America. Zukünftige Küchenchefs zahlen hier über 20 000 Dollar, um die Kunst der feinen Essenszubereitung zu erlernen. In dem ehemaligen Jesuitenseminar kann man in verschiedenen Schauküchen jungen Talenten dabei zusehen, wie sie Fische filetieren und Meringen aus Eiweiß und Zucker zaubern. In fünf Restaurants goutieren Besucher die Früchte der harten Arbeit.
Das Hudson Valley hat auch erstaunliche Winzereien hervorgebracht. Rund um Rhinebeck können an die 30 Weingüter besichtigt werden. Auf dem Dutchess Wine Trail fährt man von Kellerei zu Kellerei und verkostet die besten Weine.
Die Winzerei Clinton Vineyards hat sich zum Beispiel auf die Seyval-Blanc-Traube spezialisiert. Schaumwein wird hier nach der *méthode champagnoise* hergestellt. Die Milbrook Vineyards & Winery produziert Tocai Friulano. Das weltweit größte Museum für Gegenwartskunst öffnete 2003 ebenfalls im Hudson Valley seine Pforten. Das Dia: Beacon beherbergt die Kunstsammlung von Philippa de Menil und Heiner Friedrich aus den 1960er- und 1970er-Jahren. In einem großen Saal ist Andy Warhols »Shadow«-Serie ausgestellt. Ein Schatten geistert hier in poppigen Farben über 72 Bilder. Tief in die Seele graben sich Louise Bourgeois' schwarze, wabenförmige Skulpturen ein. Sie erinnern an eine Gebärmutter, unser allererstes Heim.

Infos und Adressen

SEHENSWÜRDIGKEITEN

Dutchess Wine Trail. Weinstraße zu den Clinton und Milbrook Vineyards. www.dutchesswinetrails.com

ESSEN UND TRINKEN

Culinary Institute of America. Amerikas bedeutendste Kochschule. Fünf Spitzenrestaurants auf dem Campus mit Blick auf den Hudson. Reservierung erforderlich. Campus Drive 1946, Hyde Park, NY 12538, Tel. 845 452 9600, www.ciachef.edu

ÜBERNACHTEN

The Red Hook Country Inn. Hübsches Bed & Breakfast mit fantastischem Restaurant. South Broadway 7460, Red Hook, NY 12571, Tel. 845 758 8445, www.theredhookinn.com

Troutbeck Inn. Luxuriöses Resort in romantischem Setting. Leedsville Road 515, Amenia, NY 12501, Tel. 845 373 9681, www.troutbeck.com

Küchenchef Nabil betreibt das »Red Hook Inn«.

Viktorianischen Charme versprüht das Bed & Breakfast.

MUSEEN

Eleanor Roosevelt National Historic Site. Landhaus der First Lady. Tgl. 9–17 Uhr. Valkill Park Rd. 56, Hyde Park, NY 12538, Tel. 845 229 9422, www.nps.gov/elro

Franklin D. Roosevelt Presidential Library and Museum. Der Landsitz des 32. Amerikanischen Präsidenten wurde in ein Museum und eine Bibliothek umgewandelt. Tgl. Nov.–März 9–17 Uhr, April–Okt. 9–18 Uhr. Albany Post Road 4079, Hyde Park, NY 12538. Tel. 845 486 7770, www.fdrlibrary.marist.edu

Wilderstein Historic Site. Viktorianisches Fantasiehaus von Franklin D. Roosevelts Cousine und Vertrauten. Do–So 12–16 Uhr. Morton Road 330, Rhinebeck, NY 12572. Tel. 845 876 4818, www.wilderstein.org

ANFAHRT

Roosevelt Museen: Metro-North Railroad von Grand Central Terminal nach Poughkeepsie, dann den Gratisshuttle nehmen.

Wilderstein Historic Site: Amtrak von Pennsylvania Station nach Rhinecliff, dann mit dem Taxi weiter.

INFORMATION

www.dutchesstourism.com

50 The Hamptons

Treffpunkt der Schickeria

Wer sich in das geschäftige Treiben von New York so richtig reinziehen lässt, vergisst manchmal ganz, dass die Metropole am Atlantik liegt. Brooklyn und Queens liegen auf Long Island, einer Insel, die sich 37 Kilometer in den Atlantik erstreckt. In der Gegend um die Hamptons-Städtchen am südlichen Ende treffen sich im Sommer die Superreichen in ihren Villen im Cape-Cod-Stil.

Von Ende Mai bis Anfang September zieht es Amerikas Crème de la crème nicht nur nach Nizza oder Cannes, sondern auch in die Hamptons, 100 Kilometer außerhalb von Manhattan. Niemand Geringerer als Steven Spielberg hat sich dort für 25 Millionen Dollar ein Anwesen gekauft, auf dem er eine alte Scheune in eine riesige Villa mit eigenem Filmstudio verwandelte. Gwyneth Paltrow residiert in einem einfach wirkenden Holzhaus im Cape-Cod-Stil, für den die Insel vor Boston berühmt ist und der an die ersten Häuser der Puritaner erinnert. Jackie Kennedy Onassis verbrachte in den Hamptons ihre Sommerferien, meistens auf dem Rücken eines Pferdes. Leute mit viel Kleingeld in der Hosentasche reisen im Helikopter oder Schnellboot an. »Normalsterbliche« tun es den »rich and famous« gleich und mieten sich zu mehreren ein Strandhaus in umliegenden Orten wie Hampton Bays, Westhampton und Quogue. Die Long Island Railroad verbindet die Pennsylvania Station mit Montauk. Wer mit dem Auto anreist, kann auf der Route 27 an Sommerwochenenden schon mal im Stau stecken bleiben. Aber zumindest ist man in guter Gesellschaft.

Oben: Am Pier lässt es sich gut den Wellen lauschen.
Unten: Long Island ist der Garten von New York.

Von hier aus kann man nach Europa segeln.

Kilometerweiter Strand

Doch die Anreise lohnt sich: Kilometerweit dehnen sich die perlweißen Strände auf der Südseite von Long Islandc aus. Am Gibson Beach in Sagaponack spielen Teenager in knappen Bikinis Beachvolleyball. Am Two Mile Hollow Beach in East Hampton herrscht rund um die Uhr Strandvergnügen. Familien finden sich hier bei Sonnenuntergang zum *clam bake* ein. Sie graben ein Loch in den Sand, machen darin ein Feuer aus Kohlen und Holz und legen die Grube mit Steinen aus. Über das Feuer kommt ein Metallgitter mit Seetang. Darauf backen sie Muscheln, bis sie aufspringen.

St. Tropez am Atlantik

East Hampton war die erste englische Siedlung im späteren Bundesstaat New York. Die Armee des Königs kam schon im Jahr 1639 hierher. Im pittoresken Dorfkern finden sich neben Hermès und Ralph-Lauren-Boutiquen auch architektonische Zeugen aus der Kolonialzeit und frühen Republik. Die Hook Windmill auf der North Main Street stammt aus dem Jahr 1806 und ist eine der ältesten noch erhaltenen auf Long Island. Das Mulford Farmhouse und sein Bauernhof wurden im Jahr 1680 errichtet und seit 1750 nicht mehr verändert. Beide geben Einblick in eine Zeit, als die Nachfahren der ersten Siedler hier das Land bestellten. Im

AUTORENTIPP!

POLLOCK-KRASNER HOUSE & STUDIO

Der ungetrübte Blick auf den Atlantik hat auch viele Künstler inspiriert. In ihrem Atelier in East Hampton schufen Jackson Pollock (1912–1956) und seine Frau Lee Krasner (1908 bis 1984) Meisterwerke des abstrakten Expressionismus, Pollock seine intuitiven Spritzbilder, Krasner ihre Collagebilder. Pollock arbeitete anfangs in einem ungeheizten Schlafzimmer, ließ sich dann aber eine Scheune herrichten. Das Ehepaar hatte auch kein fließendes Wasser, als es das Haus im Jahr 1944 kaufte. Berührend sind die Schuhe, die Jackson Pollock beim Arbeiten trug. Sie sind über und über mit Farbspritzern bedeckt. Von Mai bis Oktober können Besucher am Do, Fr und Sa das Museum besuchen (Mai, Sept, Okt. nur nach Voranmeldung, Juni, Juli, August von 13–17 Uhr).

Pollock-Krasner House & Studio.
Springs-Fireplace Rd. 830.
East Hampton, NY 11937.
Tel. 631 324 4929, http://sb.cc.stonybrook.edu/pkhouse/index.shtml

Oben: Der Leuchtturm von Montauk diente einst als Orientierungspunkt. **Mitte:** Die Hamptons sind für ihre grauen Schindelhäuser bekannt. **Unten:** Golfen wird hier groß geschrieben.

August 2009 eröffnete in diesem Städtchen Renée Zellweger ihre eigene Taco Bar »Blue Parrot«. Hier trifft man Hollywood-Stars im Sommer Margarita schlürfend auf einem Barhocker an.
Im Sommer treffen sich Reich und Berühmt hier zu *white parties*, bei denen nur Weiß getragen werden darf. Im Segelclub von East Hampton lernen junge Leute, deren Vorfahren seit Generationen nur auf Yale oder Harvard an die Uni gingen, wie man einen Palstek-Knoten bindet. Von der Terrasse des im Segelclub befindlichen Restaurants genießt man einen herrlichen Blick aufs Meer und labt sich an gefüllten Cherry-Stone-Muscheln. Fährt man die Route 27 nach Osten, kommt man bei den Dünen von Napeague an einem einfachen Fischrestaurant vorbei, auf dessen Dach ein riesengroßes Schild mit der Aufschrift »Lunch« prangt. Das Lokal serviert saftige Lobster Rolls, für die Hummer fein gehackt und mit Mayonnaise und anderen Gewürzen vermischt werden.

Am Ende von Amerika

Die Landstraße führt weiter nach Montauk, dem östlichsten Punkt auf Long Island. Montauk unterscheidet sich deutlich von den Nobelorten South und East Hampton. Hier fahren Fischer frühmorgens auf ihren Booten aufs weite Meer, und nicht jeder Bewohner besitzt einen Mercedes. George Washington ließ hier 1796 den ersten Leuchtturm im Bundesstaat New York bauen. Er ist heute der viertälteste in den Vereinigten Staaten, der noch in Betrieb ist. Erhaben steht er auf einem Hügel. Erinnerungen an den Roman *Moby Dick* kommen da auf. Und tatsächlich beherbergt die Galerie im Leuchtturm auch eine Ausstellung über den Walfang im 19. Jahrhundert. Montauk trumpft mit fünf »State Parks« auf, in denen Besucher wandern, Golf spielen, Rad fahren und im Meer schwimmen können.

Infos und Adressen

SEHENSWÜRDIGKEITEN

Montauk Point Lighthouse. Weiter östlich geht es nicht mehr. Der Leuchtturm blickt in Richtung Europa. Öffnungszeiten variieren.
Montauk Highway 2000, Montauk, NY 11954, Tel. 631 668 2546, www.montauklighthouse.com

ESSEN UND TRINKEN

Blue Parrot-Restaurant. Renée Zellwegers Tex-Mex-Lokal. Main St. 33A, East Hampton, NY 11937, Tel. 631 329 2583, www.blueparroteasthampton.com
Lobster Roll. Hummer-Sandwiches direkt am Strand. Montauk Highway 1980, Amangansett, NY 11930, Tel. 631 267 3740, www.lobsterroll.com

ÜBERNACHTEN

Montauk Beachcomber Resort. Motel mit Meeresblick vom höher am Hang gelegenen Haus. Tennisplatz. Swimmingpool. Sauna.
Old Montauk Highway 727, Montauk, NY 11954, Tel. 631 668 2894, www.duneresorts.com
Surf Lodge. Neu eröffnetes, cooles Hotel mit Surfmotiven. Shuttle-Service zum Strand.
Edgemere St. 183, Montauk, NY 11954, Tel. 631 483 5037, www.thesurflodge.com

Kilometerlange Strände, so weit das Auge reicht

Die einstige Künstlerkolonie besuchen jetzt viele Touristen.

AUSGEHEN

The Stephen Talkhouse. Hier tritt Billy Joels Tochter Alexa auf. Main St. 161, Amagansett, NY 11930, Tel. 631 267 3117, www.stephentalkhouse.com

STRÄNDE

Gibson Beach. Sagaponack, NY 11962.
Two Mile Hollow Beach. East Hampton, NY 11937.
Mecox Beach. Bridgehampton, NY 11932
Ocean Road Beach. Bridgehampton, NY 11932
Für die meisten Strände ist ein Parkschein erforderlich.

ANFAHRT

Mit dem Auto: Long Island Expressway I495 bis Exit 70, Route 111 South, links auf Route 27 East (Montauk oder Sunrise Highway).
Mit dem Zug: Long Island Railroad von Pennsylvania Station, www.mta.nyc.ny.us
Mit dem Bus: Hampton Jitney von mehreren Stationen in New York, www.hamptonjitney.com; Hampton Luxury Liner, www.hamptonluxuryliner.com

REISEINFOS

Oben: »Lady Liberty« wacht über jedes Boot.
Mitte: Blick auf das East Village vom »Standard Hotel« aus
Unten: Das »Gansevoort Hotel« im Meatpacking District

New York von A–Z

Anreise

Im Großraum New York gibt es drei Flughäfen: den John F. Kennedy International (JFK) und La Guardia Airport (LGA) im Stadtteil Queens sowie den Newark International Airport (EWR) im Bundesstaat New Jersey.
Die bequemste Art, in die Stadt zu kommen, ist per Taxi. Dabei sollten Reisende jedoch darauf achten, dass sie nur eines der offiziellen gelben Taxis nehmen. Der Einheitspreis beläuft sich auf etwa 50 Dollar. In der Ankunftshalle lauern nicht registrierte Taxifahrer auf unwissende Neuankömmlinge und verlangen dann einen astronomischen Preis für eine Fahrt in die Stadt.
Wer Geld sparen will, kann auch einen Expressbus nehmen. Busse des Unternehmens New York Airport Service (www.nyairportservice.com) fahren von JFK und La Guardia von 6 bis 23 Uhr im Halbstundentakt die Bahnhöfe Grand Central Terminal und Pennsylvania Station sowie den Busbahnhof Port Authority an. Online gibt es manchmal spezielle Rabatte für mehrere Personen. Von Newark fährt der Newark Liberty Airport Express zum Grand Central Terminal, zum Port Authority und zum Bryant Park – Fifth Avenue (www.coachusa.com/olympia/ss.newarkairport.asp). Wer wenig Gepäck hat, kann auch die U-Bahn und den Zug in die Stadt nehmen. Das ist die billigste Methode. Vom John F. Kennedy International Airport nehmen Sie für einige Dollar den AirTrain, der Sie zu den U-Bahn-Linien A (Howard Beach) oder E, J, Z (Jamaica Station) fährt. Mit der U-Bahn erreicht man Manhattan in circa einer Stunde. Achtung bei der Rückfahrt mit der U-Bahn-Linie A: Reisende müssen wieder einen Zug nach Howard Beach nehmen (nicht in die Bahn einsteigen, die mit Ozone Park/Lefferts Boulevard beschriftet ist). Nach La Guardia fährt keine U-Bahn. Newark Air-

port ist ebenfalls an den AirTrain angebunden. Dieser fährt zur Newark Liberty Airport Rail Link Station. Von dort gehen Amtrak-Züge für ungefähr 30 Dollar zur New York Pennsylvania Station in Manhattan.

Ausgehen

B. B. Kings Blues Club. Die Blues-Legende eröffnete ein Restaurant und einen Club in New York, aus dem jede Nacht heiße Rhythmen klingen. W. 42nd St. 237, New York, NY 10036, Tel. 212 997 4144, www.bbkingblues.com

LQ. Restaurant, Lounge und Nightclub mit lateinamerikanischer Musik. Lexington Ave. 511, New York, NY 10017, Tel. 212 593 7575, www.lqny.net

Pacha. Ibizas bester Nachtclub ist nach Buenos Aires auch in New York gelandet. W. 46th St. 618, New York, NY 10036, Tel. 212 209 7500, www.pachanyc.com

S.O.B's. Im Sounds of Brazil tanzt eine fröhliche Menge jeden Abend zu Musik aus aller Welt. 204 Varick St./Houston Street, New York, NY 10003, Tel. 212 243 9490, www.sobs.com

Einkaufen

Designerklamotten und -accessoires:
Burlington Coat Factory. Auf Mäntel spezialisiert. Union Square South 4, New York, NY 10003, U-Bahn-Linien F, V 14th St.

Century 21. Donna Karan, Ralph Lauren und Tommy-Hilfiger-Ware zu besten Preisen. Nur durchwühlen muss man sich. Cortland St. 22, New York, NY 10007 (zwischen Church Street und

Oben: Eine Party steigt in New York immer irgendwo.
Unten: Auch die Geschäfte haben oft bis 22 Uhr geöffnet.

Oben: Auf der Christopher Street im West Village befinden sich viele kleine Läden.
Unten: Am Times Square wird die amerikanische Fahne in Neon projiziert.

Broadway), Tel. 212 227 9092, www.c21stores.com, U-Bahn-Linien 1 Rector St., J, Z, 2, 3, 4, 5, A, C Fulton St./Broadway-Nassau.

T.J. Maxx. Mode und Accessoires namhafter Designer bis zu 60 Prozent günstiger. Sixth Ave. 620, New York, NY 10011. Tel. 212 229 0875, www.tjmaxx.com, U-Bahn-Linie 1 18th St.

Geschirr und Küchengeräte:
Bed, Bath & Beyond. Alles, was man für eine schöne Wohnung braucht. Ave. Of the Americas (Sixth Ave.) 620, U-Bahn-Linien F, V 14th St.; 410 E. 61st St., www.bedbathandbeyond.com, U-Bahn-Linie 6 59th St.

Pottery Barn. E. 59th St. 127/Lexington Ave. Dieses Geschäft macht auf edel. www.potterybarn.com, U-Bahn-Linie 6 59th St.

Williams & Sonoma. Hier gibt es allerlei Küchengeräte für Gourmetköche. E. 59th St. 121/ Lexington Ave., www.williams-sonoma.com, U-Bahn-Linie 6 59th St.

Einreiseformalitäten

Seit dem 1. Januar 2009 müssen sich deutsche, österreichische oder schweizerische Staatsbürger auf der Internetseite der amerikanischen Einreisebehörde registrieren (https://esta.cbp.dhs.gov/esta/), um ohne Visum einreisen zu können (Visa Waiver Program). Und das bis zu 72 Stunden vor ihrem Abflug. Ihr Aufenthalt darf nicht länger als 90 Tage dauern und nur touristischen oder geschäftlichen Zwecken dienen. Diese Registrierung löst die Papierformulare ab, die bis dahin im Flugzeug ausgegeben wurden. Dabei sollten Sie nicht vergessen, sich die Antragsnummer zu notieren, falls Sie sie später vorweisen müssen.

Noch besser ist es, das gesamte Formular mit den eingegebenen Daten auszudrucken. Danach muss man die Antwort vom Ministerium abwarten. Ist die Einreisegenehmigung einmal erteilt, bleibt sie zwei Jahre lang gültig, es sei denn, Ihr Pass verliert vorher seine Gültigkeit. Von Drittanbietern, die die Registrierung gegen Gebühr durchführen, wird abgeraten. Sollten die Formalitäten von einem Reisebüro durchgeführt werden, empfiehlt es sich, die Unterlagen ausdrucken zu lassen und zu unterschreiben, um sicherzugehen, dass alle Angaben korrekt sind. Außerdem ist ein gültiger Reisepass zur Einreise nötig, der auch biometrische Daten wie ein digitales Foto enthält. Kinder benötigen ebenfalls einen Pass.

Essen und Trinken

Wer preiswert und schnell essen, aber nicht zu McDonald's gehen will, sollte einen Abstecher zu der mexikanischen Bio-Food-Kette Chipotle machen. Die befindet sich zwar auch im Besitz von McDonald's, serviert aber Burritos mit Rosmarin-Schweinfleisch, Reis, Käse, schwarzen oder roten Bohnen und Guacamole.

Feste und Veranstaltungen

31. Dezember: Eine der größten Partys der Welt steigt in der Silvesternacht am Times Square. Eine Million Besucher bewundern den Fall des Kristallballs und tanzen auf New Yorks berühmtesten Platz.
14. Februar: Valentinstag. Der Tag der Liebe wird in Amerika wie ein Nationalfeiertag zelebriert. Zwar ist er nicht arbeitsfrei, doch am Abend verausgaben sich die Bewohner der Stadt: dekorierte Restaurants, heiße Tanzpartys, Korken knallen.
17. März: St. Patrick's Day Parade. Nach Dublin die zweitgrößte auf der Welt. Grüne Trolle mit roten Spitzbärten hüpfen dann über die Fifth Avenue.

Oben: Wohin soll man sich wenden, ist in New York ständig die Frage.
Mitte: Bei Katz's Delicatessen sind die Mitarbeiter rund um die Uhr im Einsatz.
Unten: Auf der Lenox Avenue fährt ein Bus vorbei.

2. Sonntag im Juni: Puerto Rican Day Parade. Salsa, Merengue und jede Menge »Spanglish« auf der Fifth Avenue. Manchmal ziehen auch Jennifer Lopez und Marc Anthony mit.
Ende Juni: NYC Pride. Eine ganze Woche im Zeichen des Regenbogens. Die LGBTQ-Parade zieht von der Fifth Avenue/52nd Street bis zur Christopher Street, der Hauptstraße der schwulen der Stadt (www.nycpride.org).
4. Juli: Riesiges Feuerwerk über Manhattan zum Tag der Amerikanischen Unabhängigkeit.
Zweiter Montag im Oktober: Columbus Day Parade in Erinnerung an die Entdeckung Amerikas. Die Parade beginnt Ecke Fifth Avenue und 44th Street und zieht dann nach Norden bis zur 79th Street. Besonders populär bei Italoamerikanern. Romeo und Julia und Maseratis dürfen dabei natürlich nicht fehlen.
Vierter Donnerstag im November: Macy's Thanksgiving Day Parade. Zum traditionellen Erntedankfest. Gigantische Snoopy- und Shrek-Ballons und Santa Claus in einem riesigen Festwagen ziehen vom Columbus Circle zum Kaufhaus Macy's Ecke 34th Street und Fifth Avenue.

Medizinische Versorgung

New Yorks Krankenhäuser sind hervorragend, jedoch sehr teuer, wenn Sie keine amerikanische Krankenversicherung haben. Deshalb empfiehlt sich der Abschluss einer Auslandsreise-Krankenversicherung, da die Krankenkasse in deutschsprachigen Gebieten (wie Deutschland, Österreich, Schweiz) nicht für Rücktransporte aufkommt.
Verschreibungspflichtige Medikamente sollten im Gepäck nur in der Originalverpackung mitgeführt werden. Der landesweite Notruf für Polizei, Feuerwehr und Krankenwagen ist 911.
Krankenhäuser in New York:
Lenox Hill Hospital, 100 E. 77th St., www.lenoxhillhospital.org, U-Bahn-Linie 6 77th St.

Oben: Straßenhändler auf der Prince Street in SoHo
Mitte: Das Relief am Rockefeller Center springt fast von der Wand.
Unten: Lichtspiegelungen am Times Square

New York Prebyterian Hospital/Columbia University Medical Center, 630 W. 168th St., Weill Cornell Medical Center, 525 E. 68th St., www.nyp.org, U-Bahn-Linien A, C, 1 168th St., 6 68th Street Hunter College.
St. Vincents Hospital, 170 W. 12th St., www.svcmc.org, U-Bahn-Linie 1 Christopher St./ Sheridan Square 14th St.

New York Dos and Don'ts

- Scheuen Sie sich nicht, New Yorker nach dem Weg zu fragen. Die Bewohner der Stadt geben gern Auskunft oder lassen sich zu einem Tratsch anregen.
- Nehmen Sie die U-Bahn. Sie ist viel besser als ihr Ruf. Wenn Sie die U-Bahn am Wochenende benutzen, schauen Sie immer den Fahr- und Zeitplan an. Manche Züge verkehren unregelmäßig.
- Kaufen Sie die Metrocard für die U-Bahn nicht am Verkaufsschalter, sondern an einem der Automaten. Das geht schneller. Sie können die Sprache einstellen.
- Nehmen Sie auch den Bus. Sie lernen dadurch die Straßen von New York besser kennen. Vielleicht ergibt sich ja ein interessantes Gespräch mit einem Einheimischen.
- Für Männer: Ziehen Sie keine Sandalen mit Socken an. Das wird in den USA als Fashion-Fauxpas gewertet. Außerdem ist es im Central Park nicht erlaubt, in der Unterhose ein Sonnenbad zu nehmen.
- Gehen Sie nicht langsam und gemächlich über die Brooklyn Bridge. Hinter Ihnen drängen sich schon New Yorker, die auf die andere Seite gelangen wollen. Wenn Sie Ihres Lebens sicher sein wollen, betreten Sie keinen Radweg.
- Rauchen Sie nicht, wenn Sie durch eine Menschenmenge gehen. New Yorker werden sehr zornig, wenn sie Asche abbekommen.

Oben: Mittagspause im Bryant Park
Mitte: Pastor Swaringer vom United House of Prayer
Unten: Gleich öffnet die U-Bahn ihre Türen.

Oben: Am East River schippert ein Boot dahin.
Mitte: Der Santa Claus kann sich kein Taxi leisten.
Unten: Ein Lotse regelt den Verkehr.

Öffentliche Verkehrsmittel

Obwohl die New Yorker U-Bahn zu Beginn ein wenig zu verwirren scheint, ist das System doch recht einfach und sehr sicher. Ist man einmal in »underground«, sollte man immer schauen, ob die Züge in Richtung »uptown« oder »downtown« fahren. Außerdem ist zu beachten, ob Züge »express« oder »local« geführt werden. »Express«-Bahnen halten nur an den im Plan mit weißen Kreisen eingezeichneten Stationen, »local«-Züge an jeder Station. Manche Züge werden innerhalb von Manhattan »express« geführt, verkehren in Brooklyn, Queens oder der Bronx jedoch »local«. Metrocards können an den Verkaufsschaltern in den U-Bahn-Stationen für eine oder mehrere Fahrten gekauft werden. Kauft man eine Karte für 10 Dollar und mehr, erhält man einen 15-prozentigen Bonus. Hat man weniger als die benötigte Anzahl von Dollar für eine Fahrt zur Verfügung, kann man Guthaben auf die Metrocard buchen. Wenn man weiß, dass man die U-Bahn an einem Tag mehrmals benutzt, zahlt sich der Kauf einer Metrocard für unbegrenzt viele Fahrten aus (1-day Pass). Außerdem kann man Wochen-, 14-Tages- und Monatskarten kaufen (7-Day Unlimited Ride, 14-Day Unlimited Ride, 30-Day Unlimited Ride).

Öffnungszeiten

Die Lokale haben lange geöffnet, viele von ihnen bis Mitternacht. In der Gegend um den Times Square wird auch in einigen Restaurants noch nach Mitternacht Essen serviert. Viele Bars sind bis mindestens 2 Uhr früh geöffnet, in Nachtclubs kann das wilde Treiben auch mal erst nach 4 Uhr früh enden.

Sicherheit

New York liegt in den USA in Sachen Verbrechen an beachtlicher 246. Stelle. Die durch Film und

Fernsehen geprägten Vorstellungen von New York als Hort der Gewalt bewahrheiten sich nicht. Die Stadtverwaltung hat seit den Siebzigerjahren auch umfassend dazu beigetragen, New York durch die Sanierung des Finanzwesens und die Entwicklung neuer wirtschaftlicher Impulse auf Vordermann zu bringen. Reisende können sich auch spätabends in den meisten Gegenden sicher fühlen. Durch den Central Park oder durch schlecht beleuchtete Gassen sollten Sie dennoch nicht schlendern.

Stadtführungen

Bustouren durch New York sind sehr populär. City Sights NY (www.citysightsny.com) veranstaltet Besichtigungen im Doppeldecker, im Hubschrauber und mit privaten Guides. Außerdem betreibt es die Circle Line-Ausflugsschiffe, von denen man die Skyline vom Wasser aus bewundern kann. Im Sommer besonders empfehlenswert!

Eine witzige Art und Weise, die Stadt vom Wasser aus zu sehen, ist per Duck Tour (www.newyork-sightseeing.com). Mit einem für Straße und Wasser tauglichen Fahrzeug geht es von Midtown bis zum Hudson-Fluss, wo man in einem Multimediabewegungssimulator eine Zeitreise ins 17. Jahrhundert antritt und Henry Hudson bei seiner Entdeckungsfahrt begleitet. Dann zieht das Gefährt die Räder ein und gleitet ins kühle Nass.

Besucher können auch ein Kombiticket für die Doppeldecker der Gray Line erwerben (www.newyorksightseeing.com).

Wer gern zu Fuß unterwegs ist, sollte sich einer »guided walking tour« anschließen. So lernt man am besten die einzelnen Stadtviertel kennen.

Die Foods of New York Tours (www.foodsofny.com) verbinden Besichtigungen von historisch wichtigen Straßen mit kulinarischen Genüssen.

Oben: Die kleine Kamera ist auf ein großes Gebäude gerichtet.
Unten: Bei einem New York-Besuch kommt Freude auf.

Oben: Abendstimmung in Brooklyn
Mitte: Ein Kronleuchter in der Eldridge Street Synagogue
Unten: Im »Jazz Standard« spielen Musiker bis tief in die Nacht.

Das Lower East Side History Project (www.leshp.org) führt Spaziergänger durch eine Gegend, die Anfang des 20. Jahrhunderts als eine der am dichtest besiedelten bekannt war.
Big Onion (www.bigonion.com) zeigt Besuchern historische Sehenswürdigkeiten und veranstaltet zum Beispiel auch Gay & Lesbian Tours.
Mit den New York Chocolate Tours (www.sweetwalks.com) kosten sich Besucher durch Schokoladenläden auf der Upper East Side, in SoHo und am Union Square.

Rauchen

In Restaurants nicht erlaubt.

Steuern

In den USA gibt es keine nationale Mehrwertsteuer. Dafür erheben der Bundesstaat und die Stadt New York eine 8,87-prozentige Umsatzsteuer (»sales tax«) auf Einkäufe sowie Hotel- und Restaurantpreise.

Telefonieren

Die von Europa gewählte Vorwahl in die USA ist 001. Manhattan hat die Vorwahl 212 oder 646. Brooklyn, Bronx, Queens und Staten Island haben die Vorwahl 718 und 347. Die Vorwahl für Mobiltelefone in New York ist 917. Ruft man von Europa nach New York an, so wählt man die Landesvorwahl (001) und die Stadtvorwahl. Ruft man innerhalb New Yorks oder von anderen Gebieten der Vereinigten Staaten an, so wählt man 1 und dann die Vorwahl.

Tourismusvertretung

Viele Informationen auf Deutsch auf der Internetseite des New York City Visitors and Convention Bureau: www.nycgo.com/de.

Trinkgeld

Das Trinkgeld in den USA beläuft sich auf etwa 15 Prozent. Viele Amerikaner schlagen einfach das Doppelte der Umsatzsteuer auf. Reisenden aus deutschsprachigen Ländern mag das viel vorkommen, es ist jedoch Usus, da die Bedienungen daraus einen Teil ihres Einkommens beziehen. Für Taxifahrer und Garderobenpersonal empfiehlt sich ebenfalls ein Trinkgeld von 1 bis 2 Dollar.

Unterkunft

Bed & Breakfast
Über die Internetseiten www.bedandbreakfast.com und www.bbonline.com kann man relativ günstige Zimmer in Manhattan finden. Einfach nur Manhattan oder New York als Location eingeben. Scheuen Sie sich auch auf keinen Fall vor Harlem oder Brooklyn! Leider ist der Fiskus hinter Anbietern bei airbnb.com her, aber es finden sich immer wieder Angebote.

Hotels
Auf den Internetseiten der Epoque und Avantgarde Hotels (www.epoque-hotels.com, www.avantgardehotels.com) finden sich immer wieder Rabatte auf Hotelpreise. In New York vertreten sie das »Night«, »Stay«, »Time«, »Dream« und »Kimberly Hotel«. Über die Internetseite der Design Hotels findet man auch das ultrahippe Crosby Street Hotel (www.designhotels.com).

Oben: Hoffentlich kommt das nächste Taxi bald, denn es ist kalt.
Unten: Geräumig: der King Room im »Time Hotel«

Veranstaltungsinformationen

Die Wochenmagazine *Time Out* und *New York Magazine* bieten detaillierte Informationen über alle Veranstaltungen, von Konzerten über Theater bis Kino und Gay & Lesbian. Infos auch unter http://newyork.timeout.com und http://nymag.com. Programmauskünfte auch in der *New York Times*.

New York mit Kindern und Jugendlichen

Kinder in der Metropole New York – kein Problem! Die Kleinen können hier auf eine wahre Entdeckungsreise gehen: An erster Stelle rangiert bei schönem Wetter der **Central Park** mit seinen wunderschönen Spielplätzen, Wiesen und dem Zoo. Der älteste Spielplatz im Central Park, Heckscher Playground, liegt auf Höhe von Central Park South (57th Street) und in der Nähe des Zoos. Er ist in einen Bereich für ältere und jüngere Kinder geteilt. Die große Attraktion im Sommer sind die Wassersprenger, durch die die Kleinen gern laufen und sich patschnass machen. Auf den Felsen klettern gern größere Kinder herum. Auf Höhe der 67th Street auf dem Adventure Playground geht das Wasservergnügen weiter.

Kinder-TV-Figur Barney mit Fans

Das American Museum of Natural History

Das **Museum of Natural History** (www.amnh.org) lockt mit seinen Dinosauriern und das Hayden Planetarium mit seinen Himmelskörpern.
Diverse **Broadwayshows** wie *Wicked* und *The Lion King* sind ebenfalls für Kinder geeignet, auch wenn sie kein Englisch sprechen. Es spielt sich so viel auf der Bühne ab, dass sie von der Handlung mitgerissen werden.
Die ganz Kleinen haben im **Children's Museum of Manhattan** (www.cmom.org) in der 83rd Street auf der Upper West Side und im **Brooklyn Children's Museum** (www.brooklynkids.com) in der Brooklyn Avenue ihren Spaß.

Kinder fahren auch gern in höchste Höhen – zum Beispiel auf das Empire State Building (www.esbny.com) und auf das **Top of the Rock** im Rockefeller Center (www.topoftherocknyc.om), um die Stadt von oben zu betrachten.
Bei einer **Rundfahrt** in einem der Touristenbusse der Gray Line können sich Kinder vom Laufen erholen (www.newyorksightseeing.com).
Alle Kinder und Jugendliche, die sich für Technik interessieren, sollten das **Intrepid Sea, Air und Space Museum** auf einem Flugzeugträger am Hudson besuchen. In seinem Space Shuttle Pavilion steht die »Enterprise«, das erste Raumfahrt-Shuttle der NASA (www.intrepidmuseum.org).
Kinder, die gern mit dem Zug fahren, können im **New York Transit Museum** in historische U-Bahn-waggons klettern (www.mta.info/mta/museum).
Aus keiner Metropole wegzudenken ist das **Wachsfigurenkabinett Madame Tussauds.** Es eröffnete vor ein paar Jahren am Time Square eine Zweigstelle. Besucher erleben hier Superhelden wie Spiderman und Captain America in 4D (Wind und Wasser werden ihnen extra ins Gesicht geblasen). Auch Jennifer Aniston, Angelina Jolie und Katie Perry machen ihre Aufwartung (www.madametussauds.com/NewYork). Ganz in der Nähe befindet sich das riesige **Kuriositätenkabinett Ripley's Believe it nor Not** (www.ripleys.com).

Ein Kampfflugzeug im Intrepid Museum

Jugendliche sind wahrscheinlich aus den drei **»Apple Stores«** nicht mehr rauszukriegen. Ein Glaskubus mit unterirdischem Geschäft befindet sich Ecke Fifth Avenue und 53rd Street, ein weiterer in SoHo in der Prince Street 103 sowie einer auf der Upper West Side Ecke Broadway und 67th Street. Hinter dem erstgenannten Apple-Geschäft befindet sich auch das legendäre **Spielzeuggeschäft FAO Schwartz** (www.fao.com).
Einen Blick in die Zukunft können Kinder in der **Hightech-Galerie MakerBot** werfen. Sie können dort Computerzeichnungen in 3D ausdrucken oder in einem Fotoautomaten ihr Bild in 3D aufnehmen (Mulberry St. 298, www.makerbot.com).
Kinder, die gern mit Puppen spielen, sollten bei **American Girl** vorbeischauen (Fifth Avenue 609/ 49th Street, www.americangirl.com).
Wer es gern ganz fein hat, geht auf eine **Teejause ins »Plaza Hotel«** an der Ecke Fifth Avenue und 57th Street. In diesem legendären Hotel trug sich die Handlung des Kinderbuches *Eloise* zu. Das Mädchen lebte dort mit einem Kindermädchen und einem Hauslehrer und spielte den anderen Gästen gern Streiche. Das Hotel veranstaltet ein Nachmittagsprogramm. Die Kinder können sich im Spielzimmer wie die Gestalten im Buch verkleiden und sich aus der Buchreihe vorlesen lassen. Zum krönenden Abschluss werden im Tea Room Tee und Desserts serviert.

Die Guides von **Hush Tours** führen New York-Besucher zu den Wurzeln des **Hip-Hop** in Harlem und der Bronx. Bei der **Dancer's Delight-Tour** können sie sogar **Breakdance** lernen (www.hushtours.com).
Der **Madison Square Garden** ist eine der wichtigsten Veranstaltungshallen der Vereinigten Staaten. Hier finden Basketball- und Eishockeyspiele statt und Britney Spears tritt auf (www.thegarden.com). In den letzten Jahren erwuchs dem Madison Square Garden mit dem **Barclays Center** in Brooklyn Konkurrenz (www.barclayscenter.com).

Von klein auf sind New Yorkerinnen schick gestylt.

Kleiner Sprachführer für New York

New Yorker sind für einige besondere Ausdrucksweisen bekannt, in denen sich die kulturelle Vielfalt der Stadt widerspiegelt.

ABKÜRZUNGEN

NYPD New York Police Department (die Polizei von New York)

NYSE New York Stock Exchange (die New Yorker Börse)

AUSDRÜCKE JIDDISCHEN URSPRUNGS

putz Idiot

schlep (Verb) weit gehen müssen oder etwas weit tragen müssen

schlock etwas Billiges oder Minderwertiges, z. B. Souvenirs aus New York

schtupp someone mit jemandem Sex haben

tschoschke ein billiges Souvenir

AUSRUFE

fasho (for sure) sicherlich

Fugeddaboddit! (Forget about it!) Vergiss es!

mos def (most definitely) sicherlich

Wassup? (What's up?) Wie geht's?

Whaddayasay (...)? (What do you say) we get some pizza? Wie wäre es, wenn wir uns eine Pizza bestellen?

BEVÖLKERUNGSGRUPPEN

Nuyorican Portorikaner, die in New York geboren wurden

BEZEICHNUNGEN FÜR NEW YORK

Big Apple der große Apfel (Eine ursprünglich unter Schauspielern gängige Bezeichnung. »Es gibt viele Äpfel am Baum«, sollen sie gesagt haben »aber nur einen großen Apfel«, in dem die Premiere eines Stückes wirklich einschlagen kann.)

Capital of the World Hauptstadt der Welt

Empire City Nachdem der Bundesstaat New York »Empire State« heißt, wird auch die größte Stadt so genannt.

Gotham So wurde New York in den *Batman*-Comics und Filmen genannt.

The city that never sleeps. Die Stadt, die niemals schläft. (Wie sie Frank Sinatra in seinem Song *New York, New York* besang)

ESSEN

a slice ein Stück Pizza

Bagel rundes, schweres Brötchen mit einem Loch in der Mitte, bevorzugt mit Mohn oder Sesam bestreut

bialy Hefebrötchen mit Zwiebel-, Knoblauch- oder Mohnbestreuung in der Mitte

gyro (oder hero) ein griechischer Sandwich aus Pitabrot, mit Souvlaki gefüllt, wird von Straßenkarren oder auf Märkten verkauft

knish ein mit einer Kartoffelmischung, Sauerkraut oder Fleisch gefülltes Küchlein, das im Rohr oder in der Pfanne ausgebacken wird

GEOGRAFIE

bridge and tunnel so bezeichnen Bewohner von Manhattan etwas abfällig Leute aus Brooklyn, der Bronx, Staten Island und Queens, die über Brücken und Tunnel nach Manhattan kommen, um das Nachtleben zu genießen

Ein freundliches Lächeln in der New Yorker U-Bahn ist keine Seltenheit.

tar beach »geteerter Strand«, das flache Dach auf vielen Gebäuden, auf denen New Yorker bei warmem Wetter gern ein Sonnenbad nehmen
the city Manhattan
upstate so bezeichnen Bewohner von New York City den Rest des Bundesstaates

HIP-HOP SLANG

aight (alright) OK
Benjamins 100-Dollar-Scheine (deshalb so genannt, weil Benjamin Franklins Abbild darauf ist)
cheese, dough Geld
chill relaxed, cool
crib jemandes Haus oder Apartment
dead presidents Papiergeld
digits Telefonnummer
dis Abkürzung für »disrespect«, Respektlosigkeit
fly cool, hübsch
Foreal? (for real?) wirklich? sicherlich
ghetto bird Polizeihelikopter
ice mit Brillanten besetzter Schmuck
like Budda (like butter) sehr gut, z. B. wenn sich ein Lied besonders leicht von den Lippen fließt
wack sehr schlecht

VERKEHR

cab so werden die gelben New Yorker Taxi genannt
crosstown dahin fahren Besucher mit der U-Bahn, wenn ihr Zug von Osten nach Westen oder Westen nach Osten geht
downtown dahin fahren Besucher mit der U-Bahn, wenn ihr Zug Richtung Süden geht
pedicab das sind die Fahrradtaxis, die in der Regel Touristen herumkutschieren, vor Besteigen des Taxis empfiehlt es sich, den Preis auszumachen.
uptown dahin fahren Besucher mit der U-Bahn, wenn ihr Zug Richtung Norden geht

ZEIT

a New York minute »eine New Yorker Minute« etwas, das ganz schnell geht

★★★★★

Sind Sie mit diesem Titel zufrieden? Dann würden wir uns über Ihre Weiterempfehlung freuen.

Erzählen Sie es im Freundeskreis, berichten Sie Ihrem Buchhändler, oder bewerten Sie bei Onlinekauf.

Und wenn Sie Kritik, Korrekturen Aktualisierungen haben, freuen wir uns über Ihre Nachricht an
Bruckmann Verlag, Postfach 40 02 09, D-80702 München
oder per E-Mail an lektorat@verlagshaus.de.

MPRESSUM

rantwortlich: Ulrich Jahn
daktion: Nadja Pietraszek, Konstanz
yout: Roman Bold & Black, Köln
epro: Repro Ludwig, Zell am See
nschlaggestaltung: Ulrike Huber, uhu-
esign.de, Kolbermoor
artografie: Kartographie Huber, Heike
ock, München
erstellung: Printed in Slovenia
Korotan Ljubljana

nser komplettes Programm finden
e unter

www.bruckmann.de

le Angaben dieses Werkes wurden von
n Autoren sorgfältig recherchiert und
f den neuesten Stand gebracht sowie
m Verlag geprüft. Für die Richtigkeit der
gaben kann jedoch keine Haftung über-
mmen werden.

dnachweis:
Bilder des Umschlags und des Innen-
s stammen von Christian Heeb außer:
lagentur Huber: Umschlag unten (Kre-
Susanne) LOOK-foto: 49, 52u.
fotostock); Blackhoundbar N.Y.: 65u.;
s Restaurant:129; Museum of the Mo-
Image: 252 (Brian Palmer), 252 (Peter
on); Croby Street Hotel: 76 (Simon
wn); Dig Inn N.Y.: 158; Hotel Mandarin
ntal New York: 175u.; Jocelyn Jiang
tography: 79u.; MoMA, N.Y.: 248,249;
y NY:182u.; picture alliance:
(dpa), 234 (Dumont Bildarchiv); South
t NY: 31 u.; Sweet Revenge 101, 103;
Carlyle, A Rosewood Hotel: 204o./u.;
aria NY:117u.(©Megan Martin); Tryp
el bei Wyndham 137; The Jewish Muse-
NY: 200u. (Peter Aaron); hospoda
u.; Bouley: 68 (Nicole Bartelme); Shut-
terstock (www.shutterstock.com): 66
(ala737); 212u.(alexsvirid); 152o. Andrey
Bayda; 64u. (Anthony Correia); 214u.
(Brandon Stein); 240o. (BrooklynScribe); 67
(ChameleonsEye); 244m. (Chris Parypa
Photography) 210 (DAVID CARREON);
168o. (Erika Cross); 117o. (Inggita Notosu-
santo); 216u.;161u.,215, 216u.,280m.,55o.
(Jorg Hackmann); 37o. (kropic1); 34, 245u.
(lev radin); 120,123;
82o.,214o.,115o.,122m,156u., 240u., 57o.
(littleny); 281o. (Manamana); 212o. (Pete
Spiro); 56m. (photo.ua); 171,244o. (pio3);
152u. (pisaphotography); 164o. (Pola Da-
monte); 60 (Ritu Manoj Jethani); 124,
125o. (Sanchai Kumar); 78o.,53, 6z.v.o.
(Sean Pavone); 61,160o., Umschlag M.l.
(Songquan Deng); 111 (stockelements);
154u. (Stuart Monk); 39 (svry); 144u.
(T photography); 150 (Tupungato); 192o.
(vvoe); 56u. (Zack Frank); Umschlag M.r.
(Chris Parypa Photography); Umschlag
oben (Darren Baker)

Umschlag:
Vorderseite:
Oben: Detail New Yorker Taxi
Mitte links: Detal Freiheitsstatue
Mitte rechts: Blick in Central Park
Unten: Times Square
Rückseite:
Links: Marlo Scott in ihrem Café »Sweet
Revenge« im West Village
Rechts: Registry Room von Ellis Island

Die Deutsche Nationalbibliothek verzeich-
net diese Publikation in der Deutschen
Nationalbibliografie; detaillierte biblio-
grafische Daten sind im Internet über
http://dnb.d-nb.de abrufbar.

ISBN 978-3-7654-6826-1

holiday extras
clever wegkommen
Mit Holiday Extras clever in den Urlaub starten:
Günstige Hotels und Parkplätze an Flughäfen europaweit!
8 Tage Parken inkl. Transfer
zum Terminal und zurück
ab € 24
oder
Übernachtung im DZ inkl. Parken
und Transfer zum Terminal und zurück
ab € 7
P
Reserviert
Jetzt informieren in über 12.000 Reisebüros oder unter www.holidayextras.de!